MINISTÈRE DE LA JUSTICE ET DES CULTES

CODE GÉNÉRAL

DES BIENS

POUR

LA PRINCIPAUTÉ DE MONTÉNÉGRO

DE 1888

TRADUIT

PAR

RODOLPHE DARESTE

MEMBRE DE L'INSTITUT, CONSEILLER À LA COUR DE CASSATION

ET

ALBERT RIVIÈRE

ANCIEN MAGISTRAT, SECRÉTAIRE GÉNÉRAL DE LA SOCIÉTÉ GÉNÉRALE DES PRISONS

PARIS

IMPRIMERIE NATIONALE

M DCCC XCII

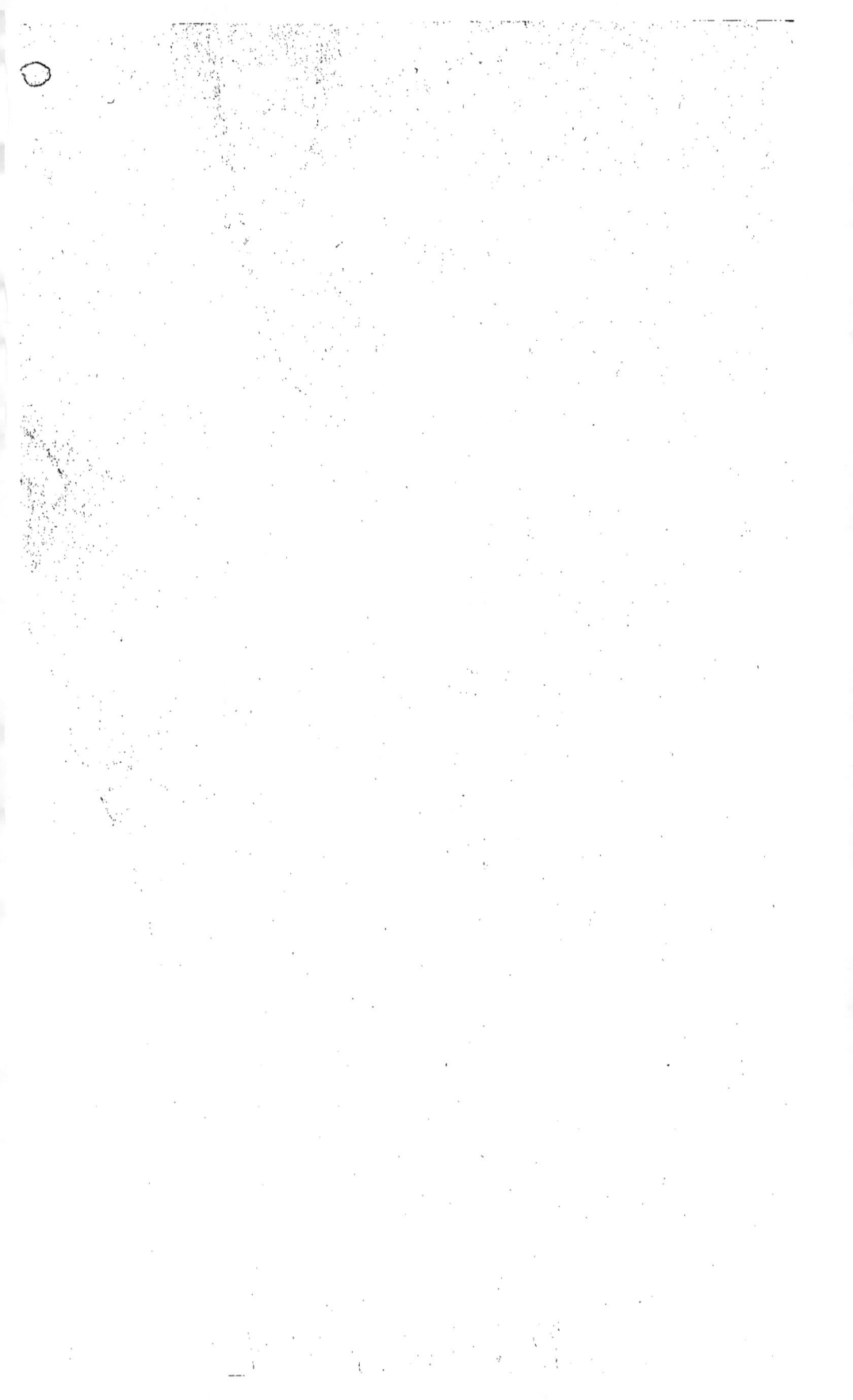

COLLECTION DES PRINCIPAUX CODES ÉTRANGERS

CODE GÉNÉRAL

DES BIENS

POUR

LA PRINCIPAUTÉ DE MONTÉNÉGRO

DE 1888

Ce volume est publié par le Comité de législation étrangère institué près le Ministère de la Justice et des Cultes, avec le concours de la Société de législation comparée. Il a été imprimé aux frais de l'État, sur l'ordre de M. le Garde des sceaux.

M. DARESTE, Membre du Comité de législation étrangère, a suivi l'impression en qualité de commissaire responsable.

MINISTÈRE DE LA JUSTICE ET DES CULTES

CODE GÉNÉRAL

DES BIENS

POUR

LA PRINCIPAUTÉ DE MONTÉNÉGRO

DE 1888

TRADUIT

PAR

RODOLPHE DARESTE

MEMBRE DE L'INSTITUT, CONSEILLER À LA COUR DE CASSATION

ET

ALBERT RIVIÈRE

ANCIEN MAGISTRAT, SECRÉTAIRE GÉNÉRAL DE LA SOCIÉTÉ GÉNÉRALE DES PRISONS

PARIS

IMPRIMERIE NATIONALE

M DCCC XCII

TABLE DES MATIÈRES.

CODE GÉNÉRAL DES BIENS.

PREMIÈRE PARTIE.
DISPOSITIONS PRÉLIMINAIRES.

DEUXIÈME PARTIE.
DE LA PROPRIÉTÉ ET DES AUTRES DROITS RÉELS.

TROISIÈME PARTIE.

DE LA VENTE ET DES AUTRES PRINCIPALES ESPÈCES DE CONTRATS.

QUATRIÈME PARTIE.

DES CONTRATS EN GÉNÉRAL, ET DES AUTRES SOURCES D'OBLIGATIONS.

CINQUIÈME PARTIE.

DE L'HOMME ET DES AUTRES SUJETS DE DROITS, DE LA CAPACITÉ,
ET EN GÉNÉRAL DU DROIT DE DISPOSITION.

SIXIÈME PARTIE.

EXPLICATIONS, DÉFINITIONS, DISPOSITIONS COMPLÉMENTAIRES.

INTRODUCTION.

I

Lorsque à la fin du xivᵉ siècle, les Ottomans s'emparèrent de la Serbie, tous leurs efforts vinrent échouer contre le massif montagneux qui s'élève entre l'Herzégovine et l'Albanie, au-dessus du golfe de Cattaro. Ce réduit à peu près inaccessible, appelé *la Montagne noire* (*Črna gora*, Monténégro), habité par une population de race slave appartenant à la nationalité serbe, résista victorieusement à toutes les attaques. Sous la conduite de leur évêque orthodoxe (*vladika*), les Monténégrins réussirent à maintenir leur indépendance, au prix d'une lutte qui dura presque constamment pendant près de cinq siècles. Lors de la guerre de 1877 entre les Russes et les Turcs, le Monténégro joignit ses efforts à ceux de la Serbie. Il en fut récompensé par le traité de Berlin qui doubla son territoire et sanctionna son indépendance, reconnue désormais par toutes les puissances de l'Europe. Le pays ainsi constitué forme aujourd'hui une principauté qui compte environ 300,000 âmes, réparties sur un territoire de 9,433 kilomètres carrés. Quelques années après, en 1888, le Monténégro complétait son organisation intérieure en se donnant un Code civil.

Jusqu'à la fin du siècle dernier les Monténégrins n'avaient eu d'autres lois que leurs anciennes coutumes non écrites, quoiqu'une des plus anciennes traductions slavonnes du *Nomo-canon* de Photius ait été faite en 1262 par ordre d'un évêque du pays, appelé Néophyte [1]. Ils formaient une trentaine de tribus (*pleme*), dont chacune comprenait un certain nombre de phratries (*brastvo*). A la tête de chaque tribu était un *voïvoda*, chef militaire, ou un *knez*, chef civil, quelquefois l'un et l'autre. Ce chef, assisté des chefs inférieurs (*glavari*), rendait la justice, autant, du moins, que la justice pouvait être rendue dans un pays où la vengeance était obligatoire et la guerre privée une pratique de tous les jours.

C'est seulement en 1796 que le vladika Pierre Ier rédigea et fit accepter par les chefs du pays un règlement sommaire en 16 articles, portant défense de se faire justice à soi-même, défense qui fut mal exécutée, car longtemps après, en 1860, le prince Danilo, petit-neveu de Pierre Ier, périssait victime d'une vengeance privée. En 1803, on ajouta 17 nouveaux articles. Il n'y était guère question que de la police et de la répression des meurtres et des vols. Un seul article concernait le droit civil. En voici les termes : «Celui qui veut vendre un immeuble doit d'abord l'offrir devant témoins à ses parents, puis à ses voisins. En cas de refus de ceux-ci, il peut vendre à qui il veut. L'acte de vente doit être fait par écrit, en présence de trois témoins, signé et daté par l'écrivain.» La signature des parties n'était pas exigée, et pour cause, on n'aurait pas trouvé alors, au Monténégro, beaucoup d'hommes en état de signer leur nom.

A la mort du vladika Pierre II, en 1851, son successeur, Danilo Ier, ne voulut pas être sacré évêque et se proclama

---

[1] Le manuscrit de ce recueil (*kormčaïa*) se trouve aujourd'hui dans la Bibliothèque de l'Académie des sciences, à Zagreb, en Croatie.

prince. L'effet de cette sécularisation fut de fortifier le pouvoir et de faire cesser son isolement à l'égard de l'Europe.
Une loi nouvelle, en 95 articles, fut rédigée et publiée en
1855. Cette fois on trouva bon de prendre quelques mesures
au sujet de la famille, des successions et des mariages; mais
cette seconde loi n'en resta pas moins ce qu'avait été la première, un règlement de police. Il contient quelques dispositions singulières, celle, par exemple, qui consacre l'institution des cojureurs, donnant gain de cause à la partie qui en
fournit le plus, et cette autre aux termes de laquelle tout
Monténégrin qui se présentera devant les juges avec une
pierre au cou sera passible d'une peine corporelle. On serait
tenté de reconnaître ici la trace d'une superstition bien
ancienne, car elle était pratiquée à Rome, ainsi que l'atteste
Pline l'Ancien (*Hist. nat.*, xxix, 54.)

Ces lois, qui d'ailleurs furent très mal exécutées, étaient,
comme on le voit, absolument insuffisantes. Elles le de-
vinrent davantage encore quand le Monténégro se trouva
transformé et agrandi par le traité de Berlin. Jusque-là, le
pays, renfermé dans d'étroites limites, entouré de hautes
montagnes, presque sans voies de communication, sans
villes, sans commerce et sans industrie, n'était habité que
par une population pauvre et guerrière, où chaque homme
était soldat, où les femmes elles-mêmes prenaient part à la
défense nationale. La terre cultivable manquait à ce point
que dans plusieurs tribus il avait fallu partager et défricher
les forêts et les pâtures communes. Mais si tous étaient
pauvres, tous étaient propriétaires. Au point de vue social,
il n'y avait qu'une seule classe; au point de vue religieux,
une seule église. Aujourd'hui, l'annexion de cantons voisins,

pris sur l'Herzégovine et l'Albanie, a donné au Monténégro
non seulement des terres plus fertiles, mais aussi des villes,
et même deux ports sur l'Adriatique. Les habitants des cantons annexés n'étaient pas tous de race slave; un certain
nombre étaient Albanais. A côté des orthodoxes se trouvaient
désormais des catholiques [1] et même des musulmans. Le régime des terres n'offrait pas moins de diversité. Ce n'était
plus seulement la petite propriété, comme dans l'ancien
Monténégro, c'étaient en grande partie les restes des grands
domaines constitués sous la domination des Ottomans.

Dans ces circonstances, la rédaction d'un Code civil était
donc nécessaire et urgente, mais en même temps plus difficile peut-être que partout ailleurs. En effet, le Monténégro
ne possédait même pas les éléments d'une législation civile.
A ce point de vue, tout était à créer. Sans doute il existait
bien quelques coutumes nationales dont la législation nouvelle devait tenir grand compte, mais à condition de les
rattacher à un corps de doctrine, à un système général de
droit civil, et cela même était une difficulté de plus. Dans
les autres pays de l'Europe, la tradition du droit romain
s'est conservée soit par la pratique, comme en Espagne, en
France, en Italie, en Allemagne, soit tout au moins par
l'enseignement des universités, comme en Angleterre, dans
les pays scandinaves et en Russie. Il y avait là comme un
fonds commun auquel les législateurs pouvaient puiser, et
grâce auquel les diverses législations se sont rapprochées
les unes des autres. L'influence du droit romain a d'ailleurs

[1] Il est à propos de rappeler ici
qu'un concordat vient d'être conclu
entre le Monténégro et le Saint-Siège
et qu'en conséquence l'ancien arche-
vêché catholique d'Antivari a été re-
constitué.

été complétée et renforcée par celle du droit canonique, si répandue dans toute l'Europe. Rien de tout cela n'existait au Monténégro, où le droit romain et le droit byzantin n'ont laissé presque aucune trace, où le droit canonique n'a pénétré que sous la forme orthodoxe, c'est-à-dire comme l'œuvre d'une église nationale indépendante et autonome, sans rapport administratif avec les autres églises de la même confession.

Pour une entreprise aussi urgente et en même temps aussi difficile, le Monténégro n'offrait aucune ressource. On y trouvait bien des juges, des prud'hommes experts sur tel ou tel point de coutume, sur tel ou tel usage local, mais pas de légistes ayant reçu une éducation scientifique, pas de livres ni de littérature juridique. Les uns et les autres ne se rencontrent que dans les grands centres de population, là où il se fait des affaires, là où l'enseignement est répandu. Or, les universités de langue slave les plus voisines du Monténégro, celle de Zagrèb en Croatie, celle de Belgrade en Serbie, sont de création toute récente et, jusqu'à ces derniers temps, n'ont compté aucun Monténégrin parmi leurs élèves.

Heureusement pour le Monténégro, le gouvernement russe put mettre à sa disposition un homme capable d'entreprendre et de mener à bonne fin le travail dont il s'agit, c'était M. Bogišić, alors professeur de droit à l'université d'Odessa, conseiller d'État actuel de l'empire de Russie, né à Raguse, en Dalmatie, dans un pays voisin du Monténégro, et où l'on parle la même langue. Formé à l'étude du droit dans les plus grandes écoles de l'Europe, à Vienne, Munich, Berlin et Paris, M. Bogišić avait commencé par remplir en Autriche, dans le service de l'Instruction publique, des fonc-

IMPRIMERIE NATIONALE.

tions qui avaient tourné son attention sur les anciennes coutumes des Slaves du Sud. Il était passé en 1869 au service universitaire de la Russie. Pendant plusieurs années il avait parcouru les pays habités par les Slaves du Sud, pour observer leurs mœurs. Les riches matériaux, amassés dans cette longue et laborieuse enquête ont été depuis publiés par lui dans un recueil écrit en langue serbo-croate, sous le titre de *Collectio consuetudinum juris inter Slavos meridionales etiamnum vigentium* [1], œuvre remarquable qui, à elle seule, aurait fait la réputation de l'auteur en dehors du monde slave si elle eût été écrite dans une langue plus généralement répandue. Nul n'était donc mieux préparé que M. Bogišić pour entreprendre la rédaction d'un Code civil du Monténégro. Désigné à cet effet, en 1873, par le gouvernement russe sur la demande du prince, il se rendit tout d'abord au Monténégro, où il passa une année entière en études préparatoires; après quoi il vint à Paris. C'est de là qu'il se mit en relations directes ou indirectes avec les jurisconsultes qui s'occupaient, dans différents pays, de travaux de codification du droit civil. C'est de là encore qu'il se rendit à différentes reprises au Monténégro et ailleurs, pour y recueillir les informations nécessaires. Il trouvait à Paris des ressources inappréciables dans les bibliothèques et notamment dans celles du Comité de législation étrangère et de la Société de législation comparée. C'est enfin à Paris qu'il a fait une grande partie des travaux qu'exigeait la rédaction du nouveau Code. Interrompus par la guerre de 1877-1878, ces travaux ne purent être repris qu'après un certain temps. En 1881 et 1882, le

---

[1] Zagreb, 1874. Nous citons le titre latin de préférence à l'autre qui est en serbo-croate.

projet fut discuté en première lecture au sénat de Cetinje [1].
Une seconde lecture eut lieu en 1885 devant trois membres
de la cour de justice; enfin le travail fut soumis à l'examen et à l'approbation du prince lui-même. Promulgué le
25 mars 1888, il est entré en vigueur le 1er juillet de la
même année [2].

II

La rédaction d'un Code civil pour le Monténégro était donc
une œuvre particulièrement difficile. Elle a exigé plusieurs
années et de grands efforts. L'auteur a fait lui-même connaître comment il a compris sa tâche et la méthode qu'il a
cru devoir suivre [3]. Ce compte rendu facilite singulièrement
l'intelligence d'un Code qui a été fait dans des circonstances
exceptionnelles, et au fond comme en la forme s'éloigne, à
beaucoup d'égards, des autres Codes européens. Il est utile
d'en donner ici une analyse sommaire [4].

Le Code qu'il s'agissait de préparer trouvait sans doute

[1] Après la première lecture, l'auteur avait été autorisé à faire faire,
sous sa direction, une traduction de
son projet en allemand et à consulter,
de vive voix ou par écrit, des jurisconsultes étrangers, à son choix,
tout en restant absolument libre d'user
de leurs avis comme bon lui semble-
rait. Ces consultations, mentionnées
dans le décret de promulgation (voir
plus loin, p. LXII, LXIII) ont eu lieu
principalement à Berlin, où siégeait
la Commission chargée de la préparation du Code civil allemand, et à
Paris, lieu de résidence de l'auteur.

[2] L'impression du Code a été
faite à Paris, chez Chamerot, et
forme un volume in-8° de 356 pages.

[3] Bogišić. *Quelques mots sur les
principes et la méthode suivis dans la
codification du droit civil au Monténégro.* Paris, 1re édition 1886, 2e édition 1888.

[4] L'auteur a eu l'obligeance de
nous communiquer des notes ma-
nuscrites très développées dont le
compte rendu dont il s'agit n'était
qu'un extrait.

une base dans les coutumes du pays, mais ces coutumes
étaient insuffisantes et avaient besoin d'être complétées par
des institutions toutes nouvelles au Monténégro. Une première difficulté consistait à concilier, à fondre ces deux éléments. Cela même ne suffisait pas. Il fallait encore faire
accepter le nouvel élément par une population très attachée à ses anciennes habitudes, pourvoir ainsi à ce qu'une
grande partie du Code ne devînt pas lettre morte. D'autre
part, les institutions créées par la civilisation moderne sont
généralement faites pour être appliquées par des hommes
pourvus d'une certaine instruction spéciale et exigent souvent l'emploi de moyens matériels assez compliqués. Or, à
ce double point de vue, le Monténégro offrait peu de ressources.

Une autre difficulté, non moins grande, était celle de
parler une langue facilement intelligible à tous, sans com-
promettre pourtant le caractère littéraire et scientifique
dont un Code civil ne peut se passer en aucun pays; et il
ne fallait pas trop s'éloigner des habitudes prises à cet
égard dans les autres pays de l'Europe, car il était d'une
importance capitale pour le Monténégro d'entrer en relations avec ses voisins, et d'entretenir avec eux une certaine
communauté d'idées et de principes.

Enfin, en aucun pays, et au Monténégro moins que partout ailleurs, un Code ne peut avoir la prétention de donner
à la législation une forme définitive. Le Code qu'il s'agissait de rédiger devait donc réserver et préparer l'avenir.

Telles étaient les conditions du problème à résoudre. Pour
les remplir convenablement l'auteur a dû se tracer une méthode, et poser pour lui-même un certain nombre de prin-

cipes généraux. Nous n'en relevons ici qu'un seul, qui a été le plus fécond en conséquences. Ce principe peut être formulé de la manière suivante : Les diverses dispositions dont se compose le droit civil dans nos Codes modernes se rattachent à différentes catégories dont chacune a sa nature propre et veut, par cette raison, être traitée différemment. Ainsi, au point de vue des matières, on peut distinguer deux groupes fondamentaux, l'un qui forme le véritable fond du droit civil, comme la propriété et les obligations, l'autre qui ne s'y rattache que par un côté, comme la famille et les successions. A un autre point de vue, il y a un groupe de dispositions qu'on peut appeler didactiques, et un autre groupe de dispositions qui expriment plus particulièrement la volonté du législateur. Une troisième distinction s'impose entre les éléments nouveaux et les éléments anciens, une dernière enfin entre ceux qui tiennent au droit commun européen et ceux qui sont plus particulièrement propres au pays.

Ces distinctions donnaient lieu à autant de questions qui étaient en quelque sorte préjudicielles. Et d'abord le nouveau Code devait-il comprendre toutes les matières qui sont généralement considérées comme faisant partie du droit civil? N'était-il pas nécessaire de classer ces matières, d'en distinguer les différents groupes, et de voir s'il n'y avait pas lieu d'en éliminer quelques-uns? C'est ce qui a été fait, comme on le verra plus loin pour le droit qui concerne la famille et les successions. Cette première question une fois résolue, il s'en présentait une autre. Comment faudrait-il traiter les matières retenues et admises dans le Code? D'après une tradition qui remonte au droit romain, les Codes anciens et modernes ont presque tous un double caractère, ce sont à la fois des œuvres de législation et d'enseignement. Ils ne se contentent pas de poser des règles, ils veulent encore les définir et les expliquer. On ne pouvait, au Monténégro, procéder absolument de la même manière et on a distingué ce qui est du domaine de la théorie et ce qui appartient proprement à la loi.

Ce n'est pas tout. Le nouveau Code allait contenir du droit ancien et du droit nouveau. Ici, évidemment, la plus grande prudence était exigée. Il fallait conserver tout ce qui pouvait être maintenu, et n'innover qu'en cas de nécessité absolue.

Enfin, parmi les règles qu'il s'agissait de poser, les unes se rattachaient au droit commun de l'Europe, les autres avaient un caractère particulier et national, propre au Monténégro. De là deux éléments bien distincts, qui ne pouvaient être traités de même. Pour le second, le législateur n'avait, la plupart du temps, qu'à se conformer à la coutume du pays; mais pour le premier, il devait se rapprocher autant que possible des formes reçues et accoutumées, consacrées par la science et la pratique législative dans tous les pays européens.

Ces questions une fois résolues, la division et l'ordre des matières exigeaient aussi certaines précautions. Il fallait éviter toute classification artificielle, grouper les choses d'après leurs affinités naturelles, et les ranger dans l'ordre le plus simple, en allant toujours du connu à l'inconnu, et du concret à l'abstrait. Là, on commence par définir et poser des principes d'où l'on déduit logiquement certaines conséquences. Ici, au contraire, on énonce d'abord des règles par-

ticulières, puis on généralise et on remonte aux principes.
C'est là un des traits les plus originaux du nouveau Code. A
vrai dire, il procède plutôt par induction que par déduction.

Quant à la langue, elle devait être avant tout populaire,
ce qui n'exclut pas l'élégance, et claire, au risque de paraître parfois prolixe.

Enfin, à la différence de la plupart des Codes modernes,
le nouveau Code ne prétend pas arrêter dans son développement la coutume nationale. Il lui fait au contraire une
large part à côté de la loi écrite, en sorte que la loi et la
coutume puissent se prêter un mutuel appui.

Telles sont les questions qui se posaient et sur lesquelles
il a fallu prendre parti. Ces circonstances expliquent et
justifient les particularités du nouveau Code. La plus im-
portante consiste dans l'exclusion du droit qui concerne la
famille et les successions. Ce sont, en effet, des matières
qu'on s'attend généralement à trouver traitées dans un code
civil. Mais ce qui est possible dans le reste de l'Europe ne
l'est pas au Monténégro, ni chez les autres Slaves du Sud.
Là subsiste encore aujourd'hui une organisation particulière de la famille, sous la forme d'une communauté indi-
visé, profondément entrée dans les habitudes des popula-
tions, et l'ordre des successions n'est qu'une conséquence
de ce régime. Cette institution peut paraître surannée, mais
on ne peut songer à l'abolir, et il faut la respecter tant qu'elle
vivra. On ne peut pas davantage songer à en codifier les
règles, d'abord parce que ces règles n'ont pas encore été
assez étudiées et sont en somme mal connues, et ensuite
parce qu'il serait inutile, peut être même dangereux de
vouloir donner une expression définitive à une institution

qui se transforme[1], et d'arrêter ainsi un mouvement auquel il convient de laisser sa liberté. Le Code du Monténégro est donc, comme son titre l'indique, un Code des biens. Il ne parle de la famille et des successions que dans leurs rapports avec les matières dont il traite. Au surplus, cette innovation ne se justifie pas seulement par des raisons locales. La distinction qu'elle introduit entre deux groupes d'institutions tient au fond même des choses. Le lien qui rattache le droit à la nature de l'homme, à ses habitudes morales, est bien plus étroit en ce qui concerne la famille qu'en ce qui concerne les biens. Déjà plusieurs jurisconsultes recommandables ont reconnu qu'il y avait avantage à séparer les deux groupes. Dans nos colonies et en Algérie, il est de principe que l'application de la loi française aux indigènes devenus sujets français laisse toujours subsister la loi nationale de ces indigènes en ce qui concerne la famille et les successions. Ces mêmes idées ont pénétré au Japon, où le nouveau Code civil exclut ces matières auxquelles il serait inopportun de toucher[2].

Le Code du Monténégro présente une autre particularité. Dans les cinq premières parties, la loi commande sans rien expliquer ni définir. Dans la sixième partie, elle ne fait que définir et expliquer. L'auteur du Code a cru devoir séparer

[1] Les erreurs commises sur cette question, tant par les législateurs que par les jurisconsultes, ont été relevées par M. V. Bogišić dans son étude intitulée : *Sur la forme dite* inokosna *de la famille rurale chez les Serbes et les Croates.* Paris, 1884.

[2] M. Dickel (*Étude sur le nouveau Code civil de Monténégro*, traduite par M. Brissaud, Paris, 1891, p. 20) signale que ce fut à la suite d'un entretien à Paris en 1878 entre un haut dignitaire japonais et M. Bogišić que cette élimination a été décidée.

d'une façon absolue et traiter différemment ces deux groupes de dispositions dont le premier constitue un règlement, et le second un véritable traité didactique, et qui sont mélangés et confondus dans la plupart des Codes modernes. Cette séparation, au surplus, n'est pas sans précédents. Sans parler des Pandectes de Justinien qui se terminent par deux titres : *De verborum significatione* et *De regulis juris*, on trouve un procédé analogue, suivi dans un grand nombre de lois anglaises et américaines. Il en résulte qu'une même matière se trouve traitée en deux endroits différents, mais il y a cet avantage que la théorie pure se distingue toujours facilement de ce qui est la volonté du législateur.

L'auteur a profité de cette division pour placer dans la dernière partie certains développements ou certains principes généraux qui auraient difficilement trouvé leur place ailleurs, par exemple la théorie du droit international privé, celle de la possession, tout ce qui concerne les preuves, et la manière de calculer le temps. Enfin il a placé dans un dernier chapitre une cinquantaine de proverbes ou règles de droit, très utiles dans un pays tel que le Monténégro, pour vulgariser l'idée de justice et la faire entrer profondément dans tous les esprits. On remarquera que dans cette sixième partie, à la différence des autres, l'auteur s'adresse souvent au lecteur et engage avec celui-ci une sorte de conversation familière. C'est un sûr moyen d'être mieux compris, et il était essentiel de se mettre à la portée de tous, particulièrement en ces matières abstraites qui ne sont pas toujours facilement saisies, même par les peuples les plus instruits, et dont à coup sûr les Monténégrins n'avaient jamais entendu parler.

Si, maintenant, nous parcourons les matières traitées dans le Code, nous verrons que le fond en est emprunté aux anciennes coutumes du pays. Ainsi le droit de préemption des immeubles, la communauté de famille, les sociétés de labourage et d'attelage, les différentes formes du cheptel, l'antichrèse que le Code serbe, à l'exemple du Code autrichien, a proscrite comme favorisant l'usure. Mais, à côté de ces anciennes coutumes, le Code introduit un grand nombre d'institutions toutes nouvelles au Monténégro. Telles sont l'hypothèque, certaines servitudes conventionnelles, la transmission de la propriété au moyen de certaines formalités, les règles de la possession, l'usucapion, la prescription, les règles sur la minorité, certaines espèces de tutelle, la déclaration d'absence, et d'autres encore. Cette seule énumération suffit pour faire comprendre combien il a fallu de prudence et de ménagements pour raccorder le nouveau droit avec l'ancien.

On sera peut-être surpris, au premier abord, en parcourant le nouveau Code, d'y trouver certaines matières bien connues, empruntées au droit romain, élaborées par les jurisconsultes de tous les temps, et formant aujourd'hui comme le patrimoine commun de toutes les nations européennes, et de les voir souvent exposées sous une forme nouvelle, et dans un ordre nouveau. Il semble qu'en ces matières tout soit dit, et qu'en la forme comme au fond les nouvelles législations puissent se borner à reproduire les précédentes en choisissant les types les plus parfaits. En effet, il y a certaines théories qu'on ne refera pas, et qu'on peut considérer comme définitives, par exemple la théorie des obligations. Tout en les adoptant en principe, l'auteur ne

pouvait les faire passer dans le Code du Monténégro sans y
introduire certaines modifications, pour les mettre d'accord
avec les habitudes du pays et les contrats qui lui sont
propres, comme aussi avec la méthode générale adoptée
pour la rédaction du Code. Il en est de même, et à plus
forte raison, des définitions, et de ce qu'on peut appeler
le cadre technique de la science du droit. Accoutumés que
nous sommes à une exposition dogmatique de ces principes
universellement acceptés, nous avons quelque peine à con-
cevoir qu'il ait paru nécessaire d'en modifier l'expression,
et pourtant ici encore, et surtout, il a fallu, tout en laissant le fond intact, leur donner un arrangement et en
quelque sorte un vêtement nouveau. On s'est particulièrement efforcé d'éviter tout ce qui paraît trop abstrait, et de
décrire plutôt que de raisonner. Quant aux matières que
le nouveau Code a empruntées aux coutumes locales, la
difficulté était d'une tout autre nature. Il fallait les bien
observer, en saisir les traits saillants, en apprécier la vita-
lité et en conserver le caractère, tout en leur faisant subir
les modifications nécessaires, et les faire rentrer dans les
catégories générales du Code, en sorte qu'il n'y eût ni dis-
parate ni incohérence.

Il ne faut pas non plus s'attendre à rencontrer dans le
nouveau Code l'ordre des matières auquel nous sommes
généralement accoutumés. Cet ordre, créé pour les besoins
de l'enseignement, a passé, comme on sait, des Institutes de
Gaïus dans celles de Justinien. Il s'est perpétué par une
tradition non interrompue. Les Allemands ont voulu lui
imprimer un caractère plus philosophique, en dégageant de
la masse des règles de droit un certain nombre de prin-

cipes abstraits, qu'ils réunissent en tête de leurs manuels, et même de leurs Codes, sous le nom de *Partie générale*. Ici encore l'auteur du Code du Monténégro a dû suivre une voie différente, et cela était d'autant plus nécessaire que le Code, ainsi qu'on l'a déjà vu, ne devait comprendre ni le droit de la famille ni celui des successions. Il s'est donc abstenu, avec raison, d'édifier un de ces vastes systèmes où se complaît la science allemande, trop portée aux généralisations. Il a employé la méthode la plus naturelle, classant les matières d'après leurs affinités, allant toujours, autant que possible, du simple au composé, du concret à l'abstrait.

En conséquence, pas de partie générale au début, seulement quelques dispositions préliminaires sur la nature et les effets de la loi, le reste étant réservé pour plus tard. Le Code passe ensuite à la propriété et aux droits réels, puis aux diverses espèces de contrats, d'où il s'élève à la théorie générale des contrats et des autres sources d'obligations. Ce n'est que dans la cinquième partie qu'il traite des personnes et des autres sujets de droit, ou, pour parler plus simplement, des personnes physiques et morales. Ainsi le nouveau Code finit par où les autres commencent. On en a dit les raisons et nous n'avons pas à y revenir. Mais ce n'est pas tout. Il faut encore rappeler que toutes les dispositions qui peuvent avoir un caractère purement didactique, toutes les définitions et explications complémentaires sont extraites des matières qu'elles concernent et groupées dans une partie finale où elles se terminent par un recueil de proverbes ou brocards. L'auteur reste ainsi toujours fidèle à sa méthode et cette méthode était d'ailleurs imposée par les circonstances.

Nous devons dire ici quelques mots de la langue du Code. Ces explications sont nécessaires non seulement pour ceux qui peuvent lire l'original, mais même pour ceux qui se contenteront de la traduction en français. « Les lois, dit Montesquieu, ne doivent point être subtiles; elles sont faites pour des gens de médiocre entendement. Elles ne sont point un art de logique, mais la raison simple d'un père de famille. » C'est là une règle de bon sens. Bacon l'avait proclamée avant Montesquieu. Après lui Bentham, Portalis et Savigny l'ont répétée. Elle est surtout vraie au Monténégro, où la science théorique du droit est restée jusqu'à ce jour chose complètement inconnue. Le législateur doit donc parler la langue populaire, mais que sera-ce quand cette langue manque de mots pour exprimer les idées juridiques? Le serbe qui est parlé au Monténégro est assurément une langue riche, comme toutes les langues slaves, mais il est pauvre en termes savants de droit, ce qui n'a rien d'étonnant puisque le droit du pays se bornait à peu de chose. Il a donc fallu que le législateur créât en partie son vocabulaire. Introduisant des institutions dont avant lui on n'avait aucune idée, il a dû les désigner par des mots nouveaux. C'était là un travail préliminaire qui exigeait des connaissances philologiques très étendues, car pour que les mots nouveaux soient compris et acceptés, pour qu'ils passent dans le langage usuel, il faut qu'ils soient formés d'après les règles de l'analogie, suivant des lois qui n'ont rien d'arbitraire, et tirés en quelque sorte du fonds même de la langue. Ce qu'il fallait surtout éviter, c'était l'emploi de mots étrangers, tirés ou traduits du latin, de l'allemand ou de l'italien, inintelligibles pour le peuple. En 1887, l'au-

teur du Code a fait sur cette intéressante question toute
une conférence à l'université de Saint-Pétersbourg. Son travail a été généralement approuvé dans tous les pays slaves,
notamment à Belgrade et à Zagreb. Nous y renvoyons les
lecteurs[1] qui auront la curiosité de s'en rendre compte.
Il suffit de dire ici que la nécessité de donner à ces mots
nouveaux leur sens précis et de conserver à la terminologie
du Code son caractère n'a pas été une des moindres difficultés de la traduction.

La dernière observation que nous ayons à présenter porte
sur le rôle réservé par le Code à la coutume. L'auteur nous
dit lui-même qu'il a voulu faire une œuvre vivante, tenant
toujours par un lien étroit au passé comme à l'avenir, que
par suite il a pris pour règle d'avoir toujours présentes à
l'esprit les dispositions de la coutume comme si elles faisaient partie intégrante de son œuvre. La coutume y tient
en effet une place plus large que dans tout autre Code moderne. La coutume ne sert pas seulement à combler les
lacunes de la loi écrite; en bien des cas, le Code y renvoie
expressément. Par exemple, en ce qui concerne les hypothèques, il est dit que les détails de l'institution seront
ultérieurement l'objet d'un règlement qui devra être fondé
sur les résultats que fournira la pratique.

C'est dans les articles 2 et 3, 716 et 717 que l'auteur
a posé une règle générale. A défaut de loi, on doit appliquer la coutume. Lorsqu'il est constant que tel cas parti-

[1] *Sur les termes techniques dans la législation* (en russe), par V. Bo-
gišić, Pétersbourg, 1890. — On en trouvera une analyse dans l'étude de M. Dickel sur le nouveau Code civil du Monténégro, traduite par M. Brissaud, Paris, 1891, p. 20-29. Voir aussi le vocabulaire ci-après.

culier n'a pas pu être prévu par le législateur, on ne doit pas torturer la loi pour lui faire dire ce à quoi elle n'a point pensé, et alors le juge appliquera la coutume si elle existe, et au cas contraire il décidera d'après l'analogie et l'équité. L'analogie dont il s'agit ici n'est pas seulement tirée de la loi. Elle peut aussi être tirée de la coutume. Cette règle posée par l'article 3 donne à la coutume un rôle bien plus important que celui qu'elle joue dans les autres législations de l'Europe.

III

Le nouveau Code se compose de 1031 articles. Il nous reste à en faire saisir l'économie par une analyse sommaire qui mettra surtout en lumière les dispositions les plus originales.

Les 25 premiers articles forment une première partie intitulée : *Dispositions générales*, et traitent de l'application des lois. On y trouve des principes qui touchent au droit public. Ainsi tous les Monténégrins jouissent des droits civils, tous sont égaux devant la loi. Le chef de l'État lui-même est soumis aux lois civiles. La propriété est inviolable, sauf le cas d'expropriation pour cause d'utilité publique, moyennant une juste et préalable indemnité. Nul ne peut se faire justice à soi-même. Nul ne peut être dépossédé par la violence, ni troublé dans sa possession légitime. L'action en complainte ou en réintégrande doit être intentée dans les trois mois du trouble ou de la dépossession. Cette théorie de la possession est empruntée pour le fond aux idées romaines.

La deuxième partie (art. 26-221) a pour titre : *De la propriété et des autres droits réels*. Le Code commence par poser un principe tout différent de celui qui sert de fondement à notre droit civil. La propriété, au Monténégro, ne se transmet pas par l'effet des obligations, c'est-à-dire par le simple consentement des parties. Tout contrat translatif d'immeubles doit être rédigé par écrit et confirmé par le tribunal. Pour les meubles, la translation de propriété s'opère par la tradition. La prescription à l'effet d'acquérir, ou usucapion, n'a lieu qu'au profit du possesseur de bonne foi. Elle s'accomplit pour les immeubles par quinze ans ou par trente ans de possession non interrompue, suivant que le possesseur peut ou ne peut pas produire un juste titre. Pour les meubles, la durée de la prescription est réduite à cinq ou quinze ans. L'institution de la prescription acquisitive était étrangère à la coutume monténégrine.

Chacun peut vendre ses immeubles à qui bon lui semble, mais sous la réserve du droit de préemption qui, suivant l'ancienne coutume du pays, appartient aux membres de la phratrie (*brastvo*), aux proches (*blizika*), aux membres du village et à ceux de la tribu (*pleme*). Si les intéressés ont été avertis, leur action se prescrit par une semaine. S'ils n'ont pas été avertis, la prescription est d'un mois, à partir du jour où le contrat a été confirmé par le tribunal.

Aucun étranger ne peut devenir propriétaire d'immeubles au Monténégro, si ce n'est en vertu d'une donation faite par le prince. A part cette restriction, d'ordre purement politique, les étrangers jouissent des mêmes droits civils que les Monténégrins.

C'est seulement après avoir traité des manières d'acqué-

rir que le Code, fidèle à sa méthode, s'élève aux principes
généraux du droit de propriété, en règle l'étendue et parle
de l'action en revendication. Celle-ci s'applique aux meubles
comme aux immeubles. Au sujet des meubles, il y avait
bien, dans la coutume slave, une institution connue sous
le nom de *svod* et assez semblable à l'*anefang* de l'ancien
droit germanique, mais il a paru préférable d'abandonner
cette vieille coutume pour se rattacher aux principes du
droit romain. Il ne reste du *svod* qu'une faible trace conservée dans l'article 101.

Tout ce qui a trait à la copropriété, aux droits et obligations résultant du voisinage, aux servitudes réelles, à
l'usufruit, est réglé à peu près comme en droit romain et
en droit français, à l'exception toutefois du droit d'irrigation
qui fait l'objet de dispositions très curieuses, empruntées
exclusivement à la coutume locale.

Nous n'avons rien à dire des titres consacrés au gage et
à l'antichrèse. L'hypothèque est soumise à un régime particulier, tout à fait éclectique. L'auteur du Code a étudié
les systèmes français, allemand et russe, et il a cherché à
en créer un qui fût applicable au Monténégro, tout en ré-
pondant aux exigences du crédit telles qu'elles existent chez
tous les peuples civilisés. On ne pouvait songer à établir
des livres fonciers, comme en Allemagne, mais la tenue des
registres hypothécaires a été confiée au tribunal. Le Code
n'admet que l'hypothèque conventionnelle, spéciale et publique. L'inscription a lieu contradictoirement, sur un registre
tenu au greffe, sous la surveillance du tribunal. Pour toute
inscription, comme pour toute radiation, il faut un ordre
écrit du tribunal, rendu parties ouïes ou dûment appelées.

c

Le créancier hypothécaire dûment inscrit peut créer lui-même une hypothèque en sous-ordre, ce que les Romains appelaient *pignus pignoris*.

Des droits réels, le Code passe aux droits personnels, et, remontant toujours du particulier au général, il n'arrive à poser les principes des obligations qu'après avoir traité d'abord des différentes espèces de contrats. C'est l'objet de la troisième partie (art. 222-493) et de la quatrième partie (art. 494-635).

Les différentes espèces de contrats se suivent à peu près dans le même ordre que chez nous. Il y a cependant quelques différences de nomenclature et de classification. Ainsi le contrat de louage, si complexe dans notre Code civil, se décompose dans le Code monténégrin en cinq ou six contrats différents. Le bail à ferme, le cheptel, le louage de services, la prestation de services réciproques, les devis et marchés, et enfin les transports forment autant de chapitres distincts. Deux autres contrats, inconnus chez nous, mais fort usités au Monténégro, sont la *supona* et la *sprega*. La *supona* est une sorte d'association pour le pâturage, faite en vue du partage du fumier. Chacun des membres de l'association s'engage à envoyer au pâturage une certaine quantité de bêtes sous la conduite d'un pâtre, et à leur fournir la quantité de sel dont elles ont besoin. La *sprega* est une société d'attelage. Les associés mettent en commun le travail de leurs bœufs de labour, afin d'exécuter tous les labours dans un certain ordre. Enfin un dernier chapitre traite de la donation, considérée comme un contrat spécial.

En parcourant les dispositions relatives à ces divers contrats, nous relevons un certain nombre de particularités

intéressantes. Par exemple, en matière de vente, le vendeur peut se réserver, pour un laps de temps qui peut aller
jusqu'à cinquante ans, un droit de préférence en cas de
revente par l'acquéreur. Ce dernier ne peut vendre sans
avertir son vendeur, qui est ainsi mis en demeure de rache-
ter dans les deux jours s'il s'agit d'un meuble, et dans la
semaine s'il s'agit d'un immeuble. Comme on le voit, il s'agit
ici non d'un réméré mais d'un retrait conventionnel.

L'intérêt légal est de 8 p. o/o. Le maximum de l'intérêt
conventionnel est de 10 p. o/o. L'anatocisme est rigoureu-
sement interdit.

Le contrat de prestation réciproque de services est un
contrat par lequel plusieurs personnes se prêtent mutuel-
lement leur concours pour certains travaux. Ce concours
est essentiellement gratuit et trouve son équivalent dans la
réciprocité. Seulement, les travailleurs ont droit pendant
la durée des travaux à être nourris, eux et leurs bêtes de
travail; la prestation réciproque doit être réclamée dans
l'année, faute de quoi elle est prescrite. Une autre espèce
de prestation appelée *moba* ne comporte aucune réciprocité
obligatoire. Enfin la prestation de travail peut aussi être
accordée par charité, à une veuve ou à des orphelins, ou à
un malheureux. En ce cas, les travailleurs n'ont droit à aucune nourriture, sans distinction entre les jours ouvrables
et les jours fériés.

Le dépôt secret oblige le dépositaire à une vigilance
exceptionnelle. Il répond de toute négligence, et, s'il emploie
à son profit l'argent ainsi déposé, il en doit un intérêt, qui
peut être fixé par le tribunal de 10 à 20 p. o/o, à partir
du jour du dépôt. Si un secret est confié en même temps

que le dépôt, le dépositaire est tenu de le garder, et en cas de divulgation il est responsable de toutes les conséquences.

En matière de société civile, pour tout ce qui n'est pas un simple acte d'administration, l'unanimité n'est pas exigée et les décisions peuvent être prises à la majorité des deux tiers. Telle est la règle, à laquelle, du reste, il peut être dérogé par les statuts.

Dans le contrat de cautionnement, la loi distingue, outre la caution ordinaire, le cofidéjusseur, le certificateur de caution, et enfin la caution inverse qui garantit au fidéjusseur l'effet de son recours contre le débiteur principal.

En cas de jeu ou de pari, la règle est la même que dans notre Code civil. Le gagnant n'a pas d'action en justice; le perdant qui a payé ne peut demander la restitution, si ce n'est en certaines circonstances exceptionnelles. De même encore la loi reconnaît et sanctionne les jeux qui tendent à l'exercice du corps ou de l'esprit. Mais voici une disposition nouvelle : les jeux pour lesquels la loi ne donne pas d'action, et qui d'ailleurs n'ont rien d'immoral, peuvent être sanctionnés lorsqu'un enjeu ou un gage a été déposé par les joueurs, soit entre les mains d'un tiers, soit au greffe du tribunal.

Toute donation au-dessus de 500 francs doit être faite par écrit et confirmée par le tribunal. De même lorsqu'il s'agit de prestations annuelles qui dépassent 40 francs par an. La donation peut être révoquée pour cause d'ingratitude, lorsqu'elle n'est pas rémunératoire. L'action en révocation se prescrit par dix ans. La donation peut encore être révoquée pour cause d'inexécution des conditions. Elle

peut être annulée lorsqu'elle est faite en fraude des créanciers.

La quatrième partie du Code (art. 494-635) traite des
contrats en général, et des actes ou rapports d'où dérivent
les obligations. Ce sont des principes généraux qui dans
toutes les législations sont à peu près les mêmes. La théorie
des obligations résultant de délits ou de quasi-délits est
présentée avec une précision remarquable, en distinguant
avec soin les divers cas et les différents degrés de responsabilité. L'action en dommages-intérêts à raison d'un délit
ou d'un quasi-délit se prescrit par un an à partir du jour
où la partie lésée a connu le dommage, et dans tous les
cas par dix ans à partir du jour où le fait a été commis.
Si ce fait est puni de plus de trois ans de prison, l'action ne
se prescrit que par vingt ans.

Sous la rubrique des obligations qui résultent d'autres
causes que d'un contrat ou d'un délit, le Code traite de la
pollicitation, de la gestion d'affaires, et de cette règle souvent mal comprise que nul ne doit s'enrichir aux dépens
d'autrui, ce qui comprend la *condictio indebiti* et en général
toutes les autres condictions. L'article 600 est ainsi conçu :
« Ce qu'une personne a reçu pour accomplir un acte illicite
peut être répété, sans qu'il y ait lieu de distinguer si l'acte
a été ou non accompli, en supposant toutefois qu'il y a eu
immoralité de la part de celui qui a reçu et non de la part
de celui qui a donné. S'il y a eu immoralité des deux parts,
la chose donnée n'est pas sujette à répétition, mais celui
qui a reçu doit la verser à la caisse des pauvres. »

La théorie de la prescription extinctive forme le dernier
chapitre de cette quatrième partie. La durée de la pres-

cription est, en règle générale, de trente ans, sauf les cas
particuliers où elle est réduite, comme dans notre Code, à
cinq, quatre ou deux ans. Ces délais sont bien longs, surtout dans un petit pays comme le Monténégro, mais la durée
de la prescription est toujours en raison inverse du progrès
social et économique. L'ancienne coutume ne connaissait
pas la prescription. Elle a été introduite par le prince Danilo, entre 1851 et 1860. «Même après cent ans, disait un
proverbe monténégrin, je puis te réclamer ce que tu me
dois.» Il a fallu tenir compte de ces habitudes et accorder de
longs délais, qui, du reste, pourront être bientôt abrégés.

La cinquième partie du Code (art. 636-766) traite des
personnes et des autres sujets de droit, de la capacité et
en général du droit de disposition. La majorité est fixée à
l'âge de 21 ans. Elle peut commencer même avant cet âge
pour le mineur qui, âgé de 18 ans au moins, est reconnu
par le tribunal apte à exercer tous ses droits, ou pour celui
qui a contracté mariage et fondé un ménage séparé. Réciproquement, le majeur peut être remis en tutelle s'il est
atteint dans son intelligence, ou s'il se livre à des actes ha-
bituels de prodigalité. Le tribunal qui statue en pareil cas
peut et doit déterminer dans chaque espèce particulière
l'étendue de la restriction mise à la capacité du majeur,
et spécifier les droits qui ne pourront plus désormais être
exercés que par le tuteur ou avec son concours.

Les personnes absentes ou détenues, les veuves sans
enfants, celles, du moins, qui sont entrées par le mariage
dans la famille de leur mari, à la différence de celles qui
sont nées dans la maison et chez qui le mari est venu s'établir, enfin les successions vacantes peuvent être pourvues

de tuteurs, investis de pouvoirs plus ou moins étendus. Au-dessous de 7 ans, le mineur est absolument incapable de faire aucun acte. On admet seulement qu'il peut accepter une donation sans charges. Au-dessus de 7 ans, le mineur ne peut s'obliger qu'avec l'autorisation de son tuteur, mais il peut obliger les autres envers lui. Du reste, le père ou le tuteur ont qualité pour agir au nom du mineur, en le représentant dans tous les actes de la vie civile.

Après les personnes naturelles, le Code traite des personnes morales qui n'existent que par une fiction légale. La première, et la plus intéressante pour nous, est la communauté de famille, cette curieuse institution nationale qui s'est conservée jusqu'à nos jours chez les Serbo-Croates sous le nom de *zadruga*. Le Code n'en parle qu'au point de vue des biens. Pour tout ce qui concerne l'institution en elle-même et son organisme intérieur, le législateur en trace seulement les lignes principales et se réfère provisoirement à l'ancienne coutume. Il suffit de rappeler ici que la communauté de famille, telle qu'elle est pratiquée de temps immémorial chez les Slaves du Sud, présente la plus grande analogie avec les communautés taisibles de nos anciennes coutumes, et notamment de la coutume du Nivernais. Mais, tout en conservant les principes fondamentaux de la coutume, le nouveau Code s'est efforcé de les mettre en harmonie avec les besoins de la société moderne, en substituant, dans la plupart des cas, à l'ancienne responsabilité collective la responsabilité individuelle de chacun des membres de la communauté.

Le patrimoine de la communauté se compose d'abord des biens anciennement acquis, c'est-à-dire du capital accumulé depuis plusieurs générations, et en second lieu du produit du travail de chacun des membres. Par contre, tout ce qu'un membre de la communauté acquiert par succession ou donation devient son propre pécule, dont il peut librement disposer s'il est majeur. Cette libre disposition, qui appartenait même à la femme mariée, sous l'empire de l'ancienne coutume, a été restreinte dans une certaine mesure par le nouveau Code. La maison est représentée à l'égard des tiers par son chef (*domaćin*), qui seul a le pouvoir d'agir et de contracter pour elle. Un membre de la communauté ne peut engager que lui-même. La communauté n'est tenue des suites de ce contrat que *quatenus locupletior facta est*, ou bien encore lorsque le contrat dont il s'agit a eu pour but de pourvoir aux besoins urgents d'un membre de la communauté travaillant au profit de la communauté. A plus forte raison, la communauté n'est pas obligée par les délits de ses membres, à moins toutefois qu'il ne s'agisse d'un acte commis dans l'intérêt de la maison, en défendant le patrimoine ou l'honneur de la maison. Mais en général la communauté répond de tout dommage causé par un de ses membres, dans les quatre cas suivants : 1° si pouvant empêcher l'acte dommageable elle ne l'a pas fait; 2° si elle a participé à cet acte, dans une mesure quelconque; 3° si le dommage a été causé par mégarde; 4° si le dédommagement à payer ne dépasse pas la somme de 100 francs. Le tribunal est même autorisé à mettre à la charge de la communauté, en tout ou en partie, d'après les circonstances, l'insolvabilité du membre de la communauté.

Toute condamnation prononcée contre un membre de la communauté s'exécute d'abord sur son pécule s'il en a un, et ensuite sur sa part dans la communauté. A cet effet, la communauté est mise en demeure d'éliminer le membre dont il s'agit, en lui remettant sa part; si elle ne procède pas à cette élimination dans les deux mois, elle prend la dette à sa charge.

Après la communauté de famille, le Code énumère les autres personnes morales, qui sont la tribu (*pleme*), la phratrie (*brastvo*), les églises et couvents, enfin l'État. A côté de ces personnes, reconnues plutôt qu'instituées par la loi, il y en a d'autres qui sont créées par la libre volonté des particuliers. Le gouvernement intervient sans doute dans l'acte qui leur confère la personnalité; mais cette intervention n'en altère pas le caractère essentiel. Ce sont les associations et les fondations. C'est le Conseil d'État qui est chargé de conférer la personnalité aux associations, et de la leur retirer s'il y a lieu, d'après une procédure qui ne laisse rien à l'arbitraire. Quant aux fondations, le Code monténégrin, à l'exemple des Codes allemands, admet qu'elles peuvent former par elles-mêmes des personnes, ce qui n'est pratiqué chez nous que pour les hospices et hôpitaux. Ainsi une fondation faite pour recueillir les orphelins ou pour entretenir des fontaines ou des ponts, n'a pas besoin d'être acceptée par une commune ou une fabrique, ou en général par un corps constitué. Elle peut exister par elle-même, avec une administration particulière.

Nous avons déjà dit un mot de la dernière partie du Code, qui a pour titre : *Définitions, explications, dispositions complémentaires*. Nous avons déjà montré sous l'empire de quelle nécessité le nouveau législateur du Monténégro avait dû se faire un plan tout différent de celui des Codes modernes.

Ceux-ci, les Codes allemands surtout, posent d'abord des règles générales, abstraites, qui dominent toutes les dispositions particulières. Au Monténégro, nous l'avons déjà remarqué, il a fallu procéder à l'inverse, et, pour être compris du peuple, reléguer à la fin du Code les définitions[1] et les théories. Cette méthode a permis au législateur de traiter complètement et avec originalité certaines matières difficiles, telles que la possession, et surtout le droit international privé qui fait à lui seul l'objet de 19 articles, dont 4 sont placés dans la première partie, et 15 dans la dernière.

Tel est, dans son ensemble, le nouveau Code du Monténégro. Nous avons essayé de montrer dans quelles conditions il a été préparé, quelles difficultés particulières le législateur a rencontrées et comment il s'y est pris pour les surmonter. Un code civil est d'ordinaire le résultat des efforts de commissions composées de nombreux jurisconsultes; ici, on le doit à l'énergie dévouée et à la remarquable intelligence d'un seul homme, qui a triomphé de tant d'obstacles.

Cette œuvre fait aussi honneur au prince qui en a senti toute l'importance et dont la haute clairvoyance a su choisir celui qui, grâce à son appui, devait la mener à bonne fin.

---

[1] Quand nous parlons de définitions, il convient d'ajouter que le Code les évite autant que possible, et s'efforce de les remplacer par des explications descriptives. C'est ainsi que dans les articles 870 et 871 il s'adresse directement au lecteur pour lui faire comprendre la distinction fondamentale des droits réels et des droits de créance.

AVERTISSEMENT DES TRADUCTEURS.

Après avoir parlé de l'original il convient de dire un mot de la traduction. On s'est efforcé de la faire, avant tout, exacte et fidèle. On a suivi le texte pas à pas, même dans les endroits où il peut paraître prolixe. L'auteur voulait se faire comprendre; il n'a ménagé ni les explications ni les exemples. La traduction ne pouvait simplifier sans ôter au livre son caractère.

On a renoncé à ajouter des notes explicatives. Elles eussent été trop nombreuses. Il a paru préférable de signaler ici, une fois pour toutes, les procédés de définition suivis par l'auteur, qui emploie tantôt l'exemple (comme dans les articles 905, 911, 913, etc.), tantôt l'antithèse (comme dans les articles 870, 871); modifie parfois le sens des termes de la langue populaire (art. 900-902), enfin n'hésite pas à créer des mots. Ainsi, dans l'article 801, du mot usuel имаоци, l'auteur a tiré, par un simple changement de désinence, le mot nouveau имаоник «personne, sujet de droit». De même, l'auteur, dans l'article 950, pour rendre plus intelligible au peuple la définition de la prescription, exprimée en serbe par le mot застара, a tenu à rapprocher ce mot, dans le cours même de l'article, d'un terme populaire d'une signification plus générale, en y ajoutant la forme verbale, parfaitement comprise de tous (застарити «devenir suranné»). Il y a là des nuances qu'aucune traduction ne peut rendre.

Toutefois, en se rapprochant autant que possible du texte, on a respecté scrupuleusement les exigences de la langue française. Lorsqu'on se contente de mettre un mot français à la place d'un mot étranger, le résultat de ce travail purement mécanique mérite à peine le nom de traduction. Le devoir du traducteur consiste à étudier le texte original, à se pénétrer des idées qu'il contient, et à les exprimer de nouveau dans sa langue, au moyen d'équivalents. Rien n'est plus difficile; et on ne sera pas surpris d'apprendre que la présente traduction a été refaite trois fois, qu'on y aurait même probablement renoncé si l'auteur, M. Bogišic, dont l'obligeance égale le savoir, n'avait constamment prêté aux traducteurs un concours indispensable.

LISTE

DE QUELQUES EXPRESSIONS JURIDIQUES SERBES

EMPLOYÉES DANS CE CODE

AVEC LA TRADUCTION EN REGARD.

OBSERVATION. — On a suivi dans cette liste l'ordre de l'alphabet cyrillique en usage au Monténégro et en Serbie. Nous y ajoutons une transcription en lettres latines, d'après l'orthographe employée dans les pays habités par les Serbes et Croates qui parlent cette même langue. Il nous semble utile de donner ici la prononciation de certaines lettres ou syllabes :

c = tz même avant *a, o, u; č = tch; ć = tch* un peu plus doux que le précédent; *ge, gi = gue, gui; j = y; lj = l* mouillé; *nj = n* mouillé; *š = ch; ž = g* ou *j* avant *i, e;* de sorte que *dionica* se prononce *dionitza; vlasnički = vlasnitchki; većinak = vetchinak; nepogib = nepoguib; vješti = vyechti; ljudi = lyudi; graničenje = granitchenye; ništav = nichtav; bližika = blijika.*

A = A.

Аманет.	*Amanet.*	Dépôt secret.

Б = B.

Беспорни.	*Besporni.*	Indiscutable, incontestable.
Благо.	*Blago.*	Trésor.
Благонаравље.	*Blagonaravlje.*	Bonnes mœurs.
Ближика.	*Bližika.*	Proches (parents et voisins).
Браство.	*Brastvo.*	Phratrie.

B = V.

Везовна моћ.	*Vezovna moć.*	Force obligatoire.
Већинак.	*Većinak.*	Intérêts.
Видик.	*Vidik.*	Vue, servitude.
Вјешти људи.	*Vješti ljudi.*	Experts.
Власник.	*Vlasnik.*	Propriétaire.
Власнички преузам.	*Vlasnički preuzam.*	Revendication.
Влаштина.	*Vlaština.*	Propriété.

Г. = G.

Главна ствар.	Glavna stvar.	Chose principale.
Главнô.	Glāvnô.	Capital.
Глоба.	Globa.	Amende.
Граничење.	Graničenje.	Bornage.
Губитник оклада.	Gubitnik oklada.	Perdant d'un pari.

Д = D.

Давалац залоге.	Davalac zaloge.	Celui qui donne le nantissement.
Давалац на оставу.	Davalac na ostavu.	Déposant.
Давалац у закуп.	Davalac u zakup.	Bailleur à ferme.
Давалац у најам.	Davalac u najam.	Loueur, bailleur.
Давалац у наруч.	Davalac u naruč.	Prêteur à usage.
Дар.	Dar.	Donation, don.
Даривалац.	Darivalac.	Donateur.
Дионица.	Dionica.	Part, action.
Добит.	Dobit.	Intérêts.
Добит дозрела.	Dobit dozrela.	Intérêts échus.
Добитак.	Dobitak.	Revenus.
Добитник оклада.	Dobitnik oklada.	Le gagnant d'un pari.
Добри обичаји.	Dobri običaji.	Bonnes coutumes.
Добро.	Dobro.	Un bien, tout ce qui peut être dans le commerce.
Домаћин.	Domaćin.	Père de famille, chef de maison.
Допуна.	Dopuna.	Complément.
Доцња.	Docnja.	Retard (mora).
Доходак.	Dohodak.	Revenu.
Државна имовинâ.	Državna imovina.	Domaine public.
Државна особина.	Državna osobina.	Domaine de l'État.
Држина или посјед.	Držina ili posjed.	Possession.
Држинска парница.	Držinska parnica.	Action possessoire.
Држински поступак.	Držinski postupak.	Procédure en matière possessoire.
Држитељ.	Držitelj.	Possesseur.
Друг.	Drug.	Associé, sociétaire.
Друг управник или друг руководилац.	Drug upravnik ili drug rukovodilac.	Associé gérant, le directeur.

Дружина.	*Družina.*	Société, association.
Друштво-имаоник.	*Društvo imaonik.*	Association comme personne morale.
Дуг; у дуг дати.	*Dug; y dug dati.*	Dette, obligation; prêter, donner à crédit.
Дуговинско право.	*Dugovinsko pravo.*	Droit de créance.
Дужан бити.	*Dužan biti.*	Devoir, *verbe.*
Дужење.	*Duženje.*	Créance.
Дужитељ.	*Dužitelj.*	Créancier.
Дужник.	*Dužnik.*	Débiteur.
Дужност.	*Dužnost.*	Devoir, *substantif.*

Ж = Ž.

Жалба.	*Žalba.*	Plainte, demande.

З = Z.

Забава.	*Zabava.*	Signalement des vices d'une chose.
Заблуда.	*Zabluda.*	Erreur.
Забрана.	*Zabrana.*	Prohibition, défense.
Забрана судска.	*Zabrana sudska.*	Séquestre.
Завјештај.	*Zavještaj.*	Testament.
Задавак.	*Zadavak.*	Arrhes.
Задужбина.	*Zadužbina.*	Fondation.
Задужница.	*Zadužnica.*	Titre d'une obligation, acte récognitif.
Заклада.	*Zaklada.*	Fondation.
Законит.	*Zakonit.*	Légal, légitime.
Законита самообрана.	*Zakonita samoobrana.*	Légitime défense.
Закуп.	*Zakup.*	Bail à ferme.
Закупник.	*Zakupnik.*	Preneur.
Закупнина.	*Zakupnina.*	Fermage.
Залог.	*Zalog.*	Nantissement.
Залога.	*Zaloga.*	Gage.
Заложити заставно дужење.	*Založiti zastavno duženje.*	Hypothèque de l'hypothèque (*subpignus*).
Замјеник.	*Zamjenik.*	Mandataire substitué.
Запрјета.	*Zaprjeta.*	Interdiction.
Засебно одређено.	*Zasebno odredjeno.*	Individuellement déterminé.

Застава.	Zastava.	Hypothèque.
Застара.	Zastara.	Prescription.
Заузеће.	Zauzeće.	Occupation.
Зачето дијете.	Začeto dijete.	Enfant conçu.
Зла намјера.	Zla namjera.	Dol, intention frauduleuse.
Зло лукавство.	Zlo lukavstvo.	Dol.
Зломислено.	Zlomisleno.	A mauvaise intention.

И = I.

Изванредни одржај.	Izvanredni održaj.	Usucapion extraordinaire.
Извршити.	Izvršiti.	Exécuter.
Изгуб добитка.	Izgub dobitka.	Manque à gagner (*lucrum cessans*).
Изјава о смрти.	Izjava o smrti.	Déclaration de décès.
Изузеће.	Izuzeće.	Exception.
Имање.	Imanje.	Patrimoine, biens, fortune.
Имаоник.	Imaonik.	Sujet de droit, personne.
Имаоништво.	Imaoništvo.	Personnalité.
Иметак.	Imetak.	Bien, patrimoine.
Имовина.	Imovina.	*Idem.*
Искуп.	Iskup.	Expropriation.
Исправа.	Isprava.	Acte, document, titre.
Исправни.	Ispravni.	Régulier.
Испис.	Ispis.	Radiation.

J = J.

Јавна државна добра.	Javna državna dobra.	Domaine public.
Јавна корист.	Javna korist.	L'intérêt public.
Јемац.	Jemac.	Caution.
Јемство.	Jemstvo.	Cautionnement, garantie.
Јемчев јемац.	Jemčev jemac.	Certificateur de caution.

Ћ = K.

Казнени.	Kazneni.	Pénal.
Капара.	Kapara.	Arrhes.
Ћесим (под).	Kesim (pod).	Cheptel de fer.
Кирија.	Kirija.	Louage.
Кладилац.	Kladilac.	Parieur.
Комун.	Komun.	Bien communal.

Корист.	Korist.	Utilité.
Користан трошак.	Koristan trošak.	Dépenses utiles.
Користити се.	Koristiti se.	Tirer avantage de, exploiter.
Користовање.	Koristovanje.	Exploitation.
Крајњи немар.	Krajnji nemar.	Faute lourde.
Кривац.	Krivac.	Coupable.
Кривица.	Krivica.	Faute.
Кријући.	Krijući.	Clandestinement.
Куповина, купња.	Kupovina, kupnja.	Achat.
Кућа.	Kuća.	Maison, maisonnée, communauté de famille.
Кућанин.	Kućanin.	Membre de la famille.

Л = L.

Лични имаоник.	Lični imaonik.	Personne physique, par opposition à la personne morale.
Луд.	Lud.	Fou, aliéné.

M = M.

Матица.	Matica.	Original.
Махнитост.	Mahnitost.	Démence, fureur.
Мјесто пребивања.	Mjesto prebivanja.	Domicile.
Моба.	Moba.	Prestation de travail non récompensé en argent
Мостра.	Mostra.	Modèle, échantillon.

H = N.

Навалице, навлаш.	Navalice, navlaš.	Exprès.
Нагодба.	Nagodba.	Transaction, arrangement.
Најам.	Najam.	Louage.
Најам радње отсјеком.	Najam radnje otsjekom.	Louage d'ouvrage à forfait.
Најамник.	Najamnik.	Domestique.
Најмилац.	Najmilac.	Maître, celui qui a fait la commande.
Најмовина.	Najmovina.	Loyer.
Накнада.	Naknada.	Indemnité, dommages-intérêts.

D

Налагати.	Nalàgati.	Diffamer, calomnier.
Намир.	Namir.	Payement, acquit.
Намирница.	Namirnica.	Quittance.
Намишљено.	Namišljeno.	Avec intention.
Намјењеник.	Namjenjenik.	Destinataire.
Намјером (с).	Namjerom.	Avec intention.
Наплата.	Naplata.	Encaissement (excussio).
Напловина.	Naplovina.	Alluvion.
Наполица.	Napolica.	Bail à moitié, métayage.
Наредбени закон.	Naredbeni zakon.	Loi impérative.
Наруч.	Naruč.	Commodat.
Наручилац.	Naručilac.	Maître, celui qui commande un ouvrège.
Наручитељ.	Naručitelj.	Idem.
Насиље.	Nasilje.	Violence, contrainte.
Натапање земаља.	Natapanje zemalja.	Irrigation des terres.
Насљедник.	Nasljednik.	Héritier.
Недостиж.	Nedostiž.	Insuffisance, déficit.
Недостатак.	Nedostatak.	Vice.
Недопуштена дјела.	Nedopuštena djela.	Actes illicites, délits.
Незвано вршење туђих послова.	Nezvano vršenje tugjih poslova.	Gestion d'affaires.
Незломислена држина.	Nezlomislena držina.	Possession de bonne foi.
Немар.	Nemar.	Négligence.
Немоћ ума.	Nemoć uma.	Faiblesse d'esprit.
Неодијељени (кућани).	Neodijeljeni (kućani).	Ceux qui ne sont pas sortis de l'indivision de la communauté de famille.
Неодољива сила.	Neodoljiva sila.	Force irrésistible, majeure.
Неоправдано користовање туђим.	Neopravdano koristovanje tugjim.	Enrichissement aux dépens d'autrui.
Непажња.	Nepažnja.	Négligence.
Непоштени.	Nepošteni.	Immoral.
Непоштење.	Nepoštenje.	Malversation, fraude.
Неправда.	Nepravda.	Injustice.
Непогиб.	Nepogib.	Cheptel de fer.
Непокретно добро.	Nepokrëtno dobro.	Bien immobilier.
Нестадак.	Nestadak.	Disparition, perte.
Нераздиони	Nerazdioni.	Indivis.
Неправилни.	Nepravilni.	Irrégulier, injuste.
Ништав по себи.	Ništav po sebi.	Nul de droit.

O = O.

Обавјерена исправа.	*Obavjerena isprava.*	Titre authentique.
Обвеза.	*Obveza.*	Engagement, lien.
Обдареник.	*Obdarenik.*	Donataire.
Обећање које се огласом чини.	*Obećanje koje se oglasom čini.*	Pollicitation.
Обир (дуг на).	*Obir (dug na).*	Obligation alternative.
Објашњење.	*Objašnjenje.*	Explication.
Овласт.	*Ovlast.*	Autorisation.
Овластити.	*Oalvstiti.*	Autoriser.
Оглед.	*Ogled.*	Échantillon.
Одвлака.	*Odvlaka.*	Retard.
Од объести.	*Od objesti.*	Par pure méchanceté.
Одложни.	*Odložni.*	Suspensif.
Одостовјерена исправа.	*Odostovjerena isprava.*	Titre légalisé.
Одредба.	*Odregba.*	Disposition.
Одређење.	*Odregjenje.*	Définition.
Одржај.	*Održaj.*	Usucapion.
Одступити.	*Odstupiti.*	Se désister.
Одужница.	*Odužnica.*	Quittance.
Одустаница.	*Odustanica.*	Dédit.
Оклад.	*Oklad.*	Pari.
Опомена дужника.	*Opomena dužnika.*	Interpellation du débiteur.
Опорека повјере.	*Oporeka povjere.*	Révocation du mandat.
Опорука.	*Oporuka.*	Testament.
Опрјека.	*Oprjeka.*	Opposition, exception.
Опроштај.	*Oproštaj.*	Remise.
Особина.	*Osobina.*	Pécule, bien personnel.
Остава.	*Ostava.*	Dépôt.
Отказ.	*Otkaz.*	Refus.
Оштећеник.	*Oštećenik.*	Victime d'un dommage.

П = P.

Пас.	*Pás.*	Parentèle.
Племе.	*Pleme.*	Tribu.
Повјера.	*Povjera.*	Mandat.
Повјереник.	*Povjerenik.*	Mandataire.
Повјеритељ.	*Povjeritelj.*	Mandant.

D.

Повласт.	*Povlast.*	Droit, privilège.
Повласно добро.	*Povlasno dobro.*	Fonds dominant.
Погађање.	*Pogagjanje.*	Pourparlers.
Погодба.	*Pogodba.*	Convention.
Поговор.	*Pogovor.*	Contradiction.
Подвезати се.	*Podvezati se.*	S'obliger à.
Под забрану ставити.	*Pod zabranu staviti.*	Mettre sous séquestre, faire opposition.
Подзакуп.	*Podzakup.*	Sous-location.
Подзакупник.	*Podzakupnik.*	Sous-locataire.
Подлог.	*Podlog.*	Antichrèse.
Подобје.	*Podobje.*	Analogie.
Подобност.	*Podobnost.*	Capacité, pouvoir.
Подузетник.	*Poduzetnik.*	Entrepreneur.
Подручница.	*Područnica.*	Succursale, annexe.
Пољак.	*Poljak.*	Garde champêtre.
Помеђашка угодба.	*Pomegjaška ugodba.*	Rapports de voisinage.
Помеђашке земље.	*Pomegjaške zemlje.*	Fonds voisins.
Помеђашко послужје.	*Pomegjaško poslužje.*	Servitude de voisinage.
Помјеша.	*Pomješa.*	Mélange.
Посебно одређени.	*Posebno odregjeni.*	Individuellement déterminé.
Послужје.	*Poslužje.*	Servitude.
Послужје дјела.	*Poslužje djela.*	Servitude active.
Послужје забране.	*Poslužje zabrane.*	Servitude négative.
Послужно добро.	*Poslužno dobro.*	Fonds servant.
Поставка.	*Postavka.*	Maxime, brocard.
Поставити, постављати.	*Postaviti, postavljati.*	Promulguer, établir.
Постопица.	*Postopica.*	Passage à pied (*iter*).
Потврда.	*Potvrda.*	Ratification, homologation.
Потпуна штета.	*Potpuna šteta.*	Tout le préjudice souffert (*damnum emergens et lucrum cessans*).
Потражни одузам.	*Potražni oduzam.*	Éviction.
Потребни трошкови.	*Potrebni troškovi.*	Dépenses nécessaires.
Поштење.	*Poštenje.*	Honneur, probité.
Правило.	*Pravilo.*	Règle.
Правда.	*Pravda.*	Justice, procès.
Правда и правица.	*Pravda i pravica.*	Équité.
Правичност.	*Pravičnost.*	*Idem.*
Пребијање.	*Prebijanje.*	Compensation.
Превара.	*Prevara.*	Fraude.

Предаја дјелом.	Predaja djelom.	Tradition réelle.
Предаја знаком.	Predaja znakom.	Tradition fictive, symbolique.
Предшаственик.	Predšastvenik.	Auteur.
Превзаложити.	Prezaložiti.	Donner en gage un objet déjà reçu en gage (subpignus).
Презастава.	Prezastava.	Hypothèque d'hypothèque.
Прекид.	Prekid.	Interruption.
Пренашање.	Prenašanje.	Transfert.
Преносач.	Prenosač.	Voiturier.
Преокретај.	Preokretaj.	Spécification.
Претварање.	Pretvaranje.	Simulation.
Претпоставка.	Pretpostavka.	Présomption.
Преча купња.	Preča kupnja.	Droit de préemption.
Прибиљешка.	Pribilješka.	Mention.
Приговор.	Prigovor.	Exception.
Прид или прираст.	Prid ili prirast.	Accroissement.
Придржник.	Pridržnik.	Détenteur.
Пријамник.	Prijamnik.	Successeur, ayant cause.
Приложје.	Priložje.	Accessoires (sensu lato).
Примјена.	Primjena.	Application.
Припаша.	Pripaša.	Croît.
Приход.	Prihod.	Revenu.
Прогласити.	Proglasiti.	Publier.
Прогон.	Progon.	Passage avec troupeau (actus).
Прометнуће.	Prometnuće.	Novation.
Просто тековинско удружење.	Prosto tekovinsko udruženje.	Association formée simplement en vue d'un gain.
Проста штета.	Prosta šteta.	Dommage simple (damnum emergens).
Пуновластан.	Punovlastan.	Pleinement capable.
Пуномоћје.	Punomoćje.	Mandat.
Пуномоћник.	Punomoćnik.	Mandataire.
Пут.	Put.	Passage en général (via).

P = R.

Радник.	Radnik.	Ouvrier.
Разврћи.	Razvrći.	Résilier.
Разлог.	Razlog.	Moyen (de défense).
Размак.	Razmak.	Délai, laps de temps.

Разрјешни услов.	Razrješni uslov.	Condition résolutoire.
Расипник.	Rasipnik.	Prodigue.
Ризик.	Rizik.	Risque.
Рок.	Rok.	Terme.
Рукодавалац.	Rukodavalac.	Prêteur.
Рукодаће.	Rukodaće.	Prêt de consommation (mutuum).
Рушљив.	Rušljiv.	Annulable, rescindable.
Рушљивост.	Rušljivost.	Annulabilité.

C = S.

Сâд.	Sâd.	Plantation.
Садржај.	Sadržaj.	Contenu.
Самовољна држина.	Samovoljna držina.	Possession par violence.
Самоиста ствар.	Samoista stvar.	Corps certain.
Самокупност.	Samokupnost.	Solidarité.
Самохотан трошак.	Samohotan trošak.	Dépense somptuaire, voluptuaire.
Саобраћај.	Saobraćaj.	Commerce (commercium).
Својевласт имовинска.	Svojevlast imovinska.	Capacité en général.
Слијевање.	Slijevanje.	Confusion.
Случајни узрок.	Slučajni uzrok.	Cause accidentelle.
Сплâка.	Splâka.	Torrent intermittent, chute d'eau.
Спрега.	Sprega.	Société d'attelage.
Спрежници.	Sprežnici.	Les contractants (dans la sprega).
Спријечење.	Spriječenje.	Suspension.
Старатељ.	Staratelj.	Tuteur.
Стати (на снагу).	Stâti (na snagu).	Entrer en vigueur.
Стварна права.	Stvarna prava.	Droits réels.
Стечник.	Stečnik.	Acquéreur, cessionnaire.
Сувлаштина.	Suvlaština.	Copropriété.
Суд.	Sud.	Tribunal.
Судити.	Suditi.	Juger.
Суврсте ствари.	Suvrste stvari.	Choses de même espèce, fongibles.
Супонâ.	Supona.	Société de pâturage.

Ť = Tj

Тварна ствар.	*Tvarna stvar.*	Chose corporelle.
Тековина *ou* течење.	*Tekovina ou tečenje.*	Acquisition.
Тековинско удружење.	*Tekovinsko udruženje.*	Société de gain.
Тражба.	*Tražba.*	Plainte, poursuite en justice.
Трг.	*Trg.*	Marché.
Трговина.	*Trgovina.*	Commerce, trafic.
Тренутак.	*Trenutak.*	Moment.
Тржна цијена.	*Tržna cijena.*	Valeur vénale, prix courant.

У = U.

Углава.	*Uglava.*	Conclusion du contrat.
Углавци.	*Uglavci.*	Modalités, clauses.
Углавити.	*Uglaviti.*	Conclure.
Уговор.	*Ugovor.*	Contrat.
Уговорник.	*Ugovornik.*	Contractant, partie.
Угодба.	*Ugodba.*	Rapports de voisinage.
Удруженик.	*Udruženik.*	Associé.
Удужити.	*Udužiti.*	Donner à crédit.
Удужити се.	*Udužiti se.*	Prendre à crédit.
Уживање.	*Uživanje.*	Usufruit.
Узајамни.	*Uzajamni.*	Synallagmatique (Contrat).
Узаптити.	*Uzaptiti.*	Mettre sous séquestre.
Узгредица.	*Uzgredica.*	Accessoire.
Узималац.	*Uzimalac.*	Preneur.
Узималац у наруч.	*Uzimalac u naruč.*	Commodataire.
Упис.	*Upis.*	Inscription.
Управа.	*Uprava.*	Administration.
Управитељ.	*Upravitelj.*	Administrateur.
Управо.	*Upravo.*	Directement.
Уред.	*Ured.*	Administration, office.
Уредбени закони.	*Uredbeni zakoni.*	Lois dispositives.
Урећи.	*Ureći.*	Stipuler, se réserver.
Уречена тегоба.	*Urečena tegoba.*	Clause pénale.
Услов.	*Uslov.*	Condition.
Уступ, уступање.	*Ustup, ustupanje.*	Aliénation, cession.
Уступитељ.	*Ustupitelj.*	Cédant, celui qui aliène.
Уцјев.	*Ucjen.*	En bloc, à forfait.
Учесник.	*Učesnik.*	Coauteur.

X = H.

| Хранилац. | *Hranilac.* | Dépositaire. |

Ц = C.

| Цијена. | *Cijena* | Prix, valeur. |
| Црковна каса. | *Crkovna kasa.* | Trésor de l'Église. |

Ч = Č.

| Чељад. | *Čeljad.* | Tous les membres de la même famille. |
| Чисти (дуг). | *Čisti (dug).* | (Dette) liquide. |

Ш = Š.

| Штета. | *Šteta.* | Dommage. |
| Штетник. | *Štetnik.* | Auteur d'un dommage. |

BIBLIOGRAPHIE.

Bogišić (V.). *Zbornik pravnih običaja...* (Recueil des coutumes juridiques actuelles chez les Slaves du Sud.) Zagreb, 1874. LXXIV, 714 (en serbo-croate).

L'extrait d'une partie de ce recueil a paru dans la *Revue de législation ancienne et moderne*, année 1876, et séparément chez Thorin en 1877, sous ce titre : Demelić (F.), *Le Droit coutumier des Slaves méridionaux d'après les recherches de M. Bogišić*.

En outre, un nombre considérable de données ont été tirées de ce même recueil et incorporées dans l'ouvrage de M. F. Krauss : *Brauch und Sitte der Südslaven*. Leipsick, 1885.

Bogišić (V.). *Sur la forme dite* inokosna *de la famille rurale chez les Serbes et les Croates*. Paris, 1884.

Compte rendu de M. Paul Viollet (*Revue critique d'hist. et litt.*, année 1885, p. 500).

Bogišić (V.). Quelques mots sur les principes et la méthode suivis dans la codification du droit civil du Monténégro. *Lettre à un ami*, 2ᵉ édition. Paris, 1888.

Compte rendu de M. Paul Viollet (*Revue critique d'hist. et litt.*, année 1891, p. 200).

Bogišić (V.). О техническихъ терминахъ въ законодительствѣ (*Des termes techniques en législation*). Saint-Pétersbourg, 1890 (en russe).

Ardent (G). Une nouvelle méthode de codification du droit civil (*La Réforme sociale*, Bulletin de la Société d'économie sociale fondée par P. F. Le Play, nᵉ 58, du 16 mai 1888).

Brissaud (J.). Sur le nouveau code civil du Monténégro. Rapport soumis à l'Académie de législation de Toulouse. Toulouse, 1891.

Compte rendu par M. F. Daguin dans le *Bulletin de la Société des législations comparées*, fasc. 4, année 1891.

DANČOV (P.). Новый гражд. законникъ... (*Le nouveau code civil du Monténégro*) (en bulgare).

Étude parue dans le *Journal juridique de Sofia*, fascicules des mois d'avril, mai et juin 1889.

DARESTE (R.). *Le nouveau code civil du Monténégro*, Paris, 1888.

Extrait du compte rendu de l'Académie des sciences morales et politiques (Institut de France).

DICKEL (K.). *Über das neue bürgerliche Gesetzbuch für Montenegro und die Bedeutung seiner Grundsätze für die Kodifikation im Allgemeinen*, etc. Marburg, 1889, in-8°.

Ce mémoire avait été préalablement lu par l'auteur dans la séance du 9 février 1889 de la Société juridique de Berlin (Juristen-Verein). *Norddeutsche allg. Zeitung*, n° 75, du 14 février 1889).

DICKEL (K.). *Étude sur le nouveau code civil du Monténégro et sur l'importance des principes suivis par l'auteur de ce code en matière de codification*, traduit par J. Brissaud, professeur à la Faculté de droit de Toulouse.

Cette traduction de l'ouvrage précédent a été faite sur l'original corrigé par l'auteur et annotée par le traducteur.

POLLOCK (F.). *The Montenegrin code of the law of Property* (*The law quarterly Review*, n° 16, livraison d'octobre 1888).

GIORGIÉVIĆ (A.): Богишићев општи им. законик... (*Le code de M. Bogišić pour le Monténégro*) (en serbe).

Étude parue dans la revue juridique Бранич, paraissant à Belgrade, fasc. 15 et 22 de l'année 1888.

HUBE (R.). *Kodeks Czarnogórza*, Varsovie (en polonais).

Paru dans la revue de Varsovie, *Ateneum*, livraison du mois de mars 1889. Une traduction russe de cet article a paru à Saint-Pétersbourg dans la même année par les soins de M. Gonsiorowski.

Θ. Општи имов. законик... (*Code général des biens du Monténégro*) (en serbe).

Paru dans le journal Браник de Novi Sad (Hongrie), n°ˢ 118-120, année 1888.

I. J. *Das bürgerliche Gesetzbuch Montenegros und die deutsche Kritik.*
Inséré dans le *Sanct-Petersburger Herold*, n° 381, du 9 décembre 1889.

MAJARON (D.). *Opšti imovinski...* (*Code général des biens pour le Monténégro*)
(en slovène).

Mémoire paru dans la *Revue juridique mensuelle de Liubliana*, fasc. 6
et 7, année 1889, après avoir été lu dans la séance de la Société juridique
de cette ville du commencement de juin de la même année.

MATVEIEV (P.). Новый Черн. законникъ (*Le nouveau code du Monténégro*).
Saint-Pétersbourg, 1889 (en russe).

RUŽICKA (J.). *Obecný majetkový zakonnik...* (*Code général des biens pour la
principauté du Monténégro*) (en tchèque).

Paru dans la revue juridique *Pravnik*, de Prague, fasc. 12 et 13,
année 1889. Ce mémoire a été lu dans la séance de la Société juridique
de Prague du 21 mars de cette même année, sous la présidence de M. le
professeur Randa.

SPASOWICZ (V. D.). Черногорія... (*Le Monténégro et le code des biens de M. Bogišić*) (en russe).

Paru dans la revue de Saint-Pétersbourg, le *Messager de l'Europe*, février 1889.

TOUBEAU (A.). *La propriété et la famille au Monténégro*, d'après le nouveau
code civil.

Étude insérée dans la *Nouvelle Revue*, livraison du 1er juillet 1888.

TRAKAL (Jos.). *Černa Hora...* (*Le Monténégro et sa nouvelle législation*) (en
tchèque, 1889).

Paru dans la revue mensuelle *Osvĕta*, de Prague, n° 2, année 1889.

VESNIĆ (M.). Општи имовински законик... (Le code général des biens pour
la principauté du Monténégro et son importance pour la science et la législ-
lation.) Belgrade, 1891 (en serbe).

VOJNOVIĆ (Le comte Const.). *Opšti imov. zakonik...* (Le code général des
biens du Monténégro eu égard à la législation antérieure de ce pays) (en
croate). Zagreb, 1889.

Ce mémoire a été d'abord lu dans la séance du 9 mai 1889 de l'Académie yougoslave des sciences et arts de Zagreb, et ensuite inséré dans le ·vol. 96 des Actes (*Rad*) de cette académie. Il a paru séparément aussi à la même époque.

ZIGELJ (F.-F.). Общій имущественный законникъ... (Code général des biens, du docteur Bogišić, pour la principauté de Monténégro). Moscou, 1888 (en russe).

Publié dans la *Revue juridique de Moscou*, livraison de septembre 1888.

DÉCRET DE PROMULGATION.

Nous, Nicolas I, par la grâce de Dieu Prince régnant de Monté-négro,

Attendu que la dernière guerre, dans laquelle la vieille valeur monténégrine a brillé encore une fois d'un vif éclat, a été couronnée par une paix, dont l'effet a été non seulement de reculer considéra-blement les frontières du Monténégro, mais encore de le faire re-connaître comme État européen indépendant;

Attendu que notre gouvernement a pris les mesures nécessaires pour augmenter les ressources générales du pays;

Attendu qu'il a construit des routes et des chemins, organisé les autres moyens de communication de nature à faciliter les transactions et les échanges aussi bien entre les différentes parties de l'État qu'avec l'étranger;

Attendu qu'il a introduit dans presque toutes les branches de l'administration publique des institutions nouvelles et perfectionné celles qui existaient;

Convaincu que rien ne contribue au développement régulier des nations et des États, que rien ne garantit leur bien-être et leur pros-périté comme le fonctionnement régulier de la justice, égale partout et pour tous,

Nous avons été naturellement porté dans nos travaux législatifs à fixer spécialement notre attention sur la partie relative à la justice.

D'ailleurs, grâce à la Providence, l'activité commerciale et indus-trielle du pays à l'intérieur et à l'étranger ayant pris une extension con-sidérable, on a déjà commencé à sentir vivement la nécessité de lois écrites concernant le vaste domaine des transactions relatives aux biens.

Par ces motifs :

Nous avons décidé d'employer tous nos efforts pour doter le Monténégro d'un Code concernant les biens (Code civil), dont les travaux préparatoires avaient été déjà commencés avant la guerre.

Mais une semblable entreprise, singulièrement grave et difficile, même pour les plus grands États, l'était au plus haut degré pour le Monténégro.

Nous avons toujours pensé, en effet, que s'il fallait tenir compte dans la confection d'un Code des résultats de la science et des travaux législatifs des autres pays de l'Europe, il était indispensable de prendre en considération les idées populaires en matière de droit et de justice, en ayant surtout égard aux coutumes, aux traditions et aux besoins actuels de la population monténégrine. C'est d'après ces principes que les travaux préparatoires ont été conduits.

L'exécution d'une telle entreprise n'a été possible que grâce au puissant appui de la Couronne impériale de Russie, qui, dans sa haute et incessante bienveillance à l'égard du Monténégro, a bien voulu fournir les moyens nécessaires pour atteindre ce but. D'autre part, nous avons pu trouver un homme dont le talent, le savoir, l'énergie et le dévouement étaient à la hauteur d'une tâche aussi ardue que délicate, dans la personne de M. le Dr V. Bogišić, conseiller d'État actuel, professeur à la Faculté d'Odessa, fils de l'illustre pays de Raguse, voisin du nôtre. C'est lui que S. M. l'Empereur Alexandre II, d'heureuse et sainte mémoire, a gracieusement chargé d'entreprendre en personne ce travail, et S. M. l'Empereur Alexandre III, glorieusement régnant, l'a engagé à le continuer et à le conduire à bonne fin.

Pour ce bienfait, vraiment royal, Nous-même, avec tout le Monténégro, restons à jamais reconnaissant tant au Tsar libérateur qu'au Tsar protecteur du slavisme et de l'orthodoxie.

À raison de l'importance exceptionnelle de ce Code pour Notre peuple, tant dans le présent que dans l'avenir; à raison des difficultés et des obstacles de toutes sortes qu'on rencontre ordinairement à chaque pas dans l'accomplissement d'une tâche pareille; à raison de la nature toute spéciale des lois relatives aux biens, le projet de ce Code, œuvre personnelle du savant susnommé, a été à plusieurs reprises examiné avec soin par plusieurs hommes versés dans les questions de jurisprudence, tant nationaux qu'étrangers, au point de vue de la théorie et de la pratique.

Nous-même, Nous avons soumis le projet du Code à un examen très attentif, et l'ayant trouvé en tout et pour tout en parfaite harmonie avec les principes du droit, avec les bonnes coutumes et les besoins de Notre cher Monténégro, Nous l'avons pris comme la pierre angulaire de toute Notre législation ultérieure. En conséquence, Nous lui avons donné et lui donnons Notre suprême sanction, et ordonnons ce qui suit :

ARTICLE PREMIER. Le premier jour du mois de juillet 1888 le présent « Code général concernant les biens» entrera en vigueur et acquerra pleine force de loi.

ART. 2. Le chapitre x de la seconde partie de ce Code n'entrera en vigueur qu'à une époque qui sera ultérieurement déterminée par un décret spécial.

ART. 3. La publication dudit Code sera considérée comme effectuée par l'insertion du présent décret dans la partie officielle du Journal du pays.

ART. 4. Après l'insertion du présent décret dans le Journal du pays, un exemplaire du Code sera exposé dans chaque tribunal monténégrin, de manière que chacun puisse en prendre connaissance. Cette exposition durera un mois.

ART. 5. Un exemplaire imprimé de ce Code, revêtu de Notre signature, sera déposé aux Archives de l'État.

ART. 6. Notre Ministre de la justice est chargé de l'exécution du présent décret.

Donné à Cetinje le jour de l'Annonciation, le 25 mars 1888.

(L. S.)   Signé : NICOLAS.

CODE CIVIL
DE MONTÉNÉGRO.

TRADUCTION FRANÇAISE.

CODE GÉNÉRAL DES BIENS.

PREMIÈRE PARTIE.
DISPOSITIONS PRÉLIMINAIRES.

CHAPITRE PREMIER.
DES LOIS.

ARTICLE PREMIER. Le décret par lequel le présent code (art. 767-770) est promulgué (art. 771) fixe le jour où il entrera en vigueur (art. 771, 773).

Quant aux lois qui viendront s'y annexer, soit pour le compléter, soit pour le modifier (art. 774), elles entreront en vigueur trente jours après leur publication (art. 771-772), s'il n'en est autrement disposé pour chacune d'elles.

ART. 2. Pour les matières non prévues par le présent code ou ses compléments, il faut suivre les règles en vigueur dans les bonnes coutumes (art. 779-780).

ART. 3. Si, pour un cas spécial, on ne trouvait de règle ni dans la loi ni dans les coutumes, il faudrait décider par l'analogie (art. 781) ou suivre les inspirations de l'équité (art. 782).

IMPRIMERIE NATIONALE.

Art. 4. Quand il y a doute sur le point de savoir si une disposition légale doit être appliquée à un cas donné, ou quand cette disposition n'est pas à première vue absolument claire, on aura recours aux règles spéciales d'interprétation (art. 776-778) pour en trouver le vrai sens et découvrir quelle a été la véritable intention du législateur.

Art. 5. Les dispositions du droit monténégrin sont applicables, en général, dans tout le territoire monténégrin, et obligent, en ce qui concerne les biens, non seulement les Monténégrins, mais encore les étrangers qui habitent ou plaident dans ce pays.

Art. 6. Le commerce et les relations avec l'étranger amènent, par la force des choses, des circonstances dans lesquelles il y a lieu de faire exception au principe général de l'article précédent. C'est ainsi qu'il y a des cas où les lois étrangères sont préférées aux lois monténégrines, même sur le territoire monténégrin; et réciproquement, il y a des cas où les lois monténégrines s'appliquent en pays étranger.

Ces divers cas sont énumérés et leurs règles tracées dans les articles 786-800 du présent code. Ces règles, toutefois, ne sont applicables qu'autant qu'elles ne sont ni limitées ni modifiées par les dispositions des articles 7, 8 et 9 ci-après, par une convention internationale ou par une loi spéciale.

Art. 7. Dans le cas même où, par application de l'article précédent, on doit suivre les lois étrangères, les juges monténégrins ne seront obligés de les prendre en considération qu'autant qu'une convention internationale ou une disposition impérative (art. 775) de la loi monténégrine le leur aura formellement prescrit.

Pour toutes les autres lois étrangères, quand il y aura doute au sujet de leurs dispositions, les juges présumeront qu'elles sont d'accord avec celles du Monténégro, jusqu'à ce que les parties elles-mêmes établissent qu'il y a une différence et en quoi elle consiste.

ART. 8. Les lois étrangères ne seront jamais appliquées par les tribunaux monténégrins quand elles sont contraires aux lois monténégrines concernant l'ordre public ou la sûreté publique. Ne seront pas appliquées non plus celles qui sont contraires aux bonnes mœurs (art. 785), ou qui favorisent quelque institution inhumaine (par exemple l'esclavage) qui n'est pas tolérée au Monténégro.

ART. 9. Si un pays étranger fait, en ce qui concerne le droit des biens, une différence entre les habitants du pays et les Monténégrins, au préjudice de ceux-ci, le Ministère de la Justice, d'accord avec le Conseil d'État, publiera un règlement établissant la réciprocité à l'égard des sujets de ce pays, c'est-à-dire créant à leur préjudice la même infériorité sur le territoire monténégrin.

CHAPITRE II.
DES PERSONNES (art. 801).

ART. 10. Tout individu (art. 955) est sujet de droit, c'est-à-dire pleinement capable, dans les limites légales, d'acquérir des biens, de les avoir dans son patrimoine, d'en jouir et d'en disposer à son gré. Cette capacité (art. 953), en principe, ne peut être refusée à qui que ce soit.

ART. 11. Tout individu, quelles que soient sa puissance et sa situation, qu'il soit riche ou pauvre, grand ou petit, est soumis aux lois qui régissent tout ce qui concerne les biens, la loi étant égale pour tous. Elle ne reconnaît aucun privilège à personne, même au chef de l'État.

Art. 12. La différence de religion ne peut amener aucune différence dans les droits concernant les biens, car les lois qui les régissent sont les mêmes pour les chrétiens de toutes confessions comme pour les non-chrétiens, à quelque religion qu'ils appartiennent.

Art. 13. De même, les différences physiques et intellectuelles existant entre les individus n'exercent aucune influence sur leur capacité, en ce qui concerne les droits dont s'occupe le présent code. Il y a, en effet, égalité absolue entre l'homme et la femme, le vieillard et l'enfant, le valide et l'infirme.

Les lois limitant la capacité (art. 957) des mineurs, des faibles d'esprit et autres personnes qui se trouvent dans des circonstances analogues, en ce qui concerne l'administration et la disposition de leurs biens; les règles concernant la surveillance et la tutelle exercées sur eux et leurs biens, ainsi que sur les affaires de tous ceux qui pour une cause quelconque ont besoin d'un représentant, se trouveront dans la cinquième partie du présent code.

Art. 14. Outre les personnes physiques (art. 956), la personnalité appartient encore aux communautés de famille, aux communes, aux églises, à l'État, aux fondations (art. 755), et en général à toutes les institutions auxquelles la loi l'attribue.

Des règles plus développées sur les personnes physiques et morales (art. 954) se trouveront aussi dans la cinquième partie du présent code.

CHAPITRE III.
DES BIENS ET DE LEUR PROTECTION.

Art. 15. Tout ce qui est dans le commerce et a une valeur pécuniaire quelconque : choses immobilières (art. 802-806) et mobilières (art. 807), droits réels et droits de créance, tout peut entrer dans le patrimoine et passer librement des biens d'une personne dans ceux d'une autre, à moins que la nature des choses, la loi ou les bonnes mœurs ne s'y opposent en tout ou en partie.

Art. 16. La propriété de chacun est sacrée et inviolable. On ne peut forcer personne contre son gré, quelque prix qu'on lui offre, à céder une partie quelconque de ses biens.

Il n'y a d'exception à cette règle fondamentale que dans le cas de nécessité publique (nationale); dans ce cas seulement, l'autorité publique peut prononcer l'expropriation d'une chose ou d'un droit. Mais alors, avant de prendre possession de la chose expropriée, on doit toujours indemniser complètement le propriétaire suivant la valeur de la chose ou du droit et l'importance du dommage qui en résulte pour lui (art. 923-924).

Les règles sur l'expropriation pour cause de nécessité publique seront posées dans une loi spéciale.

Art. 17. Chacun a le droit, pour défendre et faire valoir ses droits, de s'adresser aux tribunaux, et, quel qu'il soit, il trouvera auprès d'eux une justice absolument égale pour tous.

Une loi spéciale réglera la procédure qu'auront à suivre les tribunaux dans l'instruction et le jugement des procès concernant les biens.

CHAPITRE IV.

DE LA POSSESSION (art. 811).

Art. 18. Lorsqu'une personne a une chose en son pouvoir, avec la volonté de posséder, la loi la protège dans cette possession contre toute atteinte (art. 812-814), à la seule condition que cette possession n'ait pas été acquise par violence (art. 818).

La voie judiciaire est ouverte à quiconque prétend que la possession d'autrui est de mauvaise foi (art. 816-817) ou illégale (art. 820) et qu'il a à cette possession un droit préférable; mais il est absolument défendu de troubler ou de dépouiller arbitrairement le possesseur.

Art. 19. Quiconque est arbitrairement troublé dans sa possession est, aussitôt qu'il a introduit sa complainte, protégé par le tribunal, qui interdit tout nouveau trouble. Si le demandeur est déjà dépossédé, le tribunal ordonnera avant tout sa réintégration, à moins qu'il n'apparaisse qu'il a lui-même dérobé ou enlevé la chose par force à la partie adverse ou qu'il l'a arbitrairement retenue (art. 818).

Art. 20. Dans les actions en complainte (art. 821), le tribunal instruit et juge sommairement et ses jugements sont exécutés comme de simples ordonnances, le plus promptement possible (art. 822).

Art. 21. L'action en complainte ou en réintégrande doit être intentée au plus tard dans les trois mois qui suivent le trouble ou la dépossession.

Art. 22. En règle générale, le possesseur de bonne foi qui est tenu de restituer à un tiers une chose qu'il détient, n'est pas tenu de restituer les fruits et revenus qu'il en a perçus pendant toute la durée de sa possession de bonne foi (art. 823), ni d'en tenir compte.
Mais les fruits qui ne sont pas encore détachés suivent la chose.

Art. 23. Au contraire, le possesseur de mauvaise foi est tenu de restituer tous les fruits ou d'en tenir compte, qu'ils se retrouvent encore en nature ou qu'ils aient été consommés; il est même tenu à une indemnité pour les fruits et revenus que la chose aurait donnés si elle fût restée en la possession de l'ayant droit.

Art. 24. La partie qui obtient gain de cause doit indemniser le possesseur de bonne foi de toutes les dépenses nécessaires (art. 824) qu'il a faites sur la chose restituée.

Elle doit également l'indemniser de toutes les dépenses utiles (art. 825), dans la mesure de la plus-value dont la chose profite encore au moment de la restitution.

Le possesseur même de bonne foi n'a droit à aucune indemnité pour ses dépenses somptuaires (art. 826), mais il est libre d'enlever et de reprendre tout ce qu'il a ainsi ajouté à la chose, dans la mesure où il peut le faire sans la détériorer (art. 828).

Art. 25. Le possesseur de mauvaise foi n'a droit à une indemnité que pour ses dépenses nécessaires. Mais si les améliorations qu'il a apportées à la chose y sont encore attachées, il est libre comme le possesseur de bonne foi, de les retirer, qu'elles soien utiles ou somptuaires.

DEUXIÈME PARTIE.

DE LA PROPRIÉTÉ (ART. 831) ET DES AUTRES DROITS REELS (ART. 870).

CHAPITRE PREMIER.

DE L'ACQUISITION DE LA PROPRIÉTÉ DES CHOSES IMMOBILIÈRES.

DE L'HOMOLOGATION JUDICIAIRE.

Art. 26. Celui qui par contrat (vente, échange, etc.) acquiert une terre, une maison ou toute autre chose immobilière sise au Monténégro, n'en devient pas propriétaire par ce fait seul. C'est seulement après l'homologation judiciaire que, légalement parlant, la propriété de la chose acquise par contrat (art. 836-837) est transmise à l'acquéreur.

L'homologation n'est pas nécessaire pour les biens immobiliers acquis par toute autre voie qu'un contrat : succession, partage de communauté de famille, décision judiciaire ou autre ordonnance de l'autorité (art. 841).

Art. 27. Les contrats par lesquels on acquiert le droit de propriété immobilière doivent être rédigés par écrit. L'original devra contenir au moins les mentions suivantes :

1° Les noms et prénoms du vendeur et de l'acheteur (celui qui aliène et celui qui acquiert) ainsi que de leurs représentants (tuteurs et mandataires), s'il y en a, leur domicile et leur profession;

2° La description détaillée des biens et particulièrement de leurs limites;

3° Le prix de vente s'il y a vente, le mode et les époques de payement s'il y a terme, les garanties de payement s'il en a été stipulé, et toutes les autres clauses de l'aliénation;

4° Les signatures ou autres signes autographes des contractants et les signatures des témoins;

5° Le lieu et la date de l'acte.

Si, pour la conclusion du contrat, l'une des parties a été représentée par un mandataire, la procuration qui établit les pouvoirs du mandataire doit être annexée au contrat.

ART. 28. C'est le tribunal du district où est situé l'immeuble qui doit homologuer le contrat dont il est parlé à l'article précédent.

Tous les biens qui sont situés dans le ressort d'un même tribunal peuvent faire l'objet d'un seul et même contrat. Mais si ces biens sont situés dans des ressorts différents, il est nécessaire de rédiger autant de contrats qu'il y a de tribunaux dont l'homologation est nécessaire.

ART. 29. Au moment même de la réception du contrat, le tribunal mentionne, sans aucun retard, sur son registre et inscrit en tête de l'acte le jour de la réception, après quoi il en donne récépissé au déposant.

ART. 30. Dès que les formalités de l'article précédent sont remplies, le tribunal procède à l'examen de l'acte et s'assure notamment si toutes les mentions exigées par l'article 27 s'y trouvent insérées. Il recherche ensuite, autant que possible, si le contrat est régulier intrinséquement, par exemple : si les parties avaient le pouvoir de contracter; si le vendeur a offert dans la forme habituelle la préemption aux proches (ближика, art. 47-62); si le

prix a été payé comme il a été convenu, au cas où la vente est au
comptant, etc.

Le tribunal n'accorde l'homologation exigée par la loi qu'après
avoir constaté que tout est absolument en règle ou que les parties
ont redressé les irrégularités qui leur ont été signalées.

Art. 31. L'homologation consiste en la mention suivante faite
de la main même du juge au bas de l'acte : « Par les présentes ce
contrat, déposé au tribunal tel jour . . ., est homologué. » A cette
mention il joint la date de l'homologation et sa signature, et enfin
il appose le sceau du tribunal (art. 834-835).

Art. 32. Un des originaux ou une copie certifiée (art. 973) de
tout contrat homologué doit être gardé dans les archives du tribunal, avec la mention de l'homologation.

Le tribunal ordonnera que cette copie soit faite aux frais des
parties, si elles n'ont pas elles-mêmes pris soin de remettre l'original exigé ci-dessus.

A l'acte conservé aux archives doit être jointe la copie certifiée
de toutes les annexes du contrat, comme les mandats (art. 883),
les quittances (art. 975), etc.

Pour la communication des actes conservés aux archives, on
applique par analogie l'article 221.

Art. 33. L'homologation remonte au jour où l'acte a été déposé
au tribunal, alors même que l'acte d'homologation prescrit par
l'article 31 n'a été fait que postérieurement.

Art. 34. Alors même que la vente est à terme et s'il n'y a pas
de clause contraire, l'homologation judiciaire transfère à l'acheteur la propriété de l'immeuble. En ce cas, toutefois, le vendeur a
le droit, même sans le consentement exprès de l'acheteur, d'inscrire

sa créance sur le registre hypothécaire (art. 865), et d'acquérir par là un droit d'hypothèque sur l'immeuble aliéné.

Le tribunal prendra soin, s'il le juge nécessaire, d'informer le vendeur du droit que lui reconnaît la loi.

DES CONSTRUCTIONS ET DES PLANTATIONS.

Art. 35. Tout ce qui est élevé sur un fonds ou construit en dessous appartient de droit au propriétaire du fonds, à moins de convention contraire exprimée dans un acte légal.

Il y a des règles particulières pour les constructions élevées sur les fonds de l'Église ou de l'État dans les villes de Cetinje, Nikšići et Podgorica.

Art. 36. Le propriétaire du fonds devient propriétaire de la construction alors même qu'il a employé des matériaux appartenant à autrui, mais il doit payer la valeur de ces matériaux.

Si les matériaux n'ont pas encore été employés, leur propriétaire a le choix de les reprendre en nature ou d'exiger le payement de leur valeur. Dans les deux cas, le propriétaire du fonds devra une indemnité pour le dommage qu'il a causé, sans préjudice des responsabilités pénales qu'il a pu encourir, si son fait tombe sous le coup de la loi pénale.

Art. 37. Si quelqu'un bâtit de bonne foi sur le terrain d'autrui, le propriétaire de ce terrain devient également propriétaire de la construction.

Il a toutefois le choix ou de la conserver et de rembourser au constructeur ses dépenses, ou de lui abandonner et le terrain et la construction, en se faisant payer par le constructeur la valeur du terrain.

Si le constructeur a été de mauvaise foi, le propriétaire jouit également du droit spécifié au paragraphe précédent; mais il peut, s'il le préfère, exiger que le constructeur enlève ses matériaux et rétablisse les lieux en leur premier état.

Quel que soit son choix, il peut en outre exiger d'être complètement indemnisé du dommage que cette construction lui a causé.

ART. 38. Si le propriétaire du terrain a eu connaissance de la construction et n'a pas immédiatement prévenu le constructeur, quand la chose lui était possible, non seulement il est déchu des droits mentionnés en l'article précédent, mais, s'il ne se met pas d'accord avec le constructeur, il est obligé de lui abandonner, à un prix modéré, le terrain occupé par la construction. Le constructeur de bonne foi peut en outre lui réclamer une indemnité pour tout le dommage qui est résulté de ce fait.

ART. 39. Le propriétaire du fonds sur lequel sont plantés des arbres appartenant à autrui en devient propriétaire aussitôt qu'ils ont pris racine.

Si ces arbres appartenant à autrui ont été plantés par le propriétaire du fonds, on devra appliquer par analogie l'article 36.

Si c'est le propriétaire des arbres qui les a plantés, le propriétaire du terrain a le choix : ou de les garder moyennant le payement de leur valeur, ou d'en exiger l'enlèvement pour que les lieux soient remis dans leur état antérieur, sans préjudice des indemnités dues au propriétaire du terrain pour tout le dommage souffert, si la plantation a été faite de mauvaise foi.

Dans le cas de l'article 38, le propriétaire du fonds perd son droit d'option; il est obligé de payer la valeur des arbres et peut dès lors en disposer librement.

DE L'ACCESSION SANS LE FAIT DE L'HOMME.

ART. 40. Quand une rivière, d'elle-même, s'écarte peu à peu

d'une de ses rives en se rapprochant de l'autre, la surface ainsi mise à sec appartient au fonds dont les eaux s'écartent. Le propriétaire du fonds situé sur l'autre rive ne peut, alors même que les eaux reflueraient sur son terrain, réclamer de ce chef aucune indemnité à son voisin d'en face.

Art. 41. L'alluvion, c'est-à-dire l'accroissement insensible résultant des apports et des dépôts naturels de l'eau sur les rives d'un lac ou d'une rivière, appartient au fonds auquel ils s'attachent ou sur lequel ils s'amassent. Alors même que la provenance de l'alluvion serait connue, le propriétaire du fonds d'où elle provient ne peut la reprendre ni réclamer une indemnité.

Art. 42. Si les eaux ont enlevé tout d'une pièce une partie distincte d'un terrain et l'ont rattachée à un fonds voisin, le propriétaire de la partie enlevée peut la reprendre pendant une année, si elle est encore facilement reconnaissable. Après une année écoulée sans réclamation, cette partie appartient au propriétaire du sol auquel elle est venue s'attacher.

Art. 43. L'île qui se forme dans une rivière ou dans un lac qui n'est pas navigable pour les grands navires appartient aux propriétaires des terrains situés en face sur les deux rives. L'île se partage entre eux en raison de la proximité et de la dimension de leurs fonds le long des rives.

Si la nouvelle île n'arrive pas au milieu de l'eau, elle appartiendra exclusivement à celui ou à ceux des propriétaires dont les fonds sont sur la rive la plus rapprochée. Le milieu de l'eau se mesure au moyen d'une ligne transversale tirée entre les deux rives du cours d'eau ou du lac.

Les îles qui se forment dans des cours d'eau ou des lacs plus importants appartiennent à l'État.

Art. 44. Lorsqu'un cours d'eau public se dessèche définitivement, ou abandonne son lit d'une manière quelconque, le lit
desséché se partage dans les deux cas entre les propriétaires riverains, en proportion de l'étendue de leurs fonds le long de chacune
des deux rives.

Si l'un des riverains éprouve un dommage extraordinaire par
suite de ce desséchement ou de ce changement de lit, on doit,
suivant les circonstances et dans la mesure du possible, en tenir
compte dans le partage du lit abandonné.

DE L'USUCAPION (art. 845).

Art. 45. Celui qui possède un immeuble comme propriétaire,
alors qu'une cause quelconque s'oppose à ce qu'il en acquierre la
propriété, en devient propriétaire indiscutable, après dix années
de possession ininterrompue (art. 846-848).

Cependant cette usucapion ne peut profiter qu'au possesseur de
bonne foi (art. 816), dont la possession a un fondement légitime.

Art. 46. Celui qui possède de bonne foi un immeuble comme
propriétaire, pendant trente ans sans interruption, en devient, alors
même qu'il ne peut produire un juste titre d'acquisition, pleinement et absolument propriétaire, dès que la durée de cette
prescription extraordinaire est accomplie.

DU DROIT DE PRÉEMPTION ENTRE PROCHES
ET DES LIMITES QUI RESTREIGNENT LA FACULTÉ D'ACQUÉRIR DES BIENS IMMEUBLES.

Art. 47. Tout Monténégrin a le droit de vendre à qui que ce
soit ou d'aliéner de toute autre façon tous biens immeubles, et
réciproquement d'en acquérir et d'en posséder en toute propriété,
en quelque canton du Monténégro que ce soit, sauf les restrictions
contenues dans la présente section (48-64).

ART. 48. Le droit de préemption (art. 873), qui, en vertu de la coutume, a de tout temps existé entre proches, c'est-à-dire entre membres d'une même phratrie (братво), entre voisins contigus, habitants du même village et en général entre membres de la même tribu (племе) au sujet de la vente des biens immobiliers, continue d'exister à l'avenir. En conséquence, quiconque veut vendre une terre ou tout autre bien immobilier, tout en ayant la faculté de vendre à tout Monténégrin le plus offrant, doit néanmoins offrir, en la forme habituelle, à tous les proches jouissant de ce droit et suivant leur ordre, la préférence dans la vente.

Si aucun des proches qui viennent en première ligne ne veut acheter le bien en vente ou ne veut le faire au prix et aux conditions proposées, le propriétaire peut vendre ce bien à un proche de rang inférieur. Si aucun des proches ne veut acheter, le propriétaire peut vendre à tout Monténégrin, étranger à la tribu.

ART. 49. La priorité entre ayants droit à la préemption est réglée comme suit : d'abord les membres de la phratrie du vendeur jusqu'à la sixième parentèle inclusivement, ensuite les propriétaires limitrophes de l'immeuble à vendre, après eux les habitants du même village que le vendeur, enfin les autres membres de la tribu, s'ils ne rentrent dans aucune des catégories précédentes.

Les membres de la phratrie viennent entre eux dans l'ordre fixé par leur degré de parenté avec le vendeur. Si plusieurs se trouvent au même degré, celui d'entre eux qui est en outre propriétaire limitrophe passe avant les autres.

Entre propriétaires limitrophes il n'y a aucune cause de préférence, si ce n'est au cas où l'un d'eux appartiendrait en outre au même village que le vendeur; il passe alors avant tout propriétaire limitrophe qui n'est pas du village. Il n'y a pas non plus de préférence entre les habitants du village auquel appartient le vendeur, ni entre les membres de la tribu au delà de la sixième parentèle.

L'article 107 règle les cas dans lesquels les copropriétaires d'un bien immobilier ont le droit de préemption et l'ordre dans lequel ils l'exercent. Les articles 254 et 255 posent les mêmes règles pour ceux qui ont acquis ce droit par convention.

ART. 50. Quand il y a plusieurs proches qui arrivent au même rang et que chacun veut user de son droit (par exemple, les membres de la même phratrie, de la même parentèle), ils peuvent, s'il y a accord entre eux, acheter le bien en commun pour le conserver indivis ou le partager. S'ils ne s'entendent pas et qu'aucun d'entre eux n'offre un prix supérieur, le vendeur peut choisir entre eux celui à qui il vendra.

ART. 51. La femme qui représente la maison arrive au même rang où arriverait celui dont elle a pris la place. Ainsi, par exemple, la veuve, tant qu'elle reste au foyer conjugal, prend le rang qu'occuperait son mari, s'il était vivant.

ART. 52. Tout proche qui quitte son domicile sans esprit de retour perd le droit de préemption fondé sur la loi (art. 48-62).

ART. 53. Celui des proches qui, venant en ordre utile, veut exercer son droit de préemption, doit déclarer, par-devant témoins, qu'il est prêt à acheter le bien en vente au prix et aux conditions fixées, et convenir avec le vendeur du jour de la rédaction du contrat.

Faute par lui de se présenter au jour fixé, ou de fournir le prix ou la garantie convenus, il perd à tout jamais le droit qu'il a voulu exercer.

ART. 54. Quand un immeuble est vendu en justice, il faut, au moins un mois à l'avance, annoncer par un avis spécial, dans toute la tribu sur le territoire de laquelle est situé l'immeuble, quand et où aura lieu la vente publique; ledit avis portant invitation à toute personne ayant le droit de préemption et désirant prendre part aux enchères de se rendre, à l'époque fixée, au lieu de la vente.

Celui qui ne se présente pas, au plus tard, avant la fin des enchères ne peut plus faire valoir son droit pour cette fois.

Art. 55. A la vente publique, tout Monténégrin, qu'il soit de la tribu ou d'une autre, a le droit de prendre part aux enchères et de se rendre acquéreur de l'immeuble, en offrant le prix le plus élevé.

La vente toutefois ne devient parfaite qu'en suite de la déclaration faite par le tribunal, six heures après la clôture des enchères publiques.

Si pendant ce délai un proche quelconque invoque son droit et offre le prix le plus élevé qui ait été donné dans les enchères publiques, il sera déclaré adjudicataire, pourvu qu'il ait un rang préférable (art. 49-52) à celui de l'acquéreur primitif.

Si pendant ce délai aucun proche ne se présente, le dernier enchérisseur sera déclaré adjudicataire définitif et, fût-il étranger à la tribu, ne pourra plus dorénavant être troublé, au nom d'un droit quelconque de préemption.

Art. 56. La vente immobilière à l'égard de laquelle les prescriptions des articles 47-55 n'ont pas été ponctuellement exécutées peut être attaquée par tout proche que cette inobservation de la loi a empêché d'exercer son droit.

Dès qu'il a fait cette preuve, il peut par la voie judiciaire offrir à l'acheteur le prix que celui-ci a payé, et se faire transférer la propriété de l'immeuble par l'homologation du tribunal.

Le dommage que les parties ont subi du chef de cette inobservation des prescriptions légales sera réparé par celui qui l'aura
causé.

Art. 57. Le droit de préemption ne peut être exercé par un
proche à l'égard des immeubles qui sont aliénés par voie d'é-
change.

Il y a échange alors même qu'à l'immeuble livré en échange
vient s'ajouter une valeur en argent, à la seule condition que cette
soulte ne dépasse pas la valeur de l'immeuble auquel elle s'ajoute.

Art. 58. Le proche ne peut exercer son droit de préemption
sur les immeubles qui font l'objet d'une donation.

Art. 59. Si le vendeur d'un immeuble, pour empêcher l'exercice du droit de préemption, déclare qu'il lui en est offert un prix
supérieur à la réalité, celui dont le droit de préemption est en
rang utile peut demander la nullité de la vente et acquérir ensuite l'immeuble au prix réellement offert. L'auteur du dol doit en
outre réparer tout dommage résultant, pour qui que ce soit, de
cette fraude.

La règle s'applique par analogie quand une fraude semblable
a eu lieu dans un échange d'immeubles; ou encore quand, pour
le même motif, on a déguisé une vente sous le nom de donation
(art. 58).

Art. 60. L'action résultant de la violation du droit de préemption et la demande en nullité du contrat ou en indemnité du
dommage souffert sont prescrites par une semaine à partir du jour
où le demandeur a eu connaissance de la vente.

Mais, quelle que soit l'époque à laquelle cette connaissance lui
soit parvenue, toute action ou demande semblable est prescrite par

l'expiration du mois qui suit l'homologation du contrat par lequel la translation de propriété a eu lieu.

ART. 61. Lorsqu'une personne étrangère au village ou à la tribu y achète ou en général y acquiert légalement un immeuble, elle ne participe à la jouissance des pâturages, eaux, bois et autres biens dont jouit en commun le village ou la tribu (комун), qu'à la condition que la vente comprenne la totalité du bien habité par le vendeur, que celui-ci ait quitté le village ou la tribu, que l'acheteur s'y établisse définitivement à sa place et se soumette à toutes les charges publiques que supportait son auteur (garde, construction de routes, payement de la dîme, etc.).

ART. 62. Lorsque le vendeur a offert un immeuble à tous les proches, qu'aucun d'eux n'en a voulu, même au prix d'estimation du bien en lui-même, à l'exclusion de la valeur du droit aux communaux, et que par suite il a vendu le bien à une personne étrangère au village ou à la tribu, en ce cas seulement l'acheteur, pour acquérir tous les droits aux jouissances communales, n'est pas tenu de venir résider à la place de son auteur. Mais il est bien entendu que toutes les autres conditions stipulées à l'article précédent doivent être remplies.

ART. 63. L'antique loi fondamentale du Monténégro suivant laquelle le Monténégrin seul peut être propriétaire de biens immobiliers au Monténégro garde pour l'avenir son plein et entier effet.

Tout ce qui pourrait être conclu en violation de cette loi, sauf le cas prévu à l'artfcle 64, restera nul et de nul effet,

ART. 64. Seul l'étranger à qui le Chef de l'État fait donation d'un immeuble au Monténégro peut en rester propriétaire, mais seulement aux conditions établies pour chaque cas particulier par l'acte de donation.

CHAPITRE II.

DE L'ACQUISITION DE LA PROPRIÉTÉ MOBILIÈRE.

———

DE LA TRADITION (art. 839-840).

ART. 65. Celui qui achète une chose mobilière déterminée ne peut s'en dire propriétaire tant qu'elle ne lui a pas été livrée (art. 836-838). C'est seulement après la livraison effective qu'il en acquiert la propriété.

Cette tradition n'est pas nécessaire pour la translation de la propriété quand le meuble est acquis non par contrat, mais par quelque autre mode légal, comme une succession, un jugement, une ordonnance de l'autorité, etc. (art. 841).

ART. 66. Quand, en vue de la tradition, une chose est expédiée dans un autre lieu, la tradition est censée n'avoir eu lieu que quand cette chose a été remise au destinataire en mains propres, à moins qu'il n'ait désigné une personne intermédiaire pour cette expédition. En ce dernier cas, la tradition est censée faite au destinataire lui-même dès que la chose a été remise à la personne désignée.

ART. 67. Lorsque la vente est à terme, la tradition n'en opère pas moins la translation de propriété des choses mobilières, alors même que le prix n'a pas été payé. Si, au contraire, la vente est au comptant, la propriété n'est pas transférée par la tradition, tant que le prix n'a pas été intégralement payé. Si toutefois, après un certain délai, le vendeur ne réclame pas à l'acheteur son prix, la vente sera censée faite à terme dès l'origine, à moins que les circonstances ne démontrent le contraire.

Les parties peuvent cependant convenir dans tous les cas que la propriété restera au vendeur tant qu'il n'aura pas touché son prix.

DE LA SPÉCIFICATION, DE LA CONFUSION ET DE L'INCORPORATION.

Art. 68. Lorsque, par son travail, une personne a transformé une matière appartenant à autrui en un objet nouveau, cet objet reste la propriété de celui à qui appartient la matière première, quand même il ne serait plus possible, sans un dommage considérable, de lui rendre sa forme primitive.

Le propriétaire de la matière doit à celui qui l'a transformée de bonne foi une indemnité pour son travail, mais seulement dans la mesure de la plus-value qu'elle a acquise pour lui-même.

Si le propriétaire ne veut plus de sa matière ainsi transformée, il peut l'abandonner à celui qui l'a transformée moyennant le payement de la valeur qu'elle avait avant la transformation.

Art. 69. Lorsque le travail a beaucoup plus de valeur que la matière ou la chose transformée, ou que celui qui l'a transformée a fourni, outre son travail, une partie de la matière, l'objet nouveau devient la propriété de ce dernier, et, s'il a travaillé pour un tiers, celle de ce tiers. En tout cas, il est dû une indemnité pour la valeur de la chose primitive à celui à qui elle appartenait.

Art. 70. Quand des matières appartenant à des propriétaires différents se trouvent mélangées, confondues, réunies, la propriété ne change pas. Si elles peuvent être séparées sans grand dommage, chacun reprend son bien.

Si la séparation est impossible, ou n'est pas possible sans grand dommage, la totalité appartient au propriétaire de la matière principale et les autres seront indemnisés en raison de la plus-value que cette matière principale aura acquise par le fait dont il s'agit.

Art. 71. Si les matières mélangées ou confondues sont telles qu'il est impossible de savoir laquelle est la principale ou l'accessoire, tous les propriétaires de ces matières auront la propriété en commun de la totalité, chacun en proportion de la valeur de sa matière. Mais celui des copropriétaires qui ne veut pas rester dans l'indivision et ne peut se mettre d'accord avec les autres peut demander le partage de la chose indivise, si elle est partageable; si elle ne l'est pas, il peut demander qu'elle soit vendue publiquement et que le prix soit partagé entre tous.

Art. 72. La partie à qui la confusion ou l'incorporation n'est pas imputable peut, sans perdre son droit à l'indemnité prévue à l'article 73, exiger qu'en échange de sa part indivise l'auteur du fait dont il s'agit lui fournisse une quantité de matières de même qualité, égale à la quantité mélangée ou incorporée.

Art. 73. Dans tous les cas, quiconque a subi un dommage par suite de cette transformation, de ce mélange ou de cette confusion, peut réclamer à l'auteur du fait une réparation proportionnelle à la gravité de la faute commise.

DE L'OCCUPATION DES CHOSES SANS MAÎTRE (art. 842).

Art. 74. Quiconque tue ou prend une bête sauvage ou féroce, telle qu'un ours, un loup, un sanglier, un lièvre, un oiseau sauvage, etc., en devient propriétaire, à moins que la chasse n'en fût interdite.

Est regardé comme animal sauvage celui qui après avoir été apprivoisé s'est échappé et est redevenu sauvage.

Art. 75. De même que les animaux sauvages, le poisson appartient à celui qui l'a pêché, à moins que, à cette époque et dans ce lieu, la pêche ne fût interdite.

Art. 76. Quand un essaim d'abeilles s'est enfui, son propriétaire peut le poursuivre, le ramener et le reprendre partout où il
le retrouve, comme son bien propre. Si l'essaim s'arrête dans la
forêt d'une tribu ou sur les terres d'un particulier, et qu'il ne soit
pas possible de le reprendre immédiatement, le propriétaire de
l'essaim peut le marquer comme sien; à partir de ce moment, aucune autre personne ne peut s'en emparer.

Art. 77. Si le propriétaire de l'essaim est resté pendant qua-
rante-huit heures sans le poursuivre, après sa fuite, ou si, l'ayant
poursuivi, il l'a perdu de vue pendant vingt-quatre heures, cet essaim est considéré comme n'ayant plus de maître, et, s'il se pose
sur le fonds d'un particulier qui s'en empare, il devient la propriété de celui-ci; s'il se pose sur le territoire communal du village ou de la tribu, il appartient au premier occupant.

On est censé avoir pris possession de l'essaim abandonné dès
qu'on l'a marqué (par exemple, en traçant une croix ou tout
autre signe); à partir de ce moment, personne ne peut plus se
l'approprier.

Art. 78. En général, tout objet mobilier sans maître appartient
à la première personne qui en prend possession (art. 842-843).

DE LA TROUVAILLE DE TRÉSORS ET DE CHOSES PERDUES.

Art. 79. Celui qui trouve un trésor (art. 844) et s'en empare
en devient seul propriétaire, s'il l'a trouvé sur son fonds (dans la
terre, dans un mur, etc.). S'il l'a trouvé sur le fonds d'autrui,
honnêtement, sans fraude, le trésor est partagé en deux parties
égales : l'une appartient à l'inventeur et l'autre au propriétaire du
fonds dans lequel il a été trouvé.

Art. 80. Celui qui trouve un trésor dans le fonds d'autrui,

clandestinement ou malgré la défense expresse du propriétaire d'y
chercher un trésor, ou qui dissimule ce qu'il découvre, n'en acquerra aucune partie et devra abandonner le tout au propriétaire
du fonds.

Art. 81. Pour connaître si la chose trouvée est réellement un
trésor (art. 844), l'inventeur doit faire immédiatement constater
par témoins toute trouvaille faite par lui dans un lieu caché et ensuite, dans un délai de trois jours au plus, déclarer sa découverte
à l'autorité la plus rapprochée.

Cette autorité fera sans retard une enquête sérieuse sur l'affaire
et en fera connaître le résultat. S'il y a effectivement trésor, on
applique les règles des articles 79 et 80 ci-dessus; s'il n'y a pas
trésor, on devra suivre les règles des articles 82-90 ci-après.

Art. 82. Une chose perdue n'est pas par cela même sans
maître, et celui qui la trouve ne peut en prendre possession; il
est au contraire obligé de la restituer le plus tôt possible à celui
qui l'a perdue.

Art. 83. Si l'inventeur ne connaît pas le propriétaire ou si
celui-ci habite à une trop grande distance, il fera, après constatation immédiate par témoins, sa déclaration, au plus tard dans
la semaine, à l'autorité la plus rapprochée et lui remettra l'objet.
Cette autorité fera rechercher le propriétaire par les moyens ordinaires.

Quand la chose trouvée est une tête de petit bétail qui a été
perdue ou s'est échappée, l'inventeur, après avoir fait constater sa
trouvaille, la gardera avec lui, à moins que l'autorité, après en
avoir été informée, n'en ordonne autrement.

Art. 84. Si la valeur de l'objet trouvé dépasse vingt francs, l'autorité inférieure en fera sans délai la déclaration au tribunal.

Le tribunal, après avoir ordonné les mesures les plus convenables pour la conservation de la chose, fera ses efforts pour retrouver le propriétaire. Si après un mois il est resté inconnu, le tribunal ordonnera l'insertion du fait dans les journaux du pays une fois, deux fois ou trois fois suivant les circonstances, et, s'il trouve qu'une plus grande publicité soit nécessaire, il veillera à ce qu'elle soit donnée de la façon la plus convenable.

ART. 85. S'il résulte des circonstances que le propriétaire ne sera pas promptement retrouvé et qu'il ne soit ni possible ni facile de garder la chose en nature, le tribunal procédera à la vente publique et conservera le prix qui en sera provenu.

ART. 86. Le propriétaire une fois retrouvé, la chose ou le prix provenu de la vente lui est remis. Mais avant cette remise, il doit rembourser au tribunal ou au gardien, quel qu'il soit, toutes les dépenses nécessaires faites pour la chose.

ART. 87. Quand il s'est écoulé deux années depuis la première annonce insérée dans les journaux sans que le propriétaire de la chose perdue se soit fait connaître, et que l'inventeur a scrupuleusement rempli toutes les prescriptions de la loi et tout ce qu'exige la probité, la chose, ou le prix provenant de la vente, est remise en la possession et jouissance de l'inventeur. Toutefois celui-ci doit, s'il accepte cette remise, payer toutes les dépenses qui ont pu être faites jusqu'à ce jour à l'occasion de cette chose.

Si, après cinq ans à partir du jour de la remise à l'inventeur, le propriétaire ne s'est pas fait connaître, la chose devient sans maître et l'inventeur seul a le droit de se l'approprier par occupation.

Art. 88. Si avant l'expiration du délai fixé au deuxième paragraphe de l'article précédent le propriétaire se fait connaître, la restitution aura lieu dans les mêmes conditions que toute restitution faite par un possesseur de bonne foi.

En vue de l'éventualité de cette restitution, l'inventeur, au moment où la chose lui est remise, fournira, si le tribunal le juge nécessaire, une garantie convenable.

Art. 89. Si la valeur de l'objet trouvé ne dépasse pas vingt francs, l'autorité locale ordonnera les mesures nécessaires à sa conservation et, si cette conservation est impossible ou difficile, elle le fera vendre publiquement et conservera le prix provenant de la vente. Elle donnera en même temps avis de cette trouvaille au tribunal et la fera connaître dans la localité et dans les environs.

Quand trois ans se sont écoulés à partir du jour où avis de la découverte a été donné à l'autorité locale, sans que le propriétaire se soit fait connaître, la chose ou son prix devient sans maître et, comme telle, est remise à l'inventeur, pour que celui-ci, après payement des frais faits à l'occasion de la chose, en devienne propriétaire par occupation.

Art. 90. L'inventeur qui ne s'est pas conformé à toutes les règles posées ci-dessus, ou qui pour tout autre motif ne s'est pas conduit honorablement en cette circonstance, non seulement perd tous les droits conférés par les trois articles précédents (87-89), mais doit réparer tout le dommage qu'il a pu causer et subir la peine applicable au fait qu'il a commis.

En ce cas, la chose ou son prix, à l'expiration du délai fixé, sera attribuée à la caisse de l'église. Il en sera de même si l'inventeur renonce à son droit d'occupation ou si le propriétaire renonce à son droit de propriété.

DE L'USUCAPION.

Art. 91. Quiconque possède de bonne foi un objet mobilier comme propriétaire, après en avoir acquis la possession par une cause légitime, en devient propriétaire indiscutable, par le seul fait de cette détention, après cinq ans de possession ininterrompue (art. 846-848).

Art. 92. Celui qui, tout en possédant de bonne foi comme propriétaire, ne peut établir la base légale de sa possession, n'acquiert la propriété que par une prescription extraordinaire, c'est-à-dire après quinze ans de possession ininterrompue (art. 846-848).

CHAPITRE III.

DE L'ÉTENDUE ET DE LA PROTECTION DU DROIT DE PROPRIÉTÉ.

DE L'ÉTENDUE DU DROIT.

Art. 93. Quiconque a la propriété d'une chose mobilière ou immobilière a le droit de la posséder, d'en user et d'en jouir, d'en percevoir les fruits et revenus, de s'opposer à ce que toute autre personne en use ou la lui prenne sans son consentement, ou porte d'une façon quelconque atteinte à cette possession. Le propriétaire peut constituer sur sa chose un droit réel ou un droit d'obligation au profit d'un autre ou l'aliéner complètement. En un mot, il peut en disposer à son gré, sauf, bien entendu, le respect dû aux droits des tiers et les restrictions apportées par des lois spéciales.

Art. 94. Sauf les restrictions posées par la loi elle-même, la propriété de chacun est censée entière et libre. En conséquence, si quelqu'un prétend avoir quelque droit limitant la propriété d'autrui, c'est à lui de l'établir, s'il y a quelque doute à cet égard.

Art. 95. Le propriétaire d'une chose, soit mobilière, soit immobilière, est censé propriétaire de tous les accessoires de cette chose (art. 809), c'est-à-dire, jusqu'à preuve contraire, de toutes les dépendances qui, par nature ou par destination, sont le complément de la chose principale. Il l'est également de tous les accroissements de la chose principale, qu'ils proviennent de la chose elle-même ou lui viennent du dehors.

Art. 96. Le propriétaire d'un immeuble, en général, est propriétaire de tout l'espace aérien qui s'étend au-dessus, dans toute la mesure où cet espace peut être utilisé.

Il est également propriétaire de tout l'espace qui s'étend au-dessous du fonds.

DE LA REVENDICATION (art. 833).

Art. 97. Quiconque est légitime propriétaire d'une chose est protégé par la loi dans sa propriété, non seulement par les moyens qui protègent la possession, mais aussi par le droit de revendication. En conséquence, lorsqu'une chose est enlevée à un propriétaire contre sa volonté, ou est retenue sans droit par une autre personne, il peut, avec l'aide du tribunal, se la faire restituer -directement par le possesseur quel qu'il soit.

Art. 98. Quiconque revendique une chose doit, au besoin, prouver qu'il en est en effet propriétaire, et en donner autant que possible un signalement assez précis, pour qu'on puisse la distinguer de toute autre.

Art. 99. En principe, quiconque se trouve détenir la chose

d'autrui est obligé de la restituer à son propriétaire, sans aucune indemnité, sauf le cas de l'article 101. Il peut toutefois recourir pour cette indemnité contre celui de qui il tient la chose si, d'après les règles générales du droit, il est fondé à exercer ce recours.

Aʀᴛ. 100. S'il apparaît que le détenteur d'une chose appartenant à autrui a dû, en raison de la nature de cette chose, de la vilité du prix, du mode de vente, de la qualité des personnes qui la lui ont procurée ou d'autres circonstances, avoir des doutes sur la légitimité de l'acte qui a mis la chose entre ses mains, il devra non seulement la restituer sans aucune indemnité, mais encore réparer le dommage que le propriétaire aura subi de ce chef.

Si la chose est venue entre ses mains par suite d'un acte punissable auquel il a lui-même pris part, en ce cas il est responsable de tout cas fortuit ayant amené soit la détérioration, soit même la perte de la chose.

Aʀᴛ. 101. Quand une chose a été achetée de bonne foi et publiquement au marché, dans un magasin, à une vente publique, le propriétaire qui en a été dépossédé ne peut la réclamer au possesseur actuel qu'à la condition de lui rembourser tout ce qu'elle lui a coûté, et au cas seulement où il ne l'a pas encore acquise par prescription. Mais ce propriétaire a le droit de se faire complètement indemniser, par la personne responsable du fait, de tout ce qu'il a ainsi payé pour la chose et de tout le dommage qu'il a subi.

Si la chose dont il a été dépossédé, et qu'il entend revendiquer conformément au présent article, est soit un bœuf ou un cheval, soit une chose quelconque d'une valeur supérieure à vingt-cinq francs, l'acheteur doit en outre faire connaître celui de qui il la tient.

Aʀᴛ. 102. Si le demandeur en revendication ne peut faire la preuve complète de son droit de propriété, il lui suffira d'établir qu'il est devenu possesseur par une des manières dont on acquiert habituellement la propriété.

Toutefois cette dernière preuve n'est opposable qu'à celui qui, tout en étant possesseur de bonne foi, n'aurait cependant pas un droit égal à la possession de la chose.

CHAPITRE IV.
DE LA COPROPRIÉTÉ (art. 832).

ART. 103. Quand une chose appartient à deux ou plusieurs propriétaires indivis, chacun pour une part idéale, chaque propriétaire a le droit de jouir librement de cette chose indivise, dans la mesure de sa part, et à charge de respecter les droits des autres copropriétaires.

Chaque copropriétaire doit, proportionnellement à sa part, supporter les charges inhérentes à la propriété, de même que les dépenses nécessaires à l'entretien de la chose.

ART. 104. Tout ce qui concerne l'administration et l'exploitation ordinaires de la chose indivise est réglé à la majorité par les copropriétaires, après que chacun d'eux a exprimé son désir et son avis, et la décision de la majorité lie les autres. La majorité se compte par parts et non par têtes, à moins qu'il n'en ait été convenu différemment.

ART. 105. Il y a plus qu'un fait de simple administration lorsqu'on veut faire à la chose une réparation qui n'est pas indispensable, ou changer le mode d'exploitation habituel; dans ces deux cas, le consentement de tous les copropriétaires est nécessaire.

La majorité suffit, au contraire, quand il s'agit d'une réparation qui, bien qu'extraordinaire, est nécessaire pour conserver la chose ou la préserver et pour en prévenir la détérioration ou la ruine.

Art. 106. Si un des copropriétaires a refusé de supporter sa part des dépenses nécessaires à la conservation de la chose, il devra indemniser ses copropriétaires de toutes les dépenses et de tout le dommage que ce refus leur a causé. Ces derniers peuvent, si cette indemnité n'est pas autrement garantie, demander au tribunal le séquestre de sa part dans les revenus du bien commun.

Si ces revenus ne couvrent pas la dette, ou s'ils sont tels que le payement serait trop difficile et trop lent, les autres copropriétaires peuvent exiger que la part du copropriétaire débiteur soit vendue publiquement en justice, afin d'acquitter la dette; toutefois cette mesure ne peut porter atteinte à aucun droit de préemption.

Art. 107. S'il n'y a ni convention contraire ni exception provenant de la nature de la chose, chaque copropriétaire est libre de vendre sa part à qui bon lui semble, sans préjudice de l'application des règles des articles 47-64 sur le droit de préemption entre proches. Cependant les copropriétaires qui sont restés dans l'indivision exercent, s'ils le réclament en commun, le droit de préemption, de préférence à tous les proches, dans le cas où la chose est impartageable; dans le cas contraire, ils n'arrivent qu'après les membres de la phratrie appartenant aux six premières parentèles.

Art. 108. Quand la chose peut être partagée sans que sa valeur s'en trouve sensiblement diminuée, tout propriétaire peut, à moins de convention contraire, demander, quand bon lui semble, le partage de la chose en nature et la délivrance de la part qui lui revient, en sorte qu'il devienne propriétaire exclusif de cette part. Toutefois le partage n'est jamais autorisé à contretemps, à moins que tous les copropriétaires n'y consentent.

Art. 109. Si la chose n'est pas partageable en nature, le tribunal, à moins qu'il n'y ait convention contraire ou que les propriétaires ne se mettent d'accord, décidera, suivant les circonstances et l'intérêt de tous, s'il est préférable d'abandonner la chose à un ou plusieurs d'entre eux, le plus offrant, et d'indemniser les autres en argent, ou de vendre la part de celui qui demande le partage, et de l'indemniser, en laissant les autres dans leur situation antérieure, ou enfin de vendre publiquement la chose entière et d'en distribuer le prix entre les copartageants.

CHAPITRE V.

DES RAPPORTS DE VOISINAGE (art. 850).

DU BORNAGE.

Art. 110. S'il n'y a pas de borne apparente entre des héritages voisins (art. 849), ou si les bornes ne sont pas à leur place, tout propriétaire a le droit de demander à ses voisins de placer des bornes là où il le faut.

Les frais de bornage sont supportés par tous les voisins, chacun en droit soi. Cependant, s'il n'y a qu'un ou quelques-uns d'entre eux qui par leur faute aient rendu ce travail nécessaire, les frais ne seront supportés que par ces derniers.

DES BRANCHES AVANÇANT SUR LE FONDS VOISIN.

Art. 111. Si des branches d'arbre avancent sur le terrain ou la maison du voisin, celui-ci peut demander au propriétaire de l'arbre de couper ces branches ou de les faire disparaître de toute autre manière.

Si ce dernier ne s'exécute pas dans la semaine, le tribunal, à la requête du voisin, ordonnera que le travail soit fait aux frais du propriétaire de l'arbre. Il y a exception pour les oliviers, dont on ne peut couper les branches, à moins que ce ne soit l'usage dans la localité, et seulement dans la mesure de cet usage.

ART. 112. Si le voisin tolère ces branches, il peut en cueillir tous les fruits, s'il n'y a pas de convention contraire. Toutefois, en ce qui concerne les oliviers, il n'a le droit ni de cueillir ni de ramasser les fruits; le propriétaire des oliviers peut passer librement sur le terrain du voisin pour cueillir et ramasser ces fruits.

DES ARBRES MITOYENS.

ART. 113. L'arbre planté sur la limite de deux héritages est, à moins de convention contraire, la propriété indivise des deux voisins chacun pour moitié, et les fruits se partagent également entre eux.

Aucun des deux n'a le droit, sans le consentement de son voisin, de couper l'arbre ou les branches. Toutefois, si ces branches causent à l'un d'eux un dommage notable, celui-ci peut se faire autoriser par le tribunal à couper tout ou partie de celles qui avancent sur son fonds; mais alors il n'a plus droit qu'à ceux des fruits qui tombent sur son fonds.

DES RACINES DES ARBRES.

ART. 114. Quand les racines d'un arbre pénètrent dans le fonds du voisin, le propriétaire de ce fonds peut les couper si son héritage est cultivé et si elles nuisent à la culture; dans le cas contraire, il n'en a pas le droit.

DE L'ENCLAVE.

ART. 115. Le propriétaire dont le terrain ou les bâtiments sont entourés d'héritages appartenant à autrui et sont séparés de la voie publique de façon que l'accès de son champ ou de sa maison lui soit impossible, ou ne devienne possible qu'en faisant un détour considérable, a le droit de réclamer un passage sur les héritages voisins. Ce droit, suivant le besoin, peut être limité au passage à pied, ou avec un troupeau, ou établi sans restriction (art. 856).

ART. 116. Le passage est pris du côté où il est le plus commode pour celui qui le réclame et de la manière la moins gênante pour le voisin qui le fournit. Le premier doit payer au second une fois pour toutes le prix fixé par experts. Il doit user de son droit dans la mesure convenable, faute de quoi il sera responsable de tout le dommage causé.

DES EAUX EN GÉNÉRAL.

ART. 117. Tout fonds inférieur est assujetti à recevoir les eaux qui découlent naturellement des fonds plus élevés, si ces eaux ne sont pas amenées par le fait de l'homme.

Le propriétaire du fonds inférieur ne peut détourner arbitrairement le cours naturel des eaux de façon à nuire au propriétaire du fonds supérieur. De même celui-ci ne peut rien faire qui aggrave la servitude du fonds inférieur.

ART. 118. Si un propriétaire veut amener sur son fonds des eaux qui lui sont nécessaires pour un motif sérieux, par exemple pour une citerne, un moulin, etc.; ou si, au contraire, il veut se débarrasser d'eaux trop abondantes, et que, à cet effet, il soit obligé de poser des conduites d'eau ou d'établir d'autres ouvrages sur les fonds voisins, ses voisins ne peuvent s'y opposer, sauf à recevoir une juste indemnité, s'il y a lieu.

Quant au point de savoir si le motif est sérieux, il est décidé suivant les circonstances, en chaque cas particulier.

ART. 119. Si les membres d'une phratrie ou d'un village n'ont pas de passage pour se rendre à une source, à un cours d'eau, à une citerne du village, pour y puiser de l'eau ou y conduire boire leurs troupeaux, et ont besoin d'en avoir un, ce passage sera pris sur les héritages qui s'étendent entre cette eau et les maisons auxquelles elle est nécessaire.

Les propriétaires de ces héritages, néanmoins, auront droit à une indemnité raisonnable.

Art. 120. Si un fonds possède une source d'eau vive qui a été découverte sans travail et sans dépenses par le propriétaire de ce fonds, et que les voisins et les habitants du village soient en possession de s'en servir gratuitement, il continuera d'en être ainsi à l'avenir, alors même que, pour aller prendre l'eau, ils sont obligés de traverser le fonds dont il s'agit. Ce droit toutefois est subordonné à deux conditions :

1° Les tiers ne pourront user de l'eau qu'après que le propriétaire s'en sera servi lui-même, ou que, s'il y a danger d'épuisement, il aura gardé toute la quantité qu'il estime nécessaire aux besoins de sa maison;

2° Ceux qui se servent de ces eaux devront complètement indemniser le propriétaire de tout dommage qui en sera résulté pour son fonds.

Art. 121. Si le propriétaire du fonds sur lequel se trouvent ces eaux estime que cette servitude est trop lourde, il peut demander que le village, ou la partie du village qui en use, lui achète après évaluation son fonds entier, qui alors deviendra la propriété commune du village ou de cette partie du village.

DE L'IRRIGATION DES TERRES.

Art. 122. Le propriétaire d'un fonds voisin d'un cours d'eau ou de toutes autres eaux publiques, qu'il y ait ou non entre cette eau et son fonds d'autres héritages, a le droit de se servir de cette

3.

eau pour l'irrigation, si toutefois, d'après l'ordre qui est déterminé ci-dessous, il en reste encore pour son fonds.

ART. 123. Tout propriétaire peut, pour un travail d'irrigation, passer sans indemnité sur les fonds de ses voisins et y exécuter tous les travaux nécessaires. Néanmoins tous ces travaux et agencements doivent être exécutés d'accord avec les voisins et en se conformant aux règles des articles suivants (art. 124-132).

ART. 124. L'ordre dans lequel s'exerce le droit d'irrigation se règle ainsi : le fonds le plus voisin de l'eau a la préférence. En conséquence, celui qui en est le plus rapproché en use tout d'abord, ensuite le second après lui, puis le troisième, et ainsi de suite, en suivant le même ordre, jusqu'à ce que le premier fonds arrosé soit à sec. Dès que cet asséchement est constaté, l'irrigation recommence par ce même fonds et se continue de nouveau dans le même ordre, quand même l'insuffisance de l'eau rendrait impossible l'irrigation des terres situées plus loin.

La distance entre ces terres et l'eau ne se calcule pas par rapport au lit, mais par rapport à la source, ou, si le cours d'eau est assez important, par rapport à la prise d'eau, c'est-à-dire au point d'où l'eau est dérivée.

ART. 125. Si, en cas de longue sécheresse, il est nécessaire de renouveler l'irrigation de temps en temps, l'ordre établi à l'article précédent est suivi pour chaque nouvelle irrigation.

ART. 126. Les canaux et les conduites d'eau nécessaires à l'irrigation sont construits par ceux qui s'en servent, qu'ils soient établis sur leurs propres fonds ou sur ceux des voisins.

Par suite, tout propriétaire qui désire user de son droit d'irrigation contribue à cet établissement par une part de travail et de dépenses proportionnée à l'étendue de l'héritage qu'il entend irriguer.

Art. 127. Le propriétaire de la terre la plus rapprochée de l'eau ne contribue pas aux frais d'établissement des conduites sur les terres situées plus loin que la sienne. Mais, réciproquement, tout propriétaire plus éloigné peut gratuitement user des conduites, même de celles qui sont restées des années précédentes sur les héritages plus voisins de cette eau.

Art. 128. Quand certaines terres, à raison de leur situation ou de tout autre motif, exigent des ouvrages et des travaux spéciaux pour l'adduction des eaux, les propriétaires de ces terres exécutent seuls à leurs frais ces ouvrages et travaux. Ils répartissent ces frais entre eux proportionnellement à l'étendue des terres à arroser et aux obstacles qu'il y a eu à surmonter sur chacune d'elles.

Art. 129. En général, les dommages ordinaires soufferts par chaque héritage, du chef de la construction ou de l'enlèvement des conduites, ou du passage des travailleurs au moment des irrigations, etc., se compensent entre les différents voisins et ne donnent lieu à aucune indemnité. Dans le cas seulement où les dommages dont il s'agit seraient plus importants, ils peuvent donner droit à une indemnité contre ceux qui les auraient causés, ou dans l'intérêt desquels le fait dommageable aurait eu lieu.

Art. 130. Quand une source se trouve sur le territoire d'un village, les habitants de ce village ont seuls le droit de s'en servir pour l'irrigation de leurs terres. Ceux des autres villages, si rapprochés qu'ils puissent être, n'ont sur elle aucun droit, à moins qu'ils ne l'aient exercé depuis un temps immémorial ou ne l'aient

acquis par convention ou par tout autre moyen légal; ils le con-
servent en ce cas dans la mesure où ils l'ont antérieurement exercé.
Toutefois si, après l'irrigation, il reste de l'eau au village qui
possède la source, les habitants du village voisin peuvent user de
ce surplus pour les besoins de leurs terres.

ART. 131. Dans un même village, au contraire, tous les habitants peuvent se servir, pour leurs irrigations, de toute source
qui se trouve sur le territoire de ce village, alors même que cette
source se trouve non sur un fonds de la commune, mais sur une
propriété particulière. En ce dernier cas cependant, le propriétaire peut invoquer les dispositions des articles 120 et 121.

ART. 132. A l'approche du temps des irrigations, tous les propriétaires intéressés élisent à la majorité des voix un syndicat de
trois à cinq membres pour conduire et surveiller tous les travaux.
Pendant tout le temps de ces irrigations, ce syndicat veillera surtout à ce que l'opération se fasse régulièrement, à ce que chacun
se conforme à l'ordre établi, à ce qu'on ne cause aux voisins aucun dommage sans nécessité, à ce que l'eau ne soit pas dépensée
inutilement. Le syndicat enfin règle les indemnités entre voisins
pour les travaux ou les dommages importants dont il est parlé aux
articles 128 et 129.

DES RUISSEAUX ET DES TORRENTS INTERMITTENTS.

ART. 133. Le propriétaire du fonds le plus rapproché du lit
d'un ruisseau ou d'un torrent peut en dériver l'eau, de façon à en
amener le limon sur son fonds; il le peut, quand même il ne devrait plus en rester pour les fonds voisins situés plus loin. Mais si
en faisant cette dérivation il a causé quelque autre dommage, il
doit le réparer.

ART. 134. Si, au contraire, les eaux dont il s'agit causent un dommage aux héritages voisins (par exemple, leur apportent du sable, leur enlèvent de la terre, etc.), les propriétaires peuvent construire des canaux et faire tous ouvrages nécessaires pour protéger leurs fonds; mais toujours en prenant soin que ces travaux ne rejettent pas l'eau sur un fonds voisin qui ne la recevait pas auparavant, ou ne causent pas d'autre dommage au voisin; autrement ils lui en devraient réparation.

ART. 135. Aucun des voisins n'a le droit de rétrécir ou de déplacer par un ouvrage quelconque le lit d'un ruisseau ou d'un torrent, si ce n'est du consentement de tous les voisins intéressés.

Si toutefois l'un de ces derniers, sans motifs sérieux, refusait son consentement, il pourrait y être suppléé par une autorisation du tribunal.

DES CONSTRUCTIONS.

ART. 136. Celui qui élève une construction sur son terrain, fait des réparations à sa maison ou exécute un travail analogue, a le droit, pendant la durée des travaux, d'appuyer ses échafaudages sur le fonds voisin, d'y déposer des matériaux, d'y faire passer ses ouvriers, etc. Toutefois il n'a ce droit que s'il n'est pas possible et dans la mesure où il n'est pas possible de faire autrement sans grandes dépenses. Mais, avant le commencement des travaux, le voisin doit en être averti à temps.

ART. 137. S'il arrive que le propriétaire du fonds dont s'est servi le constructeur pour ses travaux a éprouvé de ce chef quelque dommage, il a droit à une indemnité, quand même celui-ci n'aurait pas excédé les limites de ses besoins. Ce droit se prescrit par six mois à partir de la fin des travaux.

ART. 138. Quand on veut construire une étable à bétail, une

fosse à fumier, des latrines et autres bâtiments de cette nature qui
manifestement peuvent être une gêne sérieuse pour le voisin ou
une cause d'insalubrité, on doit les éloigner ou les disposer à dire
d'experts.

Ceux-ci toutefois doivent autant que possible éviter de causer
au constructeur un trop grand préjudice par leurs exigences.

DU MUR MITOYEN.

Art. 139. Entre voisins on a le droit de se servir, chacun de
son côté, du mur séparant deux bâtiments contigus. Chacun d'eux
peut, jusqu'à moitié de l'épaisseur du mur, y pratiquer des excava-
tions pour faire des placards, y appuyer des poutres, etc., sous la
réserve toutefois que ces travaux n'ébranlent pas le mur, ou n'empêchent pas l'autre voisin de faire des travaux semblables de son
côté, ou ne menacent pas la sécurité de l'un ou de l'autre.

Si le mur appartient à un seul des voisins et que l'autre veuille
s'en servir, le premier peut exiger une indemnité à fixer par
experts.

DES BÂTIMENTS QUI MENACENT RUINE.

Art. 140. Quand un bâtiment est dans un tel état de délabre-
ment ou de vétusté et dans une position telle, à l'égard des bâtiments ou des terrains voisins, qu'il menace de s'écrouler sur eux ou
de leur causer tout autre dommage considérable, le propriétaire
voisin, si l'autorité ne prend pas spontanément les mesures impo-
sées par la sécurité publique, peut demander au tribunal d'imposer
au propriétaire de ce bâtiment les mesures nécessaires pour faire
cesser ce danger; il peut même demander que, en attendant, une
garantie convenable lui soit fournie en vue du dommage qui
pourrait en résulter pour lui.

Art. 141. Il est de principe que les voisins, à raison même de cette circonstance et pour tirer de leurs biens le meilleur parti, doivent autant que possible exercer leur droit de propriété de manière à ne se causer entre eux ni trouble ni dommage.

Art. 142. Il est de principe que le voisin à qui la loi reconnaît un droit par application des règles de voisinage, doit s'efforcer, tout en donnant satisfaction à ses besoins, de restreindre le moins possible la liberté de la propriété voisine.

Art. 143. Les règles du présent chapitre doivent être appliquées à tous les rapports de voisinage qui sont de même nature, en tant que ni la loi, ni la coutume, ni la convention des parties n'y dérogent en certains lieux ou en certaines circonstances.

CHAPITRE VI.
DES SERVITUDES (art. 851).

Art. 144. Outre les servitudes légales de voisinage que la loi elle-même établit en raison de la situation des héritages, les voisins peuvent convenir entre eux que le propriétaire d'un héritage aura certains droits de servitude sur l'héritage voisin, par exemple : qu'il pourra passer par la cour du voisin, introduire le tuyau de sa cheminée dans la cheminée du voisin, que le voisin ne pourra pas surélever sa maison de manière à lui enlever la vue.

La servitude de voisinage est et reste attachée aux deux fonds, avec le caractère propre aux droits réels, quel que soit le nombre des propriétaires qui se succèdent soit sur le fonds dominant (art. 853), soit sur le fonds servant (art. 853).

Cependant la servitude de voisinage peut être attachée par exception à une personne déterminée (art. 852); mais il ne peut en être ainsi qu'en vertu d'une disposition expresse.

Art. 145. La liberté de la propriété étant généralement présumée (art. 94), tout droit de servitude prétendu sur un fonds doit être manifestement établi. En cas de doute, c'est à la personne qui l'invoque de prouver par quel mode légal il l'a acquis (par exemple, par une vente ou toute autre sorte de contrat, à la suite d'un partage de communauté, par un jugement de tribunal, etc.).

Art. 146. Les servitudes qui consistent dans l'interdiction faite à un voisin de faire quelque chose sur son propre fonds (servitudes négatives, art. 855), n'ont leur plein effet légal qu'après homologation du tribunal, si elles sont acquises par contrat. Cette homologation a lieu suivant des formes analogues à celles établies pour l'acquisition des choses immobilières (art. 27-33).

Au contraire, les servitudes qui autorisent celui qui les possède à faire quelque chose sur le fonds de son voisin (servitudes actives, art. 854), ne sont pas soumises à cette homologation; mais il est facultatif pour les parties de recourir à cette formalité.

Art. 147. Toute servitude peut être acquise par la prescription après quinze années d'une possession ininterrompue, de bonne foi, ayant un fondement légal. Si on ne sait pas sur quel fondement elle a pris naissance, la possession de bonne foi doit durer trente ans pour conduire à la prescription.

Art. 148. Celui qui possède un droit de servitude sur le fonds d'autrui doit, sans pour cela rien abdiquer de son droit, en user de façon à le rendre le moins lourd possible pour le propriétaire du fonds servant. Et même, si ce droit devait devenir moins lourd pour ce dernier au moyen d'un changement dans la direction du chemin, du canal ou de tout autre ouvrage établi pour l'exercice de la servitude, et que ce changement ne fût pas préjudiciable au propriétaire du fonds dominant, celui-ci ne pourrait pas s'y opposer.

Art. 149. Le propriétaire du fonds servant ne peut faire aucun changement qui nuirait au droit du fonds dominant, sans l'autorisation du propriétaire de celui-ci. Mais ce dernier ne peut non plus, par sa seule volonté, faire aucun changement qui augmenterait ses besoins, et par suite aggraverait la servitude.

Art. 150. Quiconque a un droit de servitude doit supporter toutes les dépenses qui en sont la conséquence (par exemple : l'entretien des chemins, le nettoyage des conduites, etc.). Si le propriétaire du fonds servant se sert de la chose ou des ouvrages qui nécessitent ces dépenses, il en supportera une part proportionnelle.

Art. 151. Quand il y a doute sur l'étendue d'une servitude, on présumera toujours qu'elle est la moins lourde possible pour le fonds servant, eu égard aux besoins du fonds dominant équitablement appréciés.

En général, il y a présomption que la servitude est aussi restreinte que possible (art. 856-858).

Art. 152. Le propriétaire du fonds grevé d'un droit de servitude peut concéder pareil droit à une autre personne sous la seule réserve que cette concession ne porte aucune atteinte aux droits précédemment acquis.

Art. 153. Le droit de servitude reste entier pendant toute sa durée. En conséquence, si le fonds, soit servant, soit dominant, est partagé, tout ce qui concerne la servitude reste dans le même état qu'auparavant, à moins que, en raison de la nature de la servitude, une partie du fonds servant n'ait été libérée par le partage sans qu'il en résulte de préjudice pour le fonds dominant.

Art. 154. Le droit de servitude prend fin en général de la même manière que les autres droits de cette nature (art. 860). La servitude cesse également quand pendant vingt années ininterrompues il n'en a pas été fait usage (prescription libératoire, *usucapio libertatis,* art. 861).

Art. 155. Quand une servitude a pris fin par la disparition entière ou partielle du fonds dominant ou du fonds servant (par exemple, par suite de l'incendie d'une maison, etc.), elle revit de plein droit si, avant l'expiration d'un délai de vingt ans, les choses sont reconstituées, ou généralement remises en leur état antérieur.

CHAPITRE VII.
DE L'USUFRUIT (art. 849).

Art. 156. Quiconque a un droit d'usufruit sur une chose appartenant à autrui (un bien, un domaine), a en général le droit d'en percevoir tous les fruits et revenus comme le propriétaire lui-même et d'en tirer toute l'utilité possible, quels que soient d'ailleurs ses autres biens.

Il doit, néanmoins, conserver intacte la substance de la chose sur laquelle repose son droit d'usufruit.

Art. 157. Tout droit d'usufruit sur une chose immobilière établi par contrat doit, pour devenir réel, être homologué par le tribunal, et on suit à cet effet par analogie les règles établies pour la translation de propriété des biens immobiliers (art. 27 et suiv.).

Au contraire, tout droit d'usufruit sur une chose immobilière, établi par tout autre titre qu'un contrat, comme par une disposition particulière de la loi ou de l'autorité, par testament, etc., n'a besoin d'aucune homologation de ce genre (art. 26, 65).

ART. 158. Tous les produits naturels de la chose (comme les fruits de la terre) qui n'ont pas été détachés avant l'établissement du droit d'usufruit, appartiennent à l'usufruitier; il ne doit à cette occasion aucune indemnité à celui qui jusqu'à ce moment a fait des dépenses en vue de leur production. Mais, réciproquement, les produits qui n'ont pas encore été détachés au moment où l'usufruit prend fin, appartiennent également, sans indemnité, à celui à qui retourne la chose.

Au contraire, en ce qui concerne les fruits civils (comme les revenus des maisons, etc.), l'usufruitier y a droit proportionnellement au temps qu'a duré son usufruit, ni plus ni moins.

ART. 159. Si l'usufruit comprend des choses fongibles (art. 810), comme de l'argent, des céréales, du vin, etc., l'usufruitier en devient propriétaire par la seule tradition. Mais, réciproquement, à la fin de l'usufruit, il en doit rendre une quantité égale à celle qu'il a reçue et de la même qualité, ou, si cette restitution devait être difficile, leur valeur en argent appréciée d'après la mercuriale du jour de cette restitution. S'il y a eu une évaluation lors de l'établissement de l'usufruit, sans autre stipulation, on présume que l'usufruitier est obligé de restituer non les choses mêmes, mais leur valeur estimée en argent.

ART. 160. Si l'usufruit comprend des choses mobilières qui

perdent de leur valeur par le seul effet du temps, comme des meubles, des vêtements, etc., l'usufruitier est simplement obligé de restituer la chose qu'il a reçue et ne répond pas de la détérioration naturelle, à moins qu'il n'y ait contribué par son fait ou qu'il n'existe une convention contraire.

Art. 161. Si l'usufruitier est obligé, comme c'est la règle, de rendre identiquement en nature les choses (art. 810) qu'il a reçues en usufruit, il doit, pendant sa jouissance, les préserver de toute perte, de tout dommage, de toute détérioration, comme le ferait un bon et prudent père de famille; autrement il est responsable du dommage.

Art. 162. L'usufruitier obligé à restitution de la chose en nature n'a pas le droit de lui donner une destination autre que celle à laquelle elle a été primitivement affectée, ni d'en modifier la forme ou l'aspect extérieur, ni, en général, de lui faire subir aucun changement important, sans le consentement du propriétaire. Tout ce qu'il aura fait en violation de cette disposition sera apprécié d'après les règles applicables à la gestion d'affaires.

Le propriétaire, au contraire, peut librement apporter à sa chose toutes les modifications qu'il veut, à la seule condition de ne pas diminuer les revenus de l'usufruitier.

Art. 163. Si l'usufruit porte sur un capital en argent et qu'il faille placer ce capital à intérêts ou le retirer pour le mettre en d'autres mains, une entente préalable doit s'établir entre le propriétaire du capital et l'usufruitier. S'ils ne peuvent se mettre d'accord, le tribunal statue.

L'usufruitier touche les intérêts du capital, comme il s'approprierait tous les autres produits de la chose.

ART. 164. S'il y a, d'après les circonstances, lieu de craindre que la chose ne soit pas restituée dans l'état où elle doit l'être, au moment où l'usufruit prendra fin, le propriétaire ou tout autre intéressé peut exiger que l'usufruitier fournisse caution de remplir exactement et entièrement cette obligation au moment voulu.

ART. 165. Si l'usufruitier ne veut ou ne peut fournir la caution dont il s'agit, le tribunal décidera par qui et comment sera gardée la chose et en seront perçus les produits. Dans tous les cas, néanmoins, les revenus devront, une fois toutes les dépenses déduites, être intégralement remis à l'usufruitier.

ART. 166. Les dépenses d'entretien ordinaire, sans lesquelles il n'est pas possible de jouir convenablement de la chose ou de la conserver en bon état, sont à la charge de l'usufruitier.

Il supporte également tous les impôts et charges publiques, en tant qu'ils sont attachés à la chose grevée d'usufruit.

ART. 167. Au contraire, les réparations extraordinaires qui sont devenues nécessaires sans la faute de l'usufruitier sont à la charge du propriétaire. Si cependant cette obligation, en raison des circonstances, est trop lourde pour le propriétaire, il peut demander que l'usufruitier y concoure dans la mesure exigée par l'équité, eu égard aux avantages qu'il retire de l'usufruit.

Dans tous les cas, si les réparations ou les améliorations faites par le propriétaire ont augmenté les revenus de l'usufruitier, le premier peut demander que celui-ci lui paye les intérêts du capital dépensé; néanmoins ces intérêts ne doivent jamais dépasser l'augmentation que les réparations dont il s'agit auront procurée aux revenus de l'usufruitier.

ART. 168. Si les biens soumis à usufruit sont grevés de dettes, l'usufruitier est tenu d'en payer les intérêts; si une partie seulement de ces biens est soumise à usufruit, l'usufruitier n'est tenu que d'une part proportionnelle desdits intérêts, sans toutefois que les droits du créancier puissent subir par là aucune atteinte.

Art. 169. Quand il y a doute sur la durée de l'usufruit, on présume qu'il est viager.

Si l'usufruitier est une personne morale, on suppose que son droit dure autant qu'elle-même; si c'est une communauté de famille, elle en jouit jusqu'à ce qu'elle prenne fin par extinction ou partage. Toutefois l'usufruit appartenant à une personne morale autre qu'une communauté de famille prend fin après cinquante ans.

Art. 170. Celui qui a sur la chose d'autrui un simple droit d'usage ne peut s'en servir que pour ses propres besoins et ceux de sa famille, tels qu'ils étaient au jour où le droit a été acquis.

L'usager ne peut céder à personne son droit d'usage, ni à titre onéreux ni à titre gratuit.

Art. 171. De même, quiconque a le droit d'habiter gratuitement dans une maison ou dans quelque autre bâtiment appartenant à autrui ne peut céder ce droit à personne, ni moyennant un prix ni gratuitement.

CHAPITRE VIII.
du gage (art. 863).

Art. 172. Le droit réel de gage sur une chose mobilière n'est acquis au créancier que du moment où elle lui est remise effectivement à cette intention.

Art. 173. De même qu'on peut fournir un gage pour la dette

d'autrui, de même on peut convenir qu'une autre personne, à la place du créancier, détiendra la chose remise en gage. Mais s'il était convenu que le gage resterait entre les mains du débiteur, la convention serait nulle, c'est-à-dire que la dette serait une dette ordinaire et ne constituerait nullement une dette avec gage.

Art. 174. Tant que la dette n'a pas été entièrement acquittée, le créancier peut garder le gage en garantie de son payement. Si plusieurs choses ont été remises en gage pour la même dette, elles garantissent toutes collectivement la totalité de la dette, comme s'il n'y en avait qu'une seule.

Art. 175. Le gage garantit non seulement le capital mais aussi les intérêts et tous les autres frais nécessités par la conservation de la chose ou le recouvrement de la créance.

Art. 176. Tant que le créancier reste en possession du gage, il répond de tout dommage survenu à la chose, par suite d'un défaut de surveillance ou de soin tel qu'un bon père de famille en apporte à sa chose.

Au cas seulement où ce sont des armes qui ont été remises en gage, le créancier répond du dommage causé au propriétaire par suite de leur perte ou de leur détérioration, alors même qu'aucune faute ne lui serait imputable.

Art. 177. Le créancier n'a pas le droit de se servir de la chose remise en gage, si ce droit ne lui a pas été expressément reconnu, à moins qu'il ne s'agisse d'armes ou de choses dont il est naturel de se servir quand il n'y a pas eu d'interdiction formelle.

Quand le créancier, malgré un premier avertissement, n'apporte pas à la garde du gage le soin nécessaire, le bailleur du gage peut demander que la garde en soit confiée à une autre personne désignée par le tribunal.

Art. 178. Si la chose remise en gage porte des fruits, le créancier les percevra, mais seulement en payement des intérêts ou autres frais accessoires, et en dernier lieu en déduction du capital même de la dette; le tout à moins de stipulation contraire.

Art. 179. Le créancier gagiste ne peut, pour sûreté d'une dette personnelle, engager à une autre personne le gage qui lui a été remis, à moins de convention contraire ou d'une autorisation spéciale du bailleur.

Cependant, quand est échu le terme pour le payement de la dette, le tribunal, s'il est nécessaire, peut autoriser le créancier à engager à son tour le gage à un tiers, mais seulement jusqu'à concurrence de la dette pour laquelle le gage a été primitivement constitué. Après que le créancier ainsi autorisé a remis son gage à un autre créancier, ce gage garantit la totalité de la dette jusqu'à complet désintéressement du créancier nouvellement nanti, à moins qu'il ne soit autrement convenu.

Art. 180. A défaut de payement au terme, le créancier peut faire ordonner par le tribunal la vente publique du gage, pour se payer sur le prix en provenant.

Si cette vente produit plus que le montant de la dette et de ses accessoires (intérêts, frais), le surplus sera remis au débiteur. Si elle ne produit pas la somme suffisante pour acquitter la dette entière et ses accessoires, cette différence reste à la charge du débiteur; elle est acquittée comme toute autre dette ordinaire.

Art. 181. Est illégale toute clause qui autoriserait le créancier à s'approprier le gage sans vente publique à défaut de payement au terme; une telle clause serait donc regardée comme nulle et inexistante.

Art. 182. Il est formellement interdit de prendre un gage contre la volonté du débiteur; ce droit n'appartient qu'au tribunal. Le gage qui aurait été pris malgré cette interdiction serait immédiatement restitué au débiteur, et l'auteur de cette voie de fait pourrait, suivant les circonstances, être en outre condamné à une peine.

CHAPITRE IX.

DE L'ANTICHRÈSE (art. 864).

Art. 183. Lorsqu'une chose immobilière est remise à un créancier non seulement pour lui servir de garantie, mais encore pour qu'il en tire toute l'utilité qu'elle comporte, il y a antichrèse. L'acte doit toujours être rédigé par écrit.

Quand l'antichrèse résulte d'un contrat, l'acte doit être présenté au tribunal pour être homologué, par analogie avec ce qui est prescrit pour la translation de la propriété immobilière (art. 27 et suivants).

Art. 184. S'il n'est autrement convenu, le créancier perçoit les produits et revenus de l'immeuble soumis à antichrèse pour tenir lieu des intérêts du capital. Tous les travaux et frais nécessités par l'exploitation sont à la charge du créancier. Il doit également veiller à conserver l'immeuble en bon état d'entretien.

Art. 185. Le créancier supporte, s'il n'est autrement convenu en termes exprès, tous les impôts et charges publiques concernant l'immeuble.

Art. 186. Jusqu'à parfait payement, le créancier peut garder le bien qui lui a été remis en antichrèse.

4.

Alors même qu'une autre personne après lui a acquis une hypothèque sur ce bien et l'a fait mettre en vente pour obtenir le payement de sa créance hypothécaire, il n'est nullement obligé de le livrer tant que celui qui le lui réclame, ou un tiers quelconque, n'a pas acquitté la totalité de la dette. Il peut même refuser de recevoir son payement tant que le terme fixé par le contrat n'est pas échu.

Mais celui qui, avant l'établissement de l'antichrèse, a acquis un droit d'hypothèque peut l'exercer sans s'occuper du droit de l'antichrésiste, de façon que celui-ci ne soit payé qu'après complet désintéressement du créancier hypothécaire, s'il y a un reliquat; à moins qu'il n'ait été autrement convenu entre les parties intéressées.

Art. 187. Si on a fixé un terme pour le payement de la dette et par suite pour la durée de l'antichrèse, l'une des parties ne peut, sans le consentement de l'autre, demander que l'antichrèse cesse avant le terme, à moins qu'il n'ait un motif légal. Si le terme est passé et que les deux parties prolongent tacitement le contrat, on se conformera aux règles établies dans les deux articles suivants.

Art. 188. Si aucun terme n'a été fixé à l'avance, le débiteur a toujours le droit, moyennant payement de sa dette, d'exiger la restitution du bien remis en antichrèse. Toutefois ce remboursement ne doit pas être fait à contretemps : par exemple, dans le cas d'une terre donnée en antichrèse, il ne doit pas être fait avant que le créancier ait eu le temps de percevoir les fruits pour lesquels il a fait des travaux ou des frais.

Art. 189. Le créancier, au contraire, si aucun terme n'a été fixé pour le payement de la dette ni pour la durée de l'antichrèse, doit déclarer au débiteur, par-devant témoins ou par-devant le tribunal, une année entière à l'avance, qu'il entend ne plus continuer l'antichrèse, mais qu'il demande à être remboursé et à restituer le bien qui lui a été remis. Si le débiteur, à l'expiration de l'année, ne s'exécute pas, le créancier peut faire vendre l'immeuble en justice et se payer sur le prix en provenant.

Art. 190. Que l'époque du payement ait été fixée dès le début ou ultérieurement, l'immeuble remis en antichrèse ne peut jamais devenir la propriété du créancier par le seul effet du défaut de payement à la date fixée. Quan dmême une clause de ce genre aurait été formellement exprimée, elle n'aurait aucune valeur et serait considérée comme non avenue.

Art. 191. Quand le bien restitué à la fin de l'antichrèse a augmenté de valeur par suite d'une amélioration ou par toute autre cause, sans que ce résultat ait été obtenu au moyen d'une dépense extraordinaire faite par le créancier, la restitution se fait sans donner lieu à indemnité. Si, au contraire, l'amélioration et en général l'accroissement de valeur proviennent de dépenses ou travaux extraordinaires faits par le créancier avec l'assentiment du débiteur, une indemnité est due; cette indemnité toutefois ne peut pas dépasser la plus-value résultant de ces dépenses et subsistant encore au moment de la restitution.

Toute amélioration faite sans le consentement du propriétaire sera appréciée par analogie avec les règles sur la gestion d'affaires (art. 587-594).

Art. 192. Si le bien restitué a été endommagé ou détérioré par la faute du créancier, le débiteur a droit à une indemnité proportionnée à la gravité de cette faute.

CHAPITRE X.

DE L'HYPOTHÈQUE (art. 865).

DISPOSITIONS GÉNÉRALES.

Art. 193. Pour les biens immobiliers qui restent entre les mains du débiteur, le droit d'hypothèque ne s'acquiert que par l'inscription effective de la créance sur les registres publics hypothécaires (art. 865-868), institués à cet effet auprès des tribunaux.

Une loi spéciale sur l'organisation et le fonctionnement des registres hypothécaires déterminera auprès de quels tribunaux ces registres seront établis, quelle en sera la forme, comment ils seront tenus, et sous quelle surveillance.

Art. 194. L'hypothèque est inscrite sur les registres du tribunal dans le ressort hypothécaire duquel est situé l'immeuble hypothéqué.

Art. 195. Si plusieurs immeubles situés dans des ressorts hypothécaires différents ont été hypothéqués à la même créance, il doit être dressé autant d'actes qu'il y a de ressorts, et dans chacun de ces ressorts l'inscription doit être faite sur les registres hypothécaires.

Art. 196. On doit désigner avec précision le bien hypothéqué et, s'il y en a plusieurs, décrire séparément chacun d'eux.

On ne peut constituer une hypothèque générale sur l'ensemble de ses immeubles, sans désignation précise de chaque immeuble en particulier.

Art. 197. L'inscription de l'hypothèque n'a lieu qu'à la requête des intéressés. En conséquence, aucun tribunal ne peut d'office ordonner l'inscription d'une créance affectant certains immeubles sur les registres hypothécaires, s'il n'en a pas été expressément requis.

Il n'y a d'exception à cette règle fondamentale que dans le cas où le tribunal joint à ses attributions la qualité d'autorité pupillaire.

ART. 198. Pour l'inscription des créances qui résultent d'un contrat ou, en général, de la volonté des particuliers, il ne suffit pas de la requête du créancier, mais il faut en outre l'autorisation du propriétaire dont l'immeuble doit être frappé de l'inscription hypothécaire, sauf dans les cas où la loi en décide autrement (art. 34).

Par exception seulement, lorsque, à la suite d'un procès ou pour tout autre motif légal, une hypothèque a été constituée par jugement, l'inscription peut être faite sur les registres sans le consentement du propriétaire.

DE L'INSCRIPTION.

ART. 199. La créance à inscrire sur les registres hypothécaires doit être préalablement constatée par écrit. Il faut en outre que les signatures des parties et des témoins soient légalisées (art. 973), à moins que l'acte lui-même n'ait été passé par-devant le tribunal ou autrement ratifié par lui.

ART. 200. L'acte constitutif de la créance hypothécaire doit faire connaître avec précision :

1° Les noms, prénoms, domiciles et professions du créancier et du débiteur, ou du propriétaire qui a grevé son immeuble d'hypothèque pour ce dernier, et aussi de son mandataire ou de son représentant s'il y a lieu ;

2° Le montant de la créance; l'époque, le mode et le lieu de payement;

3° Le taux de l'intérêt; l'époque, le mode et le lieu de paye-ment;

4° Une déclaration expresse portant que la créance est hypothé-caire et que le propriétaire a formellement consenti à l'inscription, excepté dans les cas où la loi elle-même porte que ce consentement n'est pas nécessaire (art. 34, 198);

5° La désignation de l'immeuble grevé, sa situation et ses limites, et, s'il y en a plusieurs, les mêmes indications pour chacun;

6° Les signatures ou autres signes autographes de toutes les parties intervenues à l'acte, de même que les signatures des té-moins;

7° Le lieu et la date de la rédaction de l'acte.

Toutes ces mentions, et spécialement celles relatives à l'im-meuble ou aux immeubles grevés, doivent être faites avec assez de précision et de soin pour qu'il n'y ait ni confusion ni erreur pos-sible et qu'on puisse trouver dans l'acte tous les renseignements à inscrire sur les registres hypothécaires, par application des règles de la loi sur l'organisation et le fonctionnement de ces registres.

Si l'une des parties est représentée par un mandataire, l'acte renfermant les pouvoirs de ce mandataire doit être annexé au contrat.

Art. 201. Quand un immeuble est affecté hypothécairement à la sûreté d'une obligation dont le montant ne peut être déterminé à l'avance, par exemple lorsqu'on a concédé une hypothèque en garantie d'un dommage qui pourrait être causé par un acte fu-tur, etc., les parties indiqueront dans l'acte constitutif le maxi-mum de la somme que cet immeuble devra garantir.

Cette indication est exclusivement applicable à l'hypothèque et n'affecte en rien l'obligation elle-même ni ses accessoires.

Art. 202. Dès que l'acte a été remis au tribunal pour l'inscription et que l'affaire a été enrôlée au greffe, le tribunal doit avant tout porter son attention sur la régularité du contrat et examiner si les formalités légales ont été observées, s'il ne porte pas atteinte aux droits des tiers (autant qu'il est possible de s'en rendre compte au moyen d'un examen aussi sommaire), si rien d'essentiel n'a été omis, etc. C'est seulement après avoir, soit dès le début soit après les rectifications faites, constaté que tout est en règle, que le tribunal ordonnera, par une décision expresse et écrite, l'inscription de l'hypothèque sur les registres.

Sans cette décision l'inscription ne peut avoir lieu, et si néanmoins elle avait lieu elle serait nulle et de nul effet.

Art. 203. Bien que l'hypothèque ne produise son effet qu'après qu'elle a été réellement inscrite sur les registres (art. 193), cependant, au point de vue de la priorité, l'hypothèque est censée inscrite du jour où la requête à fin d'inscription a été remise au tribunal avec les pièces. En conséquence, si le tribunal, en raison de quelque irrégularité dans l'acte, de quelque doute, de quelque désaccord entre les parties ou du trop grand nombre d'affaires, ne peut le jour même du dépôt de la requête rendre sa décision sur l'inscription, cette requête sera néanmoins ce jour même, et au moment même du dépôt, mise au rôle. Et quand plus tard, en vertu de la décision du tribunal, l'inscription sera faite sur les registres, on y joindra la mention du jour où la requête à fin d'inscription aura été mise au rôle.

Art. 204. Pour tout ce qui regarde la réception et l'examen des requêtes, ainsi que la décision concernant l'inscription des hypothèques, le recours des parties devant l'autorité supérieure contre cette décision lorsqu'elle ne leur donne pas satisfaction, enfin pour tout ce qui concerne la procédure à suivre en matière d'inscriptions hypothécaires, on se conformera à la loi spéciale sur l'organisation et le fonctionnement de ces registres (art. 193).

Art. 205. L'hypothèque dont l'inscription a été régulièrement faite frappe la totalité de l'immeuble assujetti à l'hypothèque, c'est-à-dire grève non seulement le fonds dans toute son étendue, mais toutes les constructions qui y ont été faites, en tant qu'elles appartiennent au propriétaire de ce fonds. Dans cette même mesure, l'hypothèque frappe également tous les accessoires de la chose, à moins qu'il ne soit autrement convenu.

Quand plusieurs choses immobilières ont été hypothéquées simultanément, elles garantissent le payement comme si elles n'en faisaient qu'une, jusqu'à ce que l'obligation ait été totalement acquittée.

Art. 206. L'immeuble hypothéqué garantit non seulement le capital mais aussi les intérêts, s'ils ont été mentionnés dans l'acte constitutif, mais seulement pour les deux dernières années outre l'année courante. Les intérêts antérieurs, s'ils n'ont pas été payés, restent simple dette chirographaire. L'immeuble garantit, en outre, les intérêts résultant de la mise en demeure (art. 922), de même que tous les frais nécessités par la demande en justice.

Art. 207. Le bien hypothéqué reste, comme auparavant, en la possession du propriétaire et à son entière disposition. Celui-ci peut en jouir et en user à son gré comme avant la constitution de l'hypothèque; il peut le bailler à ferme ou à loyer ou à tout autre titre; il peut le grever d'une nouvelle hypothèque pour une autre dette; il peut le vendre ou en transférer de toute autre manière la propriété. Pour tous ces actes, le débiteur propriétaire n'a nul besoin du consentement du créancier; mais, par contre, ils ne peuvent porter aucune atteinte aux droits de celui-ci.

ART. 208. Cependant le propriétaire de l'immeuble hypothéqué ne peut sans le consentement du créancier y apporter aucun changement ou modification, y faire ou y laisser faire aucune détérioration, ni lui imposer aucunes charges de nature à en diminuer la valeur au point qu'il y aurait lieu de craindre que la garantie ne devînt insuffisante.

En pareil cas, le créancier peut demander au tribunal de prendre des mesures pour arrêter le mal. Il peut même exiger immédiatement le remboursement de sa créance, quand même le terme ne serait pas échu.

ART. 209. Quand le débiteur vend ou, en général, transfère à une autre personne la propriété du bien hypothéqué, il n'est pas libéré pour cela, quoique l'immeuble garantisse toujours l'obligation. Le créancier, après comme avant, peut lui réclamer son payement et, même après avoir cherché à se faire payer sur l'immeuble, il peut réclamer au débiteur originaire tout ce qui n'a pu être acquitté au moyen du prix de vente. Le débiteur originaire n'est pleinement libéré et ne cesse d'être tenu de la différence que quand le créancier, le déliant de son obligation, consent à la vente ou en général à la cession de l'immeuble à un tiers et qu'en même temps ce tiers, c'est-à-dire le nouveau propriétaire, se reconnaît débiteur personnellement.

ART. 210. Le créancier ne peut hypothéquer son hypothèque séparément de la créance à la sûreté de laquelle est affectée cette hypothèque. Mais cette hypothèque de la créance hypothécaire n'a d'effet à l'égard du débiteur que quand le tribunal, à la requête des deux créanciers, a porté cette hypothèque en sous-ordre à la connaissance du débiteur, en insérant en marge de l'inscription hypothécaire la mention dont il est parlé dans l'article 216.

Si, à défaut de signification régulièrement faite de cette hypothèque en sous-ordre, le débiteur paye.de bonne foi entre les mains de son créancier, ni lui ni son bien ne répondent des conséquences.

Art. 211. L'hypothèque frappant la totalité de l'immeuble hypothéqué (art. 205), il n'y est apporté aucun changement par la division de cet immeuble entre plusieurs propriétaires à la suite de partage, de succession ou de vente, car chaque partie et toutes ensemble garantissent indivisiblement la totalité de la dette, à moins qu'il ne soit autrement convenu en termes exprès.

Mais le propriétaire de chaque parcelle peut acquitter la totalité de la dette, conformément aux clauses du contrat constitutif de l'hypothèque, et exiger ensuite du créancier la cession de tous ses droits hypothécaires.

Art. 212. Quand un seul immeuble est affecté à la sûreté de plusieurs dettes distinctes, le créancier qui le premier a inscrit sa créance sur les registres hypothécaires (art. 203) est aussi le premier payé sur le prix de l'immeuble, qu'il reste ou non un surplus pour les créanciers ultérieurement inscrits. C'est seulement après complet désintéressement du premier créancier que les autres sont payés dans l'ordre de leur inscription, c'est-à-dire que le créancier antérieurement inscrit est toujours payé entièrement par préférence à celui ou à ceux dont l'inscription est postérieure.

Art. 213. Si le même immeuble est hypothéqué à plusieurs créanciers, chacun d'eux a le droit de rembourser celui dont l'inscription est antérieure, pourvu que le terme soit échu, et de se substituer à lui. Il va de soi que la position du créancier ainsi subrogé ne peut être autre que celle de celui dont il prend la place.

Art. 214. La vente d'un bien hypothéqué, pour défaut de payement à l'échéance de la dette, se fait publiquement, dans les formes judiciaires ordinaires.

Si dans le contrat se trouve une clause portant que le créancier deviendra le propriétaire de l'immeuble, à défaut de payement à l'échéance, cette clause sera nulle et de nul effet.

DES MODIFICATIONS DE L'INSCRIPTION.

Art. 215. Quand une obligation hypothécaire passe du créancier actuel à un autre, le transfert doit être mentionné sur le registre hypothécaire.

Le changement de créancier résultant de succession ou de partage d'une communauté de famille peut produire son effet même sans cette mention.

Art. 216. Ce transfert (art. 210) doit également être inscrit sur le registre, au moyen d'une mention en marge de la première inscription, quand c'est le créancier qui hypothèque à un tiers sa créance hypothécaire.

Art. 217. Lorsque le débiteur remet un acompte à son créancier, il peut exiger que cet acompte, qui réduit d'autant sa dette, soit mentionné sur le registre en marge de l'inscription.

Art. 218. Aucune mention postérieure modifiant en quoi que ce soit l'inscription sur les registres hypothécaires, comme la cession d'un droit de créance (art. 215), l'hypothèque ultérieure de la créance hypothécaire (art. 210-216) ne peut être faite sans une décision préalable et écrite du tribunal au greffe duquel se trouvent les registres.

Toutefois cette décision ne peut intervenir que sur la requête unanime de tous ceux auxquels cette modification peut profiter ou nuire.

Tout acte rédigé par les parties en vue d'une mention sur les registres, doit préalablement être légalisé par le tribunal.

DE LA RADIATION.

Art. 219. Rien de ce qui a été une fois inscrit sur les registres (inscription principale ou modifications postérieures) ne peut être rayé sans une décision expresse et écrite par le tribunal au greffe duquel se trouvent les registres.

Art. 220. Cette radiation peut être demandée par le débiteur ou par tout autre propriétaire de l'immeuble hypothéqué, aussitôt que la dette hypothécaire a été payée ou a pris fin de toute autre manière.

Le tribunal ne rendra l'ordonnance de radiation que quand il aura en mains, par actes authentiques, la preuve du consentement de celui dont le consentement est nécessaire, d'après l'inscription ou les mentions postérieures. Si celui-ci refuse sans motifs légitimes, la personne intéressée à la radiation s'adressera au tribunal. La décision qui le condamnera à laisser opérer la radiation tiendra lieu dudit consentement, dès qu'elle sera passée en force de chose jugée.

DE LA PUBLICITÉ DES REGISTRES.

Art. 221. Quiconque a besoin de consulter sur les registres hypothécaires une inscription ou une mention marginale concernant soit ses biens, soit les biens d'une autre personne, pourra le faire sans frais, s'il résulte des circonstances que cet examen n'est pas de pur caprice et que le motif en est sérieux. On présume surtout que le motif est sérieux, quand le requérant est dénommé dans l'inscription ou la mention qu'il désire consulter.

Il sera délivré à toute personne qui le désirera un extrait des registres constatant les inscriptions existantes ou un certificat déclarant qu'il n'en existe aucune, etc. Toutefois, quiconque requiert un certificat de ce genre doit payer la taxe fixée par la loi.

TROISIÈME PARTIE.

DE LA VENTE ET DES AUTRES PRINCIPALES ESPÈCES DE CONTRATS.

CHAPITRE PREMIER.

DE LA VENTE.

GÉNÉRALITÉS.

Art. 222. Dès que l'acheteur et le vendeur sont d'accord sur la chose et sur le prix, la vente est parfaite (art. 494).

Si les parties sont convenues que le contrat serait rédigé par écrit, ou si la loi elle-même exige cette rédaction pour certaines espèces de ventes, la vente ne devient parfaite qu'après la signature de l'acte (art. 498-500).

Art. 223. Quand une chose est faite sur commande et qu'on n'est pas convenu du prix, on l'estime au prix courant du commerce au moment où la commande a été faite et dans le lieu où a été adressée la commande, à moins qu'il n'y ait convention contraire ou qu'il ne résulte des circonstances une intention différente.

Art. 224. Jusqu'à ce que l'acheteur ait payé son prix ou soit prêt à le payer, le vendeur n'est pas tenu de livrer la chose, à moins que la vente ne soit à crédit. Mais, même si elle est à crédit, le vendeur peut encore retenir la chose, si après la conclusion du contrat il est reconnu que l'acheteur n'est évidemment pas digne de confiance, ou s'il y a de sérieux motifs de craindre que le vendeur ne puisse être payé sans risques, dommage et difficultés graves. En ce cas, l'acheteur ne peut exiger que l'autre partie exécute le contrat, à moins qu'il ne donne lui-même garantie de l'exécuter ponctuellement.

Art. 225. Le mesurage de la chose vendue et les autres frais relatifs à la livraison sont à la charge du vendeur; ceux, au contraire, relatifs au transport sont à la charge de l'acheteur; à moins toutefois que la chose ne soit réglée autrement par la convention ou la coutume.

Art. 226. Le vendeur répond du dommage survenu par sa négligence à la chose avant la livraison. Il répond également du dommage résultant d'un défaut de soin dans l'expédition, s'il l'a faite lui-même ou s'il l'a fait faire par un autre pour lui.

Art. 227. L'acheteur paye le prix de vente au lieu, à l'époque et de la manière indiqués par la convention ou par la nature des choses, et reçoit la chose au moment où elle lui est livrée par le vendeur conformément à leur convention.

S'il y a doute sur le lieu où doit se faire le payement, on présume que c'est celui de la livraison.

Art. 228. Quand la vente est au comptant ou qu'il a été convenu que le prix serait payé à l'avance, et que l'acheteur est en demeure (art. 922), le vendeur peut se désister du contrat et réclamer une indemnité s'il y a lieu. Il le peut, même sans avoir auparavant fait fixer à l'acheteur un terme pour le payement (art. 548).

Art. 229. A partir du moment où la propriété de la chose passe du vendeur à l'acheteur, tout le dommage qu'elle peut éprouver par suite de cas fortuit est à la charge de l'acheteur, mais

IMPRIMERIE NATIONALE.

réciproquement tous les accroissements qu'elle peut recevoir pro-
fitent à ce dernier. Cette règle, ainsi que celles des articles suivants
relatives aux risques, s'applique seulement au cas où il n'existe
pas de convention contraire.

Art. 230. Si le vendeur ne livre pas la chose à l'époque voulue,
il assume tous les risques de perte ou de détérioration qui peuvent
survenir, même par cas fortuit, à partir de la mise en demeure
(art. 543).

La même règle est applicable à l'acheteur qui par sa faute a
empêché la livraison de la chose vendue à l'époque fixée (art. 546).

Art. 231. Quand il est absolument impossible de déterminer
avec précision l'époque à laquelle la détérioration ou la perte par
cas fortuit est survenue, c'est-à-dire si elle est survenue avant ou
après la translation de propriété à l'acheteur; ou quand, pour une
raison quelconque, il paraît évident, par suite de circonstances et
de causes particulières, qu'il serait injuste de la faire supporter
exclusivement par l'acheteur ou par le vendeur, le tribunal peut
répartir le dommage entre les deux par moitié, ou autrement, s'il
le juge plus conforme aux convenances et à l'équité.

DES VICES DE LA CHOSE VENDUE.

Art. 232. Le vendeur est responsable vis-à-vis de l'acheteur,
s'il ne les a pas déclarés, de tous les défauts ou vices de quelque
importance qui se trouvent dans la chose vendue, quand même il
n'y aurait pas de clause spéciale à cet égard.

Il est responsable aussi, si la chose livrée est de qualité inférieure à celle convenue ou à celle naturellement indiquée par la
nature de cette chose, en tant que la chose se trouve par là de
moindre valeur, en général ou en vue du but pour lequel elle a
été achetée au su du vendeur.

Art. 233. Le vendeur ne répond pas des vices que l'acheteur a connus lors de la conclusion du contrat ou qu'il aurait facilement découverts s'il avait simplement apporté, au moment de cette conclusion, l'attention qu'on apporte habituellement à ces sortes d'affaires. Il y a exception si le vendeur lui a formellement assuré que ces vices n'existaient pas.

Mais si le vendeur, au moment du contrat, a lui-même dissimulé les vices, il en sera responsable, alors même qu'il aurait été déchargé de cette responsabilité par une clause expresse.

Art. 234. Si l'acheteur, au moment du contrat, n'a pas suffisamment examiné la chose et si, dès qu'elle lui a été livrée, il n'en a pas remarqué les vices et ne les a pas signalés, alors que rien ne l'en empêchait, le vendeur est déchargé de toute responsabilité. Si aucun délai n'a été fixé pour cet examen et ce signalement, il en est accordé un aussi long que les circonstances l'exigent.

Si la chose est de telle nature, que ses vices n'ont pas pu être découverts dans le délai fixé ou d'usage, mais n'ont pu l'être que plus tard, le vendeur n'est pas déchargé si l'acheteur les a signalés aussitôt après les avoir constatés. Toutefois, quand en matière de vente il y a eu dol de la part du vendeur, la responsabilité de celui-ci subsiste alors même que l'acheteur n'a pas signalé les vices dans le délai voulu.

Art. 235. Quand une chose est expédiée d'un autre lieu à l'acheteur et que celui-ci prétend qu'elle a des vices dont le vendeur est responsable, il doit, au moment de la réception, constater en bonne forme l'état de la chose.

A défaut de cette constatation, l'acheteur ne peut, en aucun cas, réexpédier la chose au vendeur.

Art. 236. Si la chose expédiée est telle, qu'elle peut facilement

se gâter, l'acheteur doit, aussitôt après la constatation régulière
(art. 235), avertir le vendeur, lui demander ce qu'il entend faire
de cette chose et, en attendant, faire tout ce qui est en son pouvoir pour la préserver de tout dommage. Que si tout cela est impossible et qu'on ne puisse attendre les instructions du vendeur,
l'acheteur doit la vendre au mieux des intérêts du vendeur, avec
la permission de l'autorité locale ou, là où il n'en existe pas, après
avoir pris l'avis de deux personnes honorables non intéressées
dans l'affaire.

L'acheteur répondra de tout le dommage que, dans cette affaire,
il aura causé au vendeur par sa faute ou son dol.

Art. 237. Quand une chose a des vices dont répond le vendeur,
l'acheteur peut demander ou la résolution du contrat, ou la restitution d'une partie du prix proportionnelle à la moins-value résultant
de ces vices.

Si les choses sont fongibles (art. 810), l'acheteur peut exiger
que le vendeur lui en livre d'autres en égale quantité et de même
qualité, exemptes de tout défaut. Le vendeur lui-même, s'il désire
maintenir le contrat, peut donner des choses fongibles exemptes
de défaut, en échange de celles qu'il avait données; mais il faut
qu'il le fasse immédiatement.

Art. 238. Si l'acheteur, en raison de la chose vendue, demande
la résolution du contrat, et que le tribunal trouve, d'après les circonstances, que cette résolution serait évidemment une charge
trop lourde pour le vendeur, le contrat peut être maintenu avec
diminution proportionnelle du prix.

Art. 239. Lorsque la résolution du contrat a lieu, l'acheteur
rend la chose (art. 22-25) avec tous ses accessoires et le vendeur
le prix avec les intérêts. Le tribunal peut, suivant les circonstances,

décider que les fruits de la chose et les intérêts du prix payé se compenseront.

Art. 240. Que le contrat soit résolu ou que le prix soit seulement réduit, le vendeur est obligé d'indemniser l'acheteur de tous les frais et dommages qui sont résultés pour lui de ce que le contrat n'a pas été exécuté tel qu'il devait l'être.

Art. 241. Toute réclamation motivée sur les vices de la chose se prescrit pour les choses immobilières par une année à partir de la ratification du tribunal, et pour les choses mobilières par trois mois à partir de la livraison, si un délai plus long ou plus court n'a pas été expressément stipulé.

S'il y a eu dol de la part du vendeur, la prescription ne court que du jour où ce dol a été découvert.

Art. 242. Le Ministère de la Justice d'accord avec le Conseil d'État fera, quand il le jugera nécessaire, des règlements spéciaux sur la responsabilité relative aux vices en matière de vente de bétail : moutons, bœufs, chevaux.

DE L'ÉVICTION (art. 874).

Art. 243. Le vendeur garantit l'acheteur, même en l'absence de stipulation expresse, contre toute éviction que celui-ci pourrait souffrir pour un motif légitime quelconque inconnu de lui lors de la vente.

Art. 244. Les parties peuvent fortifier et aggraver cette responsabilité de droit du vendeur ou la rendre moins lourde; elles peuvent même convenir que le vendeur ne sera soumis à aucune garantie.

Mais s'il y a eu dol ou fraude, de la part du vendeur, en vue de dissimuler l'état véritable de la chose et d'amener l'acheteur à le décharger d'avance de cette responsabilité, cette clause n'aura pas d'effet.

ART. 245. Quand l'acheteur est assigné en justice par un tiers, le vendeur doit intervenir dans l'instance ou prendre le fait et cause de l'acheteur. Faute de ce faire, il supportera toutes les conséquences du procès, si l'acheteur le perd, à moins qu'il ne prouve que cette perte résulte de quelque faute ou dol de l'acheteur.

ART. 246. Pour mettre le vendeur en mesure de remplir l'obligation dont il est parlé à l'article précédent, l'acheteur doit, aussitôt qu'il y a sérieuse menace d'éviction, l'appeler sans délai en garantie par la voie judiciaire.

ART. 247. Mais quand même l'acheteur ne l'aurait pas appelé et aurait soutenu seul l'instance, le vendeur ne se trouverait pas pour cela seul entièrement libéré. Il ne peut se libérer en totalité ou en partie qu'à la charge de prouver qu'il aurait gagné le procès, ou tout au moins qu'il l'aurait fait tourner plus avantageusement s'il eût été mis à même d'y intervenir.

ART. 248. Quand l'acheteur, sans aucune faute de sa part, a été évincé de la totalité de la chose, le contrat est considéré comme résolu et le vendeur doit rembourser à l'acheteur la valeur de cette chose au moment de l'éviction. Il doit en outre l'indemniser du préjudice que cette éviction lui a causé.

Si, lors de la vente, le vendeur a, de mauvaise foi, omis de déclarer les causes qui ont amené l'éviction, il devra réparer le préjudice intégralement.

ART. 249. Si l'acheteur n'est évincé que d'une partie de la

chose ou d'une partie seulement des droits qu'il a acquis sur cette chose, le contrat n'est pas résolu, mais le vendeur doit tenir compte de la diminution de valeur et du dommage subi, conformément à la règle de l'article précédent.

Pour évaluer la diminution dont il s'agit, on prend pour base la valeur qu'aurait la chose si aucune éviction ne s'était produite.

Art. 250. Si la chose ne répond plus à sa destination et qu'il résulte des circonstances que l'acheteur ne l'aurait pas acquise sans ce que l'éviction lui a fait perdre, il peut, même dans le cas de l'article précédent, demander, mais au plus tard dans le mois de l'éviction, la résolution du contrat.

Au cas de résolution, la chose et le préjudice souffert, ainsi que l'indemnité qui les représente, sont évalués conformément à la règle de l'article 248.

DE QUELQUES CLAUSES SPÉCIALES RELATIVES À LA VENTE.

Art. 251. Si quelqu'un achète une chose à l'essai, c'est-à-dire avec la stipulation que le contrat tiendra si l'acheteur en est satisfait après l'avoir essayée, le vendeur est obligé dès qu'il a accepté cette clause. L'acheteur, au contraire, n'est pas lié jusqu'à ce qu'il ait fait son essai et qu'il ait déclaré au vendeur qu'il agrée la chose. Cependant, si un délai pour la déclaration ne se trouve fixé ni par le contrat, ni par la coutume, le vendeur peut fixer à l'acheteur un délai convenable pour cette déclaration.

De quelque façon que ce délai se trouve fixé, dès qu'il est expiré sans que l'acheteur ait déclaré son intention d'acheter, le vendeur n'est plus lié par la convention, s'il n'y a pas déjà eu livraison. Si, au contraire, il y a eu livraison, on considérera, aussitôt le délai passé, le contrat comme parfait et irrévocable, si dans l'intervalle l'acheteur n'a pas déclaré au vendeur son intention de se désister du contrat.

Art. 252. Quand il a été convenu qu'une chose serait conforme à un échantillon et qu'elle ne l'est pas, l'acheteur peut à son choix : ou prendre la chose mise à sa disposition par le vendeur, en déduisant du prix ce qu'elle vaut en moins, ou la rendre et en demander une autre conforme à l'échantillon en même temps qu'une indemnité pour les dépenses et le préjudice causé, ou bien se désister du contrat, en demandant la restitution du prix, s'il a déjà été payé, et une indemnité, s'il y a lieu.

Le vendeur peut exiger que l'acheteur fasse connaître sans retard son option entre ces trois partis. Quand une fois son choix a été fait, il ne peut plus le modifier, si ce n'est avec le consentement du vendeur.

Art. 253. Quand il a été convenu que le vendeur pourrait se désister du contrat si dans un certain délai une offre supérieure lui était faite, et qu'elle ait lieu, il est tenu d'en informer immédiatement l'acheteur. Celui-ci, à son tour, est tenu de déclarer sans délai s'il consent à hausser son prix et à faire une offre égale à celle qui a été faite en dernier lieu. Faute de cette déclaration, le vendeur a toute liberté de vendre la chose à celui qui a fait l'offre snpérieure.

Art. 254. Si une clause de la vente impose à l'acheteur, au jour où il cherchera à vendre la chose qu'il vient d'acheter, l'obligation de l'offrir d'abord à son vendeur, elle devra être exécutée.

Le vendeur, s'il veut profiter de ce droit, doit faire connaître sa décision au plus tard dans les deux jours qui suivent l'offre, si la chose est mobilière; dans la semaine, si elle est immobilière; s'il ne le fait pas, il perd à tout jamais son droit.

Ce droit de préemption, pour être valable, doit être stipulé par écrit. S'il porte sur une chose immobilière et que le contrat ait été ratifié par le tribunal, il prime tout autre droit de préemption reconnu par la loi au profit des proches.

Art. 255. Si l'acheteur, au mépris de la règle inscrite au premier paragraphe de l'article précédent, revend la chose soumise au droit de préemption conventionnel, le vendeur peut la reprendre en remboursant au nouvel acheteur le prix que celui-ci a payé. Il ne le peut toutefois que si ce nouvel acheteur a connu, au moment de la vente, l'existence de ce droit. Pour les choses immobilières, il suffit que la clause relative à ce droit ait été régulièrement ratifiée par le tribunal. Dans tous les cas où, par la faute de celui qui l'avait consenti, le droit de préemption ne peut s'exercer, la personne au profit de laquelle ce droit avait été stipulé peut réclamer des dommages-intérêts.

Art. 256. Le droit de préemption stipulé conformément aux règles des articles 254 et 255 peut durer au plus cinquante ans à partir du jour de la conclusion du contrat, alors même qu'un délai plus long a été stipulé par les parties. Mais si les parties n'ont fixé aucun délai, ce droit prend fin de lui-même, dès qu'il s'est écoulé trente ans depuis la conclusion du contrat.

CHAPITRE II.
DE L'ÉCHANGE.

Art. 257. Le contrat par lequel une chose est donnée pour une autre chose ou pour un droit, au lieu de l'être pour de l'argent, est soumis en général, par analogie, aux règles tracées pour la vente.

Chacun des deux contractants, en ce cas, est regardé comme vendeur pour tout ce qu'il est obligé de donner en échange et, au contraire, comme acheteur pour tout ce qu'il doit recevoir de l'autre contractant.

CHAPITRE III.

DU PRÊT DE CONSOMMATION, OU SIMPLE PRÊT.

RÈGLES GÉNÉRALES.

ART. 258. Dans le prêt de consommation (art. 875), celui qui reçoit de l'argent ou d'autres choses fongibles doit, à l'échéance, restituer au prêteur la quantité qu'il a reçue, et de même espèce et qualité.

ART. 259. S'il n'a pas été fixé d'époque pour la restitution et qu'il ne soit pas possible de la fixer d'après les circonstances, elle n'aura lieu qu'après que le créancier aura signifié au débiteur son refus d'attendre plus longtemps. Cette restitution, quand le montant du prêt ne dépasse pas vingt francs, a lieu un mois après la signification et, pour tout prêt plus important, trois mois après.

S'il a été convenu que le débiteur restituera quand il pourra ou quand il voudra, le tribunal, après examen, fixe, en raison des circonstances, le moment où devra avoir lieu le remboursement. Ce délai toutefois ne peut être plus court qu'une année ni plus long que cinq ans, à partir de la signification faite par le créancier.

ART. 260. S'il n'a pas été convenu de lieu où doive se faire la restitution et qu'il soit impossible d'en fixer un d'une autre manière, on doit suivre la règle de l'article 539.

ART. 261. Le prêteur n'a droit à des intérêts que s'ils ont été stipulés, à moins qu'il ne résulte clairement des circonstances que les parties, en contractant, ont entendu qu'il faudrait payer des intérêts ou à moins que d'ailleurs la chose ne se comprenne d'elle-même (art. 533).

Les intérêts sont dus encore au cas de retard (art. 922), alors même que d'ailleurs il n'en était point dû (art. 544).

Art. 262. Le taux de l'intérêt est fixé par le contrat; il ne peut toutefois dépasser le taux légal le plus élevé, c'est-à-dire dix pour cent par an (art. 534). Si le taux n'est pas fixé par le contrat, on présume le taux légal ordinaire de huit pour cent (art. 534).

Art. 263. La loi interdit l'anatocisme, et tout ce qui est stipulé à l'encontre de cette interdiction est nul et de nul effet.

Art. 264. Le créancier, à moins de clause contraire, peut, chaque année, réclamer au débiteur le payement des intérêts et il peut exiger ce payement comme une créance à part.

CHAPITRE IV.
DU PRÊT À USAGE OU COMMODAT.

Art. 265. Quiconque emprunte à usage une chose (art. 876) est tenu, en s'en servant, de veiller en bon père de famille à la conservation de cette chose et de la restituer elle-même en nature au prêteur, à l'échéance.

En général, le prêt à usage est gratuit.

Art. 266. Quand la convention n'a pas déterminé la manière de se servir de la chose, l'usage en est réglé par la nature des besoins en vue desquels elle a été prêtée et par la destination à laquelle elle est en général affectée par sa nature même.

En conséquence, l'emprunteur ne peut la prêter à une autre personne sans l'autorisation du prêteur.

Art. 267. Le prêteur n'a pas le droit d'exiger de l'emprunteur, contre le gré de celui-ci, la restitution avant l'époque fixée ou, si aucun délai n'a été fixé, avant l'achèvement de l'affaire en vue de laquelle elle a été prêtée. Il ne le peut que s'il est démontré que l'emprunteur en abuse, ou en fait un usage autre qu'il n'était convenu, ou la prête sans autorisation à une autre personne (art. 266).

Au contraire, l'emprunteur peut, même avant l'époque fixée, la restituer, si cette restitution anticipée ne cause au prêteur ni préjudice ni gêne.

Art. 268. Si rien n'a été convenu ni quant à la durée ni quant à la destination du prêt et qu'aucune induction ne puisse résulter des circonstances, on admet que la restitution peut être exigée à tout moment.

Art. 269. Toutes les dépenses ordinaires résultant directement de l'usage même de la chose incombent à l'emprunteur et ne concernent en rien le prêteur. Si l'emprunteur a été obligé, pour la conservation de la chose, à quelque dépense extraordinaire, nécessaire et tellement urgente qu'il n'ait pu en prévenir le prêteur, celui-ci devra la lui rembourser, pourvu qu'elle ait été faite de bonne foi.

Art. 270. L'emprunteur répond de la perte et de toute détérioration de la chose, survenues par sa faute ou son dol, mais il ne répond nullement de la détérioration résultant de l'usage habituel et normal.

Si la perte ou la détérioration est survenue par cas fortuit, l'emprunteur n'en est tenu que s'il l'a prêtée à une autre personne sans l'autorisation du prêteur, s'il en a fait un usage non prévu par la convention, ou enfin s'il est en retard de la restituer.

Si plusieurs ont conjointement emprunté la même chose, tous en sont solidairement responsables.

CHAPITRE V.
DU LOUAGE DES CHOSES EN GÉNÉRAL (art. 877).

ART. 271. La principale obligation de celui qui donne une chose en location (le bailleur) est de la livrer à l'époque fixée à celui qui la loue (le locataire), et de la livrer, à moins que le contrat ou la coutume n'en dispose autrement, en état de pouvoir servir à l'usage auquel elle est destinée.

ART. 272. S'il existe dans la chose de tels vices que le locataire ne puisse en faire l'usage que les parties avaient en vue en contractant, il peut se départir du contrat si, en le concluant, il ignorait ces vices et s'il lui était impossible de les apercevoir même avec une attention ordinaire.

Mais si le bailleur, au moment du contrat, connaissait ces vices ou s'il en est lui-même la cause, il doit en outre indemniser le locataire de tout le préjudice qui en peut résulter.

ART. 273. Il est de principe que, tant que dure la location, le bailleur est obligé de tenir la chose en bon état. Il doit donc faire toutes les réparations importantes et nécessaires en tant que, d'après la convention ou la coutume, elles n'incombent pas au locataire lui-même, et en tant que la nécessité de ces réparations ne provient pas du fait de ce dernier.

ART. 274. Quand, en raison de la négligence du bailleur à remplir cette obligation, ou de tout autre motif non imputable au locataire, la chose ne peut plus servir à l'usage auquel elle était destinée ou ne peut y servir qu'incomplètement, le locataire peut demander une réduction proportionnelle du prix de location et, suivant les circonstances, exiger même la résolution du contrat (art. 548).

Art. 275. Si l'objet de la location est une maison ou tout autre bâtiment et qu'il y ait doute sur le point de savoir à qui incombent certaines dépenses, on laissera à la charge du locataire celles du blanchiment des murs, du curage des fosses, des conduites d'eau et des tuyaux, du ramonage des cheminées, ainsi que tous les menus travaux nécessaires pour la propreté et la bonne tenue de la maison.

Toutes les autres dépenses pour l'entretien du bâtiment même seront supportées par le bailleur (art. 273).

Art. 276. Les impôts et charges publiques ou autres, payés à raison de la chose louée elle-même, sont tous à la charge du bailleur, et le locataire, s'il les a payés, peut les déduire de son loyer ou en demander sous une forme quelconque le remboursement au bailleur.

Art. 277. Si un tiers, invoquant un droit sur la chose louée, la revendique, ou trouble de toute autre manière la jouissance du locataire, le bailleur doit, dès qu'il est informé du fait par le locataire, prendre le fait et cause de celui-ci devant le tribunal. Faute de ce faire, il devra indemniser le locataire de tout le dommage qui en sera résulté, sauf dans la mesure où il prouvera que ce dommage est imputable au locataire lui-même.

Art. 278. Quoique le locataire ait le droit le plus large de se servir de la chose louée, suivant son espèce et sa nature, il doit néanmoins en exerçant son droit, veiller à la conservation de la chose comme le ferait un bon et diligent père de famille, sinon il répondra du préjudice.

Art. 279. Le bailleur peut demander la résolution du contrat avant l'échéance si le locataire se sert de la chose contrairement aux clauses de ce contrat, ou s'il y a lieu de craindre, à la manière dont il en use, qu'elle ne soit gravement endommagée. Dans ce dernier cas toutefois, il faut que le locataire ait été averti de mettre un terme à cet abus de jouissance et que cet avertissement soit resté sans effet.

ART. 280. Quand le bailleur trouve qu'il y a urgente nécessité de réparer la chose, le locataire doit supporter ces réparations, quand même elles devraient l'empêcher de jouir complètement de la chose. Si toutefois cet empêchement dépassait les limites ordinaires, ou si la nécessité de ces réparations provenait du fait du bailleur lui-même, le locataire pourrait agir conformément à la règle de l'article 274.

ART. 281. Si un tiers se permet sur la chose louée des actes qu'il n'a pas le droit de faire, ou s'il devient urgent de faire, pour la conservation de la chose, des réparations qui sont à la charge du bailleur, le locataire doit en donner avis au bailleur sans retard, si celui-ci n'en a déjà été informé d'une autre manière. Faute de quoi il est responsable de tout le dommage qui peut résulter de son silence.

ART. 282. Le locataire doit payer le loyer convenu ou fixé de toute autre manière, exactement à l'époque déterminée par le contrat, la loi ou la coutume.

Si aucun terme n'a été fixé, le loyer devra être payé chaque fois que sera écoulé le temps qui en est la mesure; par exemple : si on a stipulé tant de loyer par an, il sera payé dès qu'une année sera écoulée; si on est convenu de tant par mois, ce sera à l'expiration de chaque mois, etc.

Si le loyer n'est pas mesuré par termes, le tribunal fixera ces termes suivant les circonstances.

Art. 283. Si par sa faute ou par suite d'un événement qui le touche personnellement, le locataire n'a pu jouir de la chose ou n'a pu en jouir comme il en avait l'intention, aucun préjudice ne peut résulter de là pour le bailleur, et le locataire demeure néanmoins obligé, tant que la chose reste entre ses mains, à payer intégralement le loyer convenu.

Art. 284. Si le locataire est en retard de payer un terme de loyer, le bailleur peut, à moins de convention contraire, lui fixer, par notification judiciaire, un délai convenable pour le payement, en l'avertissant que, faute de payement dans ledit délai, le contrat sera résolu et la chose reprise.

Art. 285. Le locataire peut, dans les limites de son droit, louer la chose à un tiers, si une clause spéciale du contrat ne le lui interdit pas, ou s'il n'y a pas d'objection tenant à la personne du sous-locataire.

Cette sous-location néanmoins ne modifie en rien les rapports entre le bailleur primitif et le locataire; ce dernier répond de tout dommage qu'éprouverait la chose du fait du sous-locataire lui-même, des personnes de sa maison ou de l'exercice de sa profession.

Art. 286. Si rien n'a été stipulé quant à la durée du contrat et que l'emploi auquel est destinée la chose louée ne permette pas de suppléer à ce silence, le contrat cesse par dénonciation, c'est-à-dire que l'une des deux parties signifie à l'autre sa volonté de faire cesser le contrat à une date déterminée. Cette dénonciation toutefois, pour être valable, ne doit pas être faite à contre-temps.

Art. 287. En ce qui concerne la dénonciation, on suivra, à moins qu'il n'en soit autrement disposé par le contrat, la loi, ou la coutume, les règles suivantes : Pour les choses immobilières dont le loyer se paye chaque année, la dénonciation doit être faite au moins six mois avant la fin de l'année courante; pour celles dont les termes se payent à des époques plus rapprochées, elle doit être faite avant l'expiration de l'avant-dernier terme; pour toutes les choses mobilières, il suffit qu'elle soit faite au moins trois jours avant celui où on veut mettre fin au contrat.

Art. 288. Si le contrat a été conclu pour un temps déterminé et que, ce temps expiré, le locataire continue à détenir la chose, au su et sans opposition du bailleur, l'ancien contrat continue tacitement, aux mêmes conditions, jusqu'à ce que l'une des parties le dénonce, soit conformément audit contrat, soit, si rien n'a été convenu à cet égard, conformément aux articles 286 et 287.

Si le bail a été, à diverses époques, soumis à des conditions différentes, on s'attachera aux plus récentes.

Art. 289. La mort de l'une ou l'autre des parties n'entraîne pas, à elle seule, la résolution du contrat, à moins de convention contraire expresse.

Art. 290. Si le propriétaire d'un immeuble loué en transfère la propriété à un tiers ou si le tribunal en ordonne la vente pour acquitter les dettes, les droits du locataire ne se trouveront nullement atteints, si le contrat de bail a été passé par écrit et a été régulièrement ratifié par le tribunal, à moins que le contrat de bail n'en dispose autrement. Si, au contraire, il n'y a pas eu de ratification judiciaire, le nouveau propriétaire peut, à son gré, signifier congé au locataire, à la seule condition de se conformer pour ce congé aux règles des articles 286 et 287.

Art. 291. La règle de l'article précédent s'applique également

6

aux choses mobilières, avec cette seule différence que, au lieu de la ratification, il suffit que le nouveau propriétaire, en devenant propriétaire, ait su que la chose était louée et pour combien de temps, ou qu'il ait pu facilement le savoir pour peu qu'il ait été diligent.

ART. 292. Quand, par application des articles 290 et 291, le nouveau propriétaire signifie congé au locataire, celui-ci peut, si le bail ne peut plus recevoir son exécution, assigner le précédent propriétaire en indemnité du préjudice que lui cause ce défaut d'exécution.

ART. 293. A l'expiration du contrat de louage, le locataire remet la chose au bailleur dans l'état où il l'a reçue, sauf les détériorations résultant de l'usure normale, du temps, ou des cas fortuits.

Si on ignore en quel état la chose a été livrée, on présume qu'elle était en état de pouvoir servir immédiatement à l'usage auquel elle était destinée.

ART. 294. Si le locataire a fait sur la chose des dépenses sans y être obligé ni autorisé, on doit appliquer, dans l'appréciation de son droit à une indemnité, les règles des articles 24, 25 et 828.

ART. 295. Quand, à l'expiration du bail d'une maison ou de tout autre bâtiment, des loyers restent encore dus, le bailleur peut retenir les meubles ou autres objets mobiliers dans le bâtiment, dans la mesure nécessaire pour garantir le payement des loyers encore dus par le locataire.

ART. 296. À l'exception du prix de location, toutes les réclamations auxquelles peut donner lieu le contrat de louage, comme les dépenses faites sur la chose, les indemnités pour dommages causés, etc., se prescrivent par une année à partir de l'expiration du contrat.

CHAPITRE VI.
DES BAUX À FERME (art. 878).

DES TERRES DONT LE FERMAGE ANNUEL CONSISTE EN UNE SOMME FIXE.

Art. 297. Pour les baux ruraux il faut se conformer aux règles concernant le louage des choses en général, en tant qu'elles ne sont modifiées ni par les dispositions du présent chapitre, ni par les conventions des parties, ni par la nature propre des baux ruraux.

Art. 298. Le fermier est obligé d'apporter dans la culture de la terre le soin que doit apporter un bon père de famille; il doit notamment veiller avec la plus grande diligence possible à ce qu'elle ne soit ni emportée ni dégradée par les eaux.

Le fermier n'a pas le droit de changer le mode d'exploitation de la terre (par exemple, de convertir une vigne en terre arable, une terre arable en pré, etc.) sans le consentement du bailleur.

Le fermier doit indemniser le bailleur de tout ce qu'il a fait ou omis de faire en violation des règles précédentes, sans avoir remis les choses en état, et en outre, dans les cas graves, que le tribunal aura à apprécier, le bailleur pourra demander la résolution du contrat et l'expulsion du fermier.

Art. 299. Toutes les réparations aux sentiers, passages, murs de soutènement, clôtures, palissades, etc., sont à la charge du fermier.

6.

Art. 300. Si avec les terres le bail comprend des maisons ou d'autres bâtiments et que le contrat ne contienne à leur égard aucune clause spéciale, les réparations ordinaires seront supportées par le fermier et les plus importantes par le bailleur. Le fermier toutefois doit lui venir en aide, dans la mesure où l'exige la coutume, avec son personnel et ses animaux.

Art. 301. Tous impôts et charges publiques qui se payent à raison de la terre, comme toutes prestations faites pour la même cause à la commune, à la tribu ou à l'État, sont à la charge du fermier, s'il n'existe pas de clause contraire.

Si la terre est grevée d'une dette portant intérêt, le payement de ces intérêts incombe au propriétaire seul.

Art. 302. Le fermier doit payer ses fermages aux époques fixées par le contrat ou la coutume. Si toutefois les termes n'ont pas été fixés, on présume qu'ils sont annuels et qu'ils échoient à la fin de l'année, en comptant à partir du jour de la conclusion du contrat.

Si le fermier se met en retard de deux termes pour son payement, le bailleur peut demander la résolution du contrat et l'expulsion du fermier.

Art. 303. Si une année le fermier n'a pas tiré de la terre le tiers au moins d'une récolte ordinaire, par suite de cas fortuits impossibles à prévoir (grêle, guerre, disette générale, etc.), il peut demander, à moins que le contrat n'en dispose autrement, une décharge proportionnelle de son prix de location.

Il ne peut prétendre aucune remise quand la mauvaise récolte provient d'une inondation, si le terrain est habituellement soumis à des inondations, ni en général quand elle est la conséquence d'une cause facile à prévoir.

Art. 304. Si le bailleur d'une terre a livré en même temps à son fermier des ustensiles et instruments aratoires, des machines agricoles, des cuves, du bétail, etc., celui-ci peut en jouir et en user pendant toute la durée du bail, sans rien payer spécialement pour cet usage, à moins de convention contraire.

Mais, à l'expiration du bail, il doit les restituer intégralement et, s'il en manque ou s'ils ont été détériorés par sa faute, il en doit indemniser le bailleur.

Art. 305. Si ni la convention ni la coutume n'ont rien déterminé quant à la durée du bail, celui-ci cesse par l'effet du congé que l'une des parties signifie à l'autre, mais seulement après la rentrée complète de la récolte de l'année au cours de laquelle a été donné le congé. Ce congé toutefois doit être signifié au moins deux mois avant l'enlèvement de la dernière récolte; sinon on présumera que le bail doit encore durer une année.

Art. 306. Si, à l'expiration du temps assigné au bail par le contrat ou la coutume, le fermier reste sur le fonds sans opposition du bailleur, le bail durera encore une année, pourvu qu'un mois au plus tard après l'expiration du terme, l'une des parties n'ait pas signifié à l'autre son intention de ne pas le prolonger. Ainsi de suite le bail pourra être encore ultérieurement prolongé d'année en année et de la même manière.

Art. 307. Au moment de la remise, à l'expiration du bail, la terre doit se trouver dans l'état de culture qui convient à l'époque de l'année où elle a lieu, de façon que les opérations de la culture puissent être continuées sans dommage matériel ni perte de temps.

Art. 308. Le propriétaire peut retenir et les récoltes et tout ce qui appartient au fermier sur la terre et sous le toit, jusqu'à

l'entier accomplissement de toutes les obligations résultant du bail
ou jusqu'à ce que cet accomplissement soit autrement assuré.

Art. 309. Les règles tracées par l'article 297 sont, à moins de
dispositions contraires insérées dans la présente section (art. 309-
312), applicables aux terres louées sous condition de partage à
moitié ou au tiers, et en général toutes les fois que le bailleur
perçoit une portion des fruits à titre de fermage.

Art. 310. Le fermier est obligé de cultiver la terre comme le
fait habituellement un bon cultivateur.

Art. 311. Avant de détacher sa récolte du fonds, le fermier
doit toujours prévenir à temps le propriétaire et lui livrer sans
aucune déduction sa part de récolte, conformément à la coutume
du lieu, à moins que le contrat ne dispose autrement pour ce cas.

Art. 312. Le propriétaire et le métayer, chacun proportionnellement à sa part dans la récolte, supportent tous deux, à moins
de convention contraire, les impôts et charges publiques.

CHAPITRE VII.

DU CHEPTEL SIMPLE, DU CHEPTEL DE FER, DU CONTRAT DE LABOUR
(НА ИЗОР).

Art. 313. Quiconque prend des bestiaux à cheptel simple
doit, à moins de conventions spéciales, remettre la moitié du
croît au propriétaire, et pareillement, si le cheptel comprend des
bêtes à laine, la moitié de la laine. Le preneur profite seul du
fumier et du travail des animaux donnés à cheptel.

Art. 314. Pour le lait qu'il tire du cheptel, le preneur doit au propriétaire, s'il n'a rien été convenu à ce sujet, autant de fromage, de beurre ou d'argent que la coutume l'exige et dans la forme où elle l'exige.

Art. 315. Le preneur n'a le droit de disposer d'aucune tête du troupeau, soit du fonds, soit du croît, sans le consentement du bailleur. Celui-ci, de son côté, ne peut disposer d'aucune tête du croît, sans le consentement du preneur; il peut, au contraire, disposer du fonds, même sans ce consentement, mais seulement à l'automne. Tout ceci toutefois sauf convention contraire.

Art. 316. Quand le cheptel comprend des bêtes à laine, le preneur peut tondre sans avoir besoin de s'entendre avec le bailleur, quand l'époque de la tonte est arrivée. Il doit seulement lui réserver la moitié de la laine, et la lui livrer conformément à la coutume.

Art. 317. Quand une bête périt sans la faute du preneur et que ni la coutume ni la convention ne prescrivent d'autre règle, la peau et tous les autres restes appartiennent au bailleur, si la bête faisait partie du fonds; si elle faisait partie du croît, ils appartiennent par moitié au preneur et au bailleur.

Art. 318. Le preneur doit nourrir, garder et soigner le cheptel comme le ferait un bon père de famille. Il est responsable de tout le préjudice qui lui serait causé par sa faute, par celle des personnes de sa maison, ou de ses gens de service; mais il ne répond du dommage arrivé par cas fortuit que dans la mesure fixée par l'article 543.

Art. 319. S'il n'y a pas de temps fixé par la convention pour la durée du cheptel, il cesse trois mois après la signification que chacune des parties est libre de faire quand il lui plaît.

Cette signification toutefois ne doit pas être faite à contre-temps, ni pour l'une ni pour l'autre; ce sont les circonstances qui montrent si elle est intempestive.

ART. 320. Alors même que la durée du cheptel a été fixée, le bailleur peut en demander la résolution avant l'arrivée du terme, s'il prouve que le preneur ne remplit pas ses obligations exac-tement et en conscience.

ART. 321. Quand le cheptel prend fin et que ni le contrat ni la coutume n'établissent d'autre règle, le bailleur, avant tout, prélève toutes les têtes de bétail qui font encore partie du fonds; s'il y a un déficit, on ne le couvre pas avec le croît, mais ce croît en totalité se partage exactement par moitié entre les deux parties.

Cette règle toutefois ne diminue en rien la responsabilité du preneur pour toutes les pertes résultant de sa faute (art. 318).

ART. 322. Celui qui prend un fonds de bétail à titre de cheptel de fer répond de tout dommage arrivé à ce fonds, même par cas fortuit. En conséquence, le preneur doit, à la fin du contrat, res-tituer au propriétaire exactement la même quantité de têtes qu'il en a reçue au commencement (art. 326).

ART. 323. Tout le croît et tous les autres profits appartiennent au preneur.

ART. 324. Le preneur donne au propriétaire du troupeau le revenu stipulé en beurre, fromage ou argent, à l'époque, au lieu et de la manière qui ont été convenus ou qui sont réglés par la coutume.

ART. 325. Pour la manière dont le cheptel de fer prend fin, on doit se référer par analogie aux règles des articles 319 et 320.

ART. 326. Le troupeau que le preneur restitue à la fin du contrat doit être du même nombre de têtes et de même qualité que celui qu'il a reçu (art. 322).

On ne tient toutefois aucun compte de la différence entre le prix du troupeau au moment où le contrat a commencé et celui de ce même troupeau à l'époque où le contrat a pris fin.

ART. 327. Quiconque prend un bœuf pour ses labours s'engage par là même à le nourrir et à en prendre soin comme le ferait un bon père de famille, et à le restituer au bailleur en bon état après avoir achevé son labour ou, si le bœuf a été pris pour une série de labours, après avoir achevé le dernier.

S'il n'a pas été convenu de prix pour le labour, on le fixe d'après l'usage du lieu.

ART. 328. Dans le cheptel simple, les impôts de l'État sont supportés par moitié par le preneur et le bailleur; dans le cheptel de fer, ils sont à la charge exclusive du preneur, et lorsqu'il s'agit d'un bœuf pris pour le labour ils incombent au bailleur.

CHAPITRE VIII.

DU LOUAGE DE SERVICES ET DE TRAVAIL.

ART. 329. Tout service et tout travail, qu'il se mesure ou non par le temps, doit être payé ou autrement récompensé.

Il n'y a d'exception que pour les travaux que les circonstances démontrent clairement n'avoir pas été faits en vue d'un équivalent.

Art. 330. Si les parties ne sont pas convenues d'un prix, l'ouvrage ou le service recevra le salaire fixé par la coutume ou par la taxe légale; si aucun de ces éléments d'appréciation n'existe, le tribunal décidera d'après les circonstances.

Art. 331. En général, le travail et le service ne se payent pas d'avance. S'ils durent un certain temps, ils se payent à l'expiration de chacune des périodes qui servent à les mesurer et à les apprécier (par exemple, tant par semaine, tant par mois, tant par an, etc.). Toutefois, si le contrat ou la coutume établissent une règle différente, on doit s'y conformer.

Art. 332. Quand le service doit durer un temps plus long et que le serviteur habite comme domestique chez le maître, on présume que celui-ci est tenu de fournir, outre les gages, la nourriture; il ne doit le vêtement et la chaussure que s'il est ainsi convenu ou établi par la coutume.

Art. 333. Les domestiques ou ouvriers sont tenus d'exécuter l'ouvrage convenu, ou conforme à l'usage de la maison où ils sont employés, comme le ferait tout bon et consciencieux ouvrier. Ils sont responsables, en conséquence, du dommage qu'ils pourraient causer par leur négligence ou leur dol.

Art. 334. Le maître ne peut obliger un domestique ou un ouvrier à faire ce qui est contraire à la loi ou aux bonnes mœurs, ou ce qui est au-dessus de ses forces. Au contraire, le maître doit, autant qu'il est en son pouvoir, chercher à fortifier chez ses domestiques le sentiment de la probité et de la moralité.

Art. 335. Un domestique qui habite chez son maître et tombe malade, sans sa faute, en travaillant pour la maison, ne peut être congédié pour ce seul fait, mais doit être soigné comme le serait un autre membre de la maison.

Si la maladie dure plus d'un mois et que les intéressés ne puissent se mettre d'accord sur ce qu'il y a lieu de faire pour l'avenir, le tribunal décidera d'après les circonstances.

Art. 336. Même avant l'expiration du temps convenu, le maître peut renvoyer un domestique pour désobéissance, pour négligence dans son service, pour infidélité et pour tous autres motifs sérieux. Le domestique peut, de son côté, quitter son service, si le maître ou la maison ne remplit pas à son égard les obligations qui résultent du contrat ou de la coutume.

Toutefois la partie qui entend résoudre le contrat doit signifier à l'autre son intention. Si le salaire se paye chaque année, le contrat cesse quinze jours après la signification; si le terme est moins long, il suffit de cinq jours.

Art. 337. Si le contrat ne détermine pas la durée du louage, chaque partie peut, quand elle le veut, signifier à l'autre son intention d'y mettre fin. Il faut toutefois, dans ce cas également, se régler pour les délais d'après l'article précédent.

Art. 338. Quand le louage se prolonge tacitement, c'est-à-dire que, après l'expiration du contrat, le serviteur continue son service sans opposition de la part du maître, le nouveau louage est régi par les conditions antérieures. Si ces conditions ont varié à différentes époques, on appliquera les conditions les plus récentes.

Le contrat de louage qui se prolonge de cette façon est censé conclu pour un temps indéterminé (art. 337).

Art. 339. Les ouvriers et autres gens salariés qui sont engagés pour un temps limité peuvent être congédiés par le maître et, réciproquement, peuvent le quitter même après une seule journée de travail. Ni l'une ni l'autre des parties n'est tenue, à moins de clause contraire, de faire connaître ses motifs à l'autre ni de payer une indemnité de ce chef.

Art. 340. Si la pluie ou tout autre obstacle qui n'est le fait ni de l'une ni de l'autre des parties interrompt le travail de l'ouvrier pendant plus du quart de la journée, le maître peut, s'il n'est autrement convenu, retenir sur le salaire une part proportionnelle à cette perte de temps; mais la nourriture, si elle est convenue ou exigée par la coutume, n'en doit pas moins être fournie à l'ouvrier, comme s'il n'y avait pas eu de temps perdu.

CHAPITRE IX.
DU TRAVAIL ET DE L'AIDE AVEC OU SANS RÉCIPROCITÉ.

Art. 341. Quiconque demande à un ou plusieurs travailleurs de venir l'aider dans un travail, à charge de réciprocité, c'est-à-dire à charge pour lui de les aider de son travail quand ils en auront besoin, est tenu, pendant toute la durée du travail, de les nourrir conformément à la coutume et en outre de nourrir les animaux amenés par eux en vue de ce travail. Il n'est pas tenu de leur donner un salaire.

Art. 342. Si la personne qui a été aidée ne répond pas à la demande de celle qui précédemment lui a prêté son aide, et refuse, sans en être empêchée, de l'aider dans le travail dont elle s'occupe, celle-ci peut réclamer le payement de la valeur du travail antérieurement fourni et en outre une indemnité, s'il y a lieu.

Art. 343. Celui qui a prêté son aide ne peut requérir celui

qu'il a aidé de travailler pour un tiers en son lieu et place. Si
cependant la personne requise s'exécute volontairement, elle ne
peut demander une indemnité ni en travail ni en argent.

Art. 344. Toute créance d'aide se prescrit par une année à
partir du jour où a été reçue la dernière prestation de travail, en
sorte que le débiteur n'est plus obligé de travailler pour celui qui
l'a aidé.

Art. 345. Toute personne qui appelle des travailleurs à l'aide
gracieuse (моба) doit, suivant la coutume, les bien nourrir; mais
elle n'est obligée ni de leur payer un salaire, ni de répondre à
leur appel si elle est convoquée à la *moba* par un d'eux.

Art. 346. Ceux qui spontanément viennent prendre part au
travail d'un autre, soit avec des travailleurs appelés, soit de toute
autre manière, seront nourris, s'ils sont acceptés, comme s'ils
avaient été appelés, mais il ne leur est dû en retour aucun travail
ni salaire.

Art. 347. Quand, avec le consentement du village, de la phratrie, etc., on prête aide à une veuve, à un orphelin, à la victime
d'un incendie ou à tout autre indigent, celui pour qui le travail
est fait n'est tenu, que le travail soit fourni un jour férié ou non,
ni de nourrir les travailleurs, ni de les payer, ni de leur rendre
le travail.

CHAPITRE X.
DU TRAVAIL À FORFAIT (art. 880).

Art. 348. Quiconque consent à exécuter à forfait un ouvrage
ou un travail s'oblige par là même à ce que ce travail soit bien

fait et soit tel qu'il a été convenu ou que sa nature l'indique; il s'oblige en outre à le livrer achevé, au plus tard, à l'époque qui a été fixée par le contrat ou par la nature même du travail ou par toute autre circonstance.

Art. 349. Quand l'entrepreneur, sans motif sérieux, tarde tellement soit à commencer soit à continuer son travail, qu'il devient évident que ce travail ne pourra être achevé à temps, le maître, avant même le terme fixé pour l'achèvement, peut requérir l'application des règles de l'article 548, et, au cas de l'article 545, celle de ce dernier article.

Art. 350. Si un travail déjà commencé reçoit, par la faute de l'entrepreneur, une mauvaise direction ou s'exécute contrairement au contrat ou à sa nature même, le maître peut faire fixer à cet entrepreneur par le tribunal un délai suffisant pour remettre le travail en bonne voie, avec déclaration qu'autrement il sera fait usage contre lui de la faculté ouverte par l'article 542.

Art. 351. Si le contrat a été conclu en vue de l'habileté personnelle de l'ouvrier ou de l'entrepreneur, c'est celui-ci même qui est tenu d'exécuter le travail ou, suivant la nature de ce travail, de le surveiller et d'en diriger l'exécution personnellement. Si son habileté personnelle n'a pas été le motif déterminant, l'entrepreneur peut confier l'exécution à qui il lui plaît, mais il répond toujours de tout dommage ou défaut. Le tout, sauf clause contraire dans le contrat.

Art. 352. L'entrepreneur est tenu, pendant le travail, de veiller à la meilleure exécution possible de l'ouvrage et à tous les intérêts du maître, comme le ferait tout bon père de famille dans sa propre affaire. En ce qui concerne spécialement la matière que le maître a pu fournir pour l'ouvrage, l'entrepreneur doit veiller à la préserver de toute détérioration ou destruction et à la ménager le plus possible, ainsi qu'à en restituer fidèlement au maître tout le surplus non employé.

Art. 353. Si dans la matière, ou en n'importe quel autre élément indispensable pour l'exécution de l'ouvrage, se découvrent des vices qui pourraient atteindre la chose même qui fait l'objet du travail, ou si un tiers entrave le travail en invoquant quelque droit, l'entrepreneur est tenu, si le maître ignore ces faits, de l'en informer sans retard; faute de quoi il sera responsable de toutes les conséquences dommageables.

Art. 354. L'entrepreneur est responsable de la qualité des matériaux qu'il choisit et emploie dans son travail. Si c'est lui-même qui les fournit, il répond, comme tout vendeur, non seulement des vices (art. 232-241), mais aussi de l'éviction (art. 243-250).

Art. 355. Si le maître, alors que l'ouvrage n'est pas encore achevé, veut renoncer au contrat, il le peut, mais à la condition de payer à l'entrepreneur le travail exécuté jusqu'à ce jour, ainsi qu'une indemnité pour le préjudice que lui cause cette renonciation (art. 541).

La même règle s'applique si l'ouvrage reste inachevé par suite de quelque événement concernant le maître personnellement.

Art. 356. Si l'entrepreneur meurt ou que physiquement, intellectuellement ou de toute autre manière, il tombe en un état tel qu'il ne lui soit plus possible d'exécuter l'ouvrage convenu, le marché à forfait se trouve en général résilié par là même.

Si toutefois il résulte de la nature du travail qui reste à exécuter, que le savoir personnel, le goût, l'habileté de l'entrepreneur ne sont pas une condition essentielle, les membres de sa maison ou ses héritiers peuvent prendre sur eux d'achever l'ouvrage entrepris; ils succèdent en ce cas à tous les droits et à toutes les obligations de l'entrepreneur.

Quand un contrat de ce genre prend fin par suite du décès de l'entrepreneur, le maître doit payer aux héritiers, proportionnellement au prix convenu, tout ce qui lui a déjà été livré; il doit en outre recevoir et payer tout ce qui est prêt et n'a pas encore été livré, s'il peut s'en servir pour le but qu'il avait en vue en concluant le marché.

Art. 357. Si la chose, avant sa livraison, périt par la faute de l'un ou de l'autre des contractants, celui qui est en faute doit non seulement supporter la perte de tout ce qu'il a mis dans la chose, mais encore indemniser l'autre partie du dommage que lui cause la perte de cette chose.

Si toutefois la chose a péri fortuitement, aucune partie n'encourt de responsabilité à l'égard de l'autre, mais chacune perd les prestations qu'elle a pu faire en main-d'œuvre ou autres impenses, à moins qu'elles ne fussent en demeure de livrer ou de recevoir la chose (art. 543, 546).

Art. 358. L'ouvrage, à moins de clause contraire, ne se paye que quand il est terminé et lors de la livraison de la chose complètement achevée; si elle est livrée par parties ou fragments, chaque partie, à moins de convention contraire, se paye au moment même où elle est livrée.

Art. 359. Le prix qui a été convenu à l'avance pour l'ouvrage ne peut être ni réduit par le maître, ni augmenté par l'entrepreneur, sous le prétexte que le prix de la main-d'œuvre ou des matériaux a diminué ou augmenté dans le commerce.

Toutefois, au cas où une guerre, en se prolongeant au delà du temps que l'on pouvait raisonnablement prévoir, amènerait une augmentation exceptionnelle dans le prix du travail ou des choses, ou des difficultés extraordinaires dans l'exécution de l'entreprise, dans ce cas seulement le tribunal, en raison des circonstances, pourrait augmenter modérément le prix convenu.

Art. 360. Lorsque le prix de l'ouvrage n'a pas été convenu à l'avance ou ne l'a été qu'approximativement, le tribunal ordonnera, si les parties ne peuvent se mettre elles-mêmes d'accord, que l'ouvrage soit estimé.

Si toutefois la dépense dépassait de beaucoup la limite qu'on avait prévue tout d'abord et que le maître ne fût pour rien dans cette augmentation de la dépense, il pourrait refuser l'ouvrage ou la chose et se désister du contrat.

Art. 361. S'il arrive, au moment de la livraison, que la chose exécutée, ou quelqu'une de ses parties, ait des vices qu'on puisse faire disparaître, le maître a le droit d'exiger que l'entrepreneur mette cette chose en état. Si celui-ci ne s'exécute pas dans le délai qui sera déterminé d'après les circonstances, le maître peut : ou déduire du prix ce qu'autorise l'équité ou faire mettre la chose en état aux frais de l'entrepreneur.

Art. 362. Si ces vices sont tels qu'ils ne puissent être corrigés sans imposer un dommage et des dépenses considérables, et si la chose, telle qu'elle est, ne satisfait pas aux conditions du contrat et ne peut servir à l'usage auquel elle était destinée, le maître peut la refuser et se désister du contrat.

Si l'ouvrage consiste en un édifice ou autre construction exécutée sur le fonds du maître de sorte que ni la nature du travail, ni les frais faits ou à faire ne permettent la résiliation du

7

contrat, même à raison de défauts considérables, le maître est
tenu de choisir une des alternatives que lui offre l'article 361.

Art. 363. Dans chacun des cas énoncés dans les articles 361
et 362, l'entrepreneur devra en outre réparer le dommage causé
au maître par l'exécution imparfaite du contrat.

Art. 364. Il va de soi que l'entrepreneur est libéré de toutes
les responsabilités résultant des articles 361-363, si les vices
sont imputables non à lui mais au maître seul. Il en est ainsi
particulièrement quand le maître, d'une manière quelconque, nuit
à la bonne exécution de l'ouvrage (par exemple, en fournissant de
mauvais matériaux, etc.).

Mais, même en pareil cas, l'entrepreneur demeure responsable
s'il n'a pas prévenu le maître, en temps utile, des conséquences
fâcheuses qui pourraient en résulter, dans la mesure au moins
où il pouvait ou devait les prévoir.

Art. 365. Pour la réception, par le maître, de l'ouvrage achevé,
on doit se conformer par analogie aux règles exposées dans l'article 234 relativement à la vente.

Art. 366. Les actions fondées sur les vices des choses exécutées à forfait se prescrivent par une année à partir du jour de la
livraison, si la valeur dépasse quarante francs; si elle est moindre,
elles se prescrivent par trois mois. Toutefois, au cas où il s'agit
des vices d'un bâtiment, l'action peut-être introduite pendant cinq
années, à partir de la livraison.

Au cas de fraude de la part de l'entrepreneur, les délais de la
prescription se comptent du jour de la découverte de la fraude.
Néanmoins, en aucun cas le tribunal ne déclarera l'action recevable quand il se sera écoulé cinq années depuis le jour de la

livraison des deux premières espèces d'ouvrages, ou vingt ans depuis la livraison des bâtiments.

CHAPITRE XI.
DES TRANSPORTS.

Art. 367. Quiconque entreprend de transporter, de voiturer par terre ou par eau une chose d'un lieu dans un autre, répond du dommage survenu à cette chose à partir du moment où il l'a reçue jusqu'au moment où il la livre au lieu convenu.

Il ne répond pas du dommage causé par une force irrésistible, à laquelle il n'a pu se soustraire.

Art. 368. Le transporteur répond également du dommage survenu par suite du retard qu'il a mis, par sa faute, au transport. Quand on n'a pas fixé de délai pour la livraison, on présume que ce délai est égal au temps habituellement nécessaire, selon la distance et les autres circonstances, pour un transport de cette nature.

Art. 369. Quand les objets expédiés sont de telle nature qu'ils exigent une attention et des précautions particulières pendant le transport, le transporteur est tenu de donner tous les soins nécessaires, faute de quoi il répond du dommage.

Il n'est affranchi de cette responsabilité que si le préjudice provient de ce que l'expéditeur n'a pas pris les précautions nécessaires (n'a pas conditionné les objets pour le transport comme leur nature l'exigeait; n'a pas déclaré au transporteur, s'il y avait lieu, la nature des choses qu'il lui livrait, etc.)

Art. 370. S'il n'est pas possible de remettre la chose au destinataire, soit parce qu'il ne se trouve pas au lieu de la livraison, soit parce qu'il refuse de la recevoir, soit pour toute autre cause, le transporteur aura soin de la remettre en dépôt en mains sûres et de porter sans retard toutes ces circonstances à la connaissance de qui de droit.

Art. 371. Quand, au cas prévu à l'article précédent, les choses ne peuvent sans grands risques attendre la décision de l'intéressé sur ce qu'il convient de faire, le transporteur est tenu de faire constater leur état et de les vendre, avec la permission de l'autorité locale, au mieux des intérêts du propriétaire. S'il ne se trouve aucune autorité ni dans ce lieu ni dans le voisinage, le transporteur prendra l'avis de deux personnes honorables du lieu, n'ayant aucun intérêt dans l'affaire, et fera la vente en leur présence.

Si, par dol ou négligence, le transporteur omet de se conformer aux dispositions du présent article et du précédent dans les cas prévus par eux, il répondra du dommage qui pourra en résulter.

Art. 372. En général, dès qu'il a livré la chose au destinataire et que celui-ci l'a reçue et en a payé le transport sans réclamation, le transporteur ne peut plus être recherché pour un dommage résultant du transport. Cette règle ne s'applique pas : quand, au moment de la livraison, le dommage n'a pu, pour des raisons particulières, être reconnu, ou quand il y a eu dol de la part du transporteur.

Art. 373. Dans tous les cas, l'action en indemnité contre le transporteur se prescrit par six mois, à partir du jour de la livraison au destinataire désigné ou à son représentant.

Art. 374. Le transporteur a le droit de retenir la chose jusqu'au payement du prix du transport ainsi que des dépenses nécessaires, s'il y a lieu.

Art. 375. Quand le transporteur a remis la chose au destinataire, sans se faire payer le transport, il ne peut plus, à moins de clause contraire, demander ce payement à l'expéditeur.

Art. 376. L'expédition des lettres et autres objets par l'administration des postes est soumise à des règles particulières.

Art. 377. Pour le transport des marchandises et des voyageurs par voie de mer, il existe des règles dans les lois et coutumes maritimes; on doit continuer à s'y conformer tant qu'elles ne seront pas modifiées par la loi.

CHAPITRE XII.
DU DÉPÔT (art. 881).

Art. 378. Quiconque reçoit une chose mobilière en dépôt est tenu de la garder comme sa propre chose et de la restituer en nature au déposant, dès que celui-ci la lui aura réclamée.

Le dépositaire répond du dommage et de la perte survenus par sa faute.

S'il y a plusieurs dépositaires, ils sont tous solidairement (art. 556) responsables.

Art. 379. En règle générale, le dépôt est gratuit, à moins de disposition contraire dans le contrat ou dans la loi. Mais dans les cas où un prix est stipulé, le dépositaire est tenu de veiller à la chose comme y veillerait un bon père de famille, et répond même des conséquences de la négligence la plus légère.

Art. 380. Le dépositaire ne peut, sans le consentement du déposant, remettre la chose en dépôt à une autre personne, à moins que des motifs sérieux ne l'y forcent et qu'il ne lui ait pas été possible de prendre les instructions du déposant.

Faute de se conformer à cette obligation, il sera responsable de tout dommage résultant pour le déposant de cette omission, et même du cas fortuit dont, autrement, il ne répondrait pas. Il ne peut s'affranchir des conséquences de cette responsabilité qu'à la condition d'établir que ce dommage fortuit se serait produit même sans cela.

Art. 381. Le dépositaire ne peut se servir de la chose déposée ni modifier sans l'autorisation du déposant la manière de la garder telle qu'elle a été convenue. S'il contrevient à cette défense, il répondra du dommage pouvant en résulter et même du cas fortuit, suivant ce qui est établi à l'article précédent.

Art. 382. Si le dépôt consiste en une somme d'argent et que le dépositaire s'en soit servi sans le consentement du déposant, il devra, indépendamment des risques qui de ce chef tombent à sa charge, payer le maximum d'intérêt autorisé par la loi, à partir du jour du dépôt.

Cette circonstance, néanmoins, ne modifie en rien la nature du contrat, et le dépositaire continue à être tenu de restituer cette somme au déposant, dès que ce dernier la lui réclame (art. 378, 383).

Art. 383. Le déposant peut, à tout moment, exiger la restitution du dépôt; il le peut alors même que pour la restitution on a fixé un terme qui n'est pas encore échu.

Si la chose a profité de quelque accession ou accroissement, il est tenu pareillement de les remettre, à moins de clause contraire.

Art. 384. Si aucun terme n'a été convenu pour le dépôt, le dépositaire peut, à tout moment, restituer la chose au déposant.

Il le peut, même si un terme a été stipulé, quand des motifs sérieux l'empêchent de garder la chose chez lui sans un notable préjudice pour lui-même, ou quand une continuation du dépôt deviendrait dangereuse pour la chose elle-même.

ART. 385. Le dépositaire n'a pas le droit de retenir, même pour une dette du déposant, ni à titre de gage, ni à titre de compensation, la chose qui lui a été remise en dépôt. Au cas seulement où il a fait des dépenses nécessaires pour la chose, il peut toujours la retenir, jusqu'au remboursement de ces dépenses.

ART. 386. La chose déposée est rendue au déposant à ses frais et risques. S'il n'y a pas eu de lieu désigné pour la restitution, on présumera que ce lieu est celui où la chose se trouve régulièrement en dépôt.

ART. 387. Le dépositaire n'a pas le droit de restituer la chose à un autre qu'à celui qui la lui a confiée, à moins que celui-ci ne lui accorde une autorisation spéciale. Il ne le peut, même dans le cas où un tiers prétendrait que la chose appartient à lui et non au déposant, à moins qu'il n'en soit décidé autrement par une décision expresse du tribunal, sur une action en revendication.

Le dépositaire peut encore restituer la chose au représentant légal et à l'héritier du déposant.

DE CERTAINES ESPÈCES PARTICULIÈRES DE DÉPÔT.

ART. 388. La chose au sujet de laquelle une contestation existe entre deux ou plusieurs personnes et qu'elles ont remise en dépôt à un tiers, ne peut être restituée par le dépositaire à l'une d'elles sans le consentement des autres, à moins que le tribunal ne le décide expressément ou que le contrat ne l'ait ainsi stipulé.

Art. 389. Pour le dépôt qui se fait au tribunal même ou à la suite d'une décision judiciaire, des règles spéciales seront établies.

Art. 390. On applique en général à l'*amanet* (аманет) (art. 882) les règles du dépôt ordinaire, si ce n'est que les obligations du dépositaire sont en ce cas plus étroites et plus absolues.

Celui-ci en particulier est responsable de la moindre négligence et, si on lui a remis en *amanet* une somme d'argent et qu'il s'en soit servi, il devra non seulement la restituer dès qu'on la lui réclamera (art. 382), mais encore payer, à partir du jour où il a reçu l'*amanet*, une indemnité, que le tribunal fixera suivant les circonstances, de dix à vingt pour cent.

Si quelque secret relatif à l'*amanet* a été confié au dépositaire, celui-ci est tenu de le garder fidèlement, faute de quoi il sera responsable de toutes les suites dommageables.

Art. 391. Ceux qui tiennent des hôtelleries régulièrement organisées, ou hébergent de toute autre manière des voyageurs, répondent, comme tous dépositaires, de la détérioration ou de la disparition des objets apportés par les voyageurs dans leur maison, quand même ceux-ci ne les leur auraient pas remis en mains propres.

Les patrons des maisons de ce genre sont d'ailleurs responsables du fait des personnes de leur maison, comme aussi du fait des personnes étrangères.

Art. 392. L'hôtelier ne répond pas :

1° De ce qui est enlevé ou endommagé par la force, en tant qu'il n'en est pas coupable ;

2° Du dommage causé par une force naturelle irrésistible ;

3° Des conséquences du défaut de soin du voyageur lui-même ;

4° Du dommage causé par la suite du voyageur, qu'il s'agisse de ses serviteurs, de ses parents ou de ses compagnons.

ART. 393. L'hôtelier ne répond pas de l'argent, des bijoux et autres objets semblables, à moins qu'ils ne lui aient été remis en mains propres. Il en répond, toutefois, s'ils sont perdus par sa faute.

ART. 394. Les simples traiteurs ne répondent pas de ce qui ne leur a pas été remis en mains propres, à moins que la perte n'ait eu lieu par leur faute ou par celle de leurs domestiques et des gens de leur maison.

ART. 395. Les règles sur la responsabilité des hôteliers (art. 392-393) s'appliquent par analogie aux chefs de maison en ce qui concerne les hôtes qu'ils reçoivent chez eux.

CHAPITRE XIII.

DU MANDAT (art. 883).

———

RÈGLES GÉNÉRALES.

ART. 396. Le mandataire à qui une personne confie la direction ou l'exécution d'une affaire ayant pour elle un intérêt pécuniaire est tenu, dès qu'il a accepté, de traiter l'affaire conformément à l'intention du mandant.

ART. 397. La principale obligation du mandataire est de prendre soin, en s'occupant de l'affaire qui lui a été confiée et autant qu'il est possible, des intérêts de son mandant, comme il ferait des siens propres.

Art. 398. Si le mandataire a reçu des instructions précises sur la façon d'accomplir son mandat, il ne peut s'en écarter sans en référer à son mandant.

Il n'a le droit de s'en écarter, et cela dans la mesure indispensable, que si, par suite de circonstances particulières, il ne peut, sans grave préjudice, accomplir ce mandat conformément aux instructions reçues, ni différer cette exécution. Il a ce droit notamment si, d'après les circonstances, on peut supposer qu'en pareille occurrence, le mandant lui-même aurait modifié sa décision première.

Art. 399. Si le mandataire a accompli son mandat à des conditions moins avantageuses que celles fixées par le mandant, sans y être contraint par les circonstances prévues à l'article précédent, ce mandat sera soumis aux règles applicables à la gestion d'affaires (art. 587-594), à moins que le mandant n'ait ratifié, après l'exécution, ce qui a été fait.

Art. 400. Si les limites du mandat n'ont pas été tracées avec précision, on doit en déterminer l'étendue d'après les circonstances et d'après la nature de l'affaire.

Toutefois le mandataire, à moins de pouvoir spécial, ne peut en aucun cas :

1° Vendre ou aliéner de toute autre manière une chose immobilière appartenant au mandant;

2° Hypothéquer un immeuble ou le grever de quelque autre droit réel (par exemple, d'une servitude);

3° Donner à bail un immeuble;

4° Faire, au nom du mandant, donation d'une chose même mobilière;

5° Emprunter au nom du mandant;

6° Intenter une action en justice;

7° Transiger sur une affaire en litige, ou en remettre la décision à des arbitres;

8° Acquérir une chose immobilière pour le mandant, à moins que ce ne soit à titre gratuit.

ART. 401. Le mandataire doit accomplir lui-même, personnellement, le mandat qui lui a été confié.

S'il se substitue une autre personne, sans autorisation du mandant et sans y être contraint par une nécessité urgente, il est responsable de tous les actes du substitué. Autrement, il n'est responsable qu'au cas où il aurait fait preuve de négligence dans le choix du substitué, s'il avait toute liberté à cet égard.

ART. 402. Le mandataire à qui le substitué a causé un préjudice par sa gestion peut exiger de lui une indemnité, en tant que ce préjudice résulte d'une faute du substitué.

Le mandant lui-même peut d'ailleurs agir directement contre le substitué à raison de tous les actes de la gestion de ce dernier, sans distinguer si la substitution a eu lieu avec ou sans l'autorisation du mandant.

ART. 403. Le mandataire doit, à l'époque convenue, remettre au mandant avec ses comptes tout ce qu'il a reçu pour celui-ci, à un titre quelconque, dans l'affaire qui lui a été confiée. Le mandant toutefois a le droit, s'il le veut, de demander compte au mandataire même avant le terme fixé.

ART. 404. Si le mandataire a reçu des sommes d'argent pour le mandant et les a employées à son usage personnel, il lui en payera l'intérêt au maximum autorisé par la loi (art. 262).

Si, par négligence, le mandataire a laissé des sommes d'argent improductives et a ainsi failli à l'obligation que lui impose l'article 397, il payera pour tout le temps où l'argent est resté improductif un intérêt de huit pour cent.

Art. 405. Un salaire n'est dû pour l'accomplissement du mandat que s'il a été stipulé ou si la profession du mandataire l'exige.

Dans le second cas, s'il n'y a de tarif établi ni par la loi ni par la coutume, le juge fixera le salaire d'après les circonstances, si les parties elles-mêmes ne se mettent pas d'accord.

Toutes les fois que le mandataire reçoit un salaire pour ses soins, il répond des conséquences de sa faute, même légère.

Art. 406. Le mandant est tenu de rembourser toutes les dépenses faites par le mandataire dans l'exécution du mandat, et même de payer les intérêts de l'argent comptant que le mandataire y a employé.

Le mandataire a un droit absolu à cette indemnité, alors même que l'affaire est restée inachevée sans sa faute, ou qu'elle n'a pas réussi et n'a pas rapporté le profit qu'on en espérait ou qu'elle aurait pu donner.

DE LA CESSATION DU MANDAT.

Art. 407. En général, et à moins que le contrat ou la nature des choses ne le veuille autrement, le mandat prend fin :

1° Quand le mandant le révoque;

2° Quand le mandataire y renonce;

3° Quand le mandant ou le mandataire meurt;

4° Quand le mandant ou le mandataire tombe dans une situation telle que, aux termes de la loi, il ne peut même plus conserver la direction de ses propres affaires.

Art. 408. Le mandant peut à son gré faire cesser le mandat et il n'a pas besoin pour cela d'exprimer un motif; bien plus, si le contrat contenait une restriction quelconque à sa liberté sur ce point, cette clause serait nulle et de nul effet.

Le contrat de mandat cesse au moment même où sa révocation est portée à la connaissance du mandataire.

Art. 409. Le mandataire peut également, quand il le veut, renoncer à son mandat, et celui-ci prend fin dès que le mandant en a été informé. Cette renonciation toutefois ne doit pas être faite à contretemps, autrement le mandataire devrait réparer le préjudice qui en résulterait, à moins qu'il ne prouvât que lui-même, en continuant plus longtemps sa gestion, aurait, par suite de circonstances particulières, souffert un dommage important.

Art. 410. Tout ce qui a été conclu par le mandataire, dans les limites de son mandat, a un plein effet. Il en est de même de ce qui a été conclu par lui après le décès du mandant, ou après que celui-ci est tombé dans un état qui détruit ou restreint sa capacité, pourvu que le mandataire ait ignoré l'événement.

Bien plus, même s'il en a été informé, il a le droit, et même le devoir, de terminer toute affaire commencée qui ne souffrirait pas de remise, à moins qu'il n'ait reçu un ordre contraire de celui qui, d'après la loi, a le droit d'en donner.

Art. 411. Au décès du mandataire, ses héritiers sont tenus, s'ils ont connaissance du mandat, de porter le plus tôt possible cet événement à la connaissance du mandant. Ils continueront aussi, pendant ce temps, s'ils le peuvent et s'il est dangereux d'attendre les instructions du mandant, à s'occuper de l'affaire et veilleront à ce que le décès ne cause aucun préjudice au mandant.

La même règle doit, par analogie, être observée par ceux qui sont appelés à administrer les affaires d'un mandataire qui, pour un motif quelconque, serait mis en tutelle.

ART. 412. Dès qu'a pris fin le mandat dont le mandataire possède l'acte constitutif, le mandant doit veiller à ce que cet acte lui soit rendu ou soit déposé au tribunal.

Si le mandant, ou celui qui le représente, néglige de remplir cette obligation, il sera responsable du préjudice que tout tiers de bonne foi aura pu subir de ce fait.

DES EFFETS DU MANDAT À L'ÉGARD DES TIERS.

ART. 413. Le mandant devient créancier ou débiteur à l'égard des tiers comme s'il avait agi lui-même pour tout ce que le mandataire, en cette qualité, a conclu avec eux.

L'acte à son plein effet, à l'égard du mandant et des tiers, alors même que le mandataire n'aurait pas légalement le pouvoir de le conclure pour lui-même, soit parce qu'il est mineur, soit pour tout autre motif.

ART. 414. Le mandant, au contraire, n'est pas tenu d'approuver et d'accepter pour son compte l'acte que le mandataire a conclu sans avoir de pouvoir à cet effet ou en outrepassant les limites de ce pouvoir, à moins que, par la suite, il ne le ratifie expressément ou tacitement.

ART. 415. Lorsque le mandant a limité ou absolument révoqué le mandat, et que les tiers ayant contracté avec le mandataire n'ont ni connu le fait, ni pu le connaître à raison des circonstances, le mandant et le mandataire, chacun suivant la gravité de sa faute, sont responsables, à l'égard de ces tiers, du préjudice qui en résulte pour eux. Quand tous deux sont responsables, ils le sont solidairement.

On doit appliquer la même règle par analogie, même si le mandat prend fin pour toute autre cause, alors que le tiers, en contractant avec le mandataire, n'a ni connu ni pu connaître la situation (art. 410-411).

Art. 416. Si le mandataire et le mandant ne sont pas d'accord sur la validité et l'étendue du mandat, et qu'un tiers ait antérieurement contracté avec le mandataire, ce tiers peut exiger que le mandant ratifie le contrat, et lui fixer pour cette ratification un délai par voie judiciaire. Faute par le mandant d'avoir fait connaître sa ratification avant l'expiration du délai, le tiers se trouve absolument délié de toute obligation.

Si, en pareille circonstance, ce tiers a éprouvé un dommage par suite de la résiliation du contrat, il a droit à une indemnité de la part de l'auteur de ce dommage.

Art. 417. Si le mandataire, en contractant avec un tiers, ne l'avertit pas qu'il agit pour un autre, le mandant ne devient créancier ou débiteur qu'après que l'affaire a été expressément portée à son compte. Il en est autrement si, à raison des circonstances, ce tiers a pu voir que le mandataire agissait pour un autre et comprendre pour qui l'acte était fait.

CHAPITRE XIV.
DE LA SOCIÉTÉ (art. 885) SIMPLE (art. 886).

CONSTITUTION DE LA SOCIÉTÉ.

Art. 418. Quand deux ou plusieurs personnes s'associent en vue d'un gain licite (art. 886-887), chaque associé est tenu de faire son apport (art. 888) à la société, conformément à ce qui est réglé par le contrat ou la coutume, ou à ce qu'exige la nature de l'affaire.

Art. 419. Les apports des différents associés peuvent différer soit par leur nature, soit par leur importance (art. 888-889). On présume néanmoins que l'apport de chacun est égal, à moins que le contrat, ou la coutume, ou le but de la société n'indique qu'il en est autrement.

Art. 420. Dès que la société se trouve définitivement constituée, aucun nouveau membre ne peut y entrer sans le consentement de tous les autres.

Bien que chaque associé ait le droit de s'associer une autre personne, relativement à la part qu'il a dans la société ou de lui céder tous les droits afférents à cette part, cet étranger ne devient pas pour cela un véritable associé, sans le consentement de tous les autres. Notamment il n'acquiert pas, sans ce consentement, le droit de s'immiscer dans les opérations intérieures de la société, et d'en exiger communication.

DES RAPPORTS DES ASSOCIÉS ENTRE EUX.

Art. 421. Chacun des associés est tenu d'agir conformément aux intérêts de la société. En conséquence, aucun d'entre eux, à moins d'une clause spéciale ou de l'autorisation des autres associés, n'a le droit de s'occuper, soit pour lui-même, soit pour un tiers, d'une affaire qui manifestement constituerait une cause de dommage pour la société.

Art. 422. A moins de convention contraire, tous les associés dirigent d'un commun accord les affaires ordinaires de la société.

Si l'un d'entre eux refuse son consentement à une mesure, c'est la majorité qui décide. Au cas seulement où il est question de faire un acte qui dépasse les limites de la simple administration, comme de choisir un mandataire, le consentement des deux tiers au moins est nécessaire pour que la décision ait force légale. Cependant, quand l'affaire est tellement urgente qu'elle ne peut être différée, la simple majorité suffit.

Art. 423. Si l'administration et la gestion des affaires sociales ou de quelque affaire particulière ont été confiées à un seul ou à quelques-uns seulement des associés, leur responsabilité à l'égard des autres s'appréciera d'après les règles du mandat (art. 397-416), et cela de la manière la plus rigoureuse, à raison de la nature des rapports sociaux (art. 890).

Art. 424. Le pouvoir qui a été donné à l'un des associés d'accomplir un acte déterminé pour le compte de la société peut lui être retiré à la simple majorité des voix.

Dans le cas même où c'est par l'acte constitutif de la société que cet associé a été chargé de la direction de l'affaire, cette direction peut lui être retirée pour un motif sérieux, quand la majorité des associés le juge nécessaire, et cela nonobstant toute clause contraire.

Il y a de sérieux motifs, par exemple, quand cet associé directeur a commencé à gérer l'affaire de telle sorte qu'il cause un grave préjudice à la société, ou qu'il trahit de toute autre manière les intérêts de celle-ci (art. 890), ou qu'il est tombé dans un état qui ne lui permet plus de gérer convenablement les affaires dont il était chargé.

Art. 425. Si l'un des associés dirige une affaire de la société sans avoir reçu de pouvoir à cet effet, ou si, ayant reçu ce pouvoir, il outrepasse les limites qui lui ont été tracées, on appliquera par analogie à tous les actes qu'il aura accomplis à cette occasion les règles de la gestion d'affaires (art. 587-594).

Art. 426. Tout associé est tenu de réparer entièrement le

8

dommage qu'il a causé à l'association en ne gérant pas les affaires sociales avec le soin qu'il apporte habituellement à la gestion de ses propres affaires (art. 890).

Quand un associé s'est servi dans son intérêt personnel de fonds ou de biens appartenant à la société, il doit non seulement restituer ce qu'il a dépensé, dès qu'on le lui réclame, mais encore payer un intérêt de dix pour cent à partir du jour où il a pris l'argent jusqu'au remboursement. En outre, si la société a éprouvé de ce chef un préjudice plus important, il doit également le réparer.

Art. 427. La société, de son côté, doit donner à l'associé une indemnité pour toutes les dépenses qu'il a faites à l'occasion d'une affaire sociale qu'il a dirigée ou accomplie et pour tout préjudice que, sans sa faute, il a éprouvé dans cette gestion. Pour les sommes d'argent qu'il a avancées, la société lui doit l'intérêt légal ordinaire de huit pour cent.

Art. 428. Tout associé, même s'il ne prend pas part à l'administration et à la conclusion des affaires sociales, a le droit de demander à être renseigné sur la situation des affaires de la société; à cet effet, il peut, quand il le veut, examiner toutes les écritures, tous comptes et livres. Alors même qu'il aurait renoncé à ce droit, cette renonciation cesse d'avoir effet dès qu'il existe un motif sérieux de croire que, dans la conduite des affaires, il se commet des malversations ou des manœuvres dolosives.

Art. 429. Le partage des bénéfices sociaux a lieu habituellement quand l'affaire est terminée et au moment de la dissolution de la société.

Si la société est constituée pour un temps plus long, on présumera qu'il faut régler les comptes et que les associés doivent recevoir satisfaction chaque année, à moins que le contrat ou la nature de la société n'impose une autre règle.

ART. 430. Quand la convention ne détermine pas la part de chaque associé dans les bénéfices, on présumera que tous ont une part égale, quand même leurs apports seraient inégaux, soit en nature, soit en valeur (art. 889).

ART. 431. Si, au lieu de bénéfices, les comptes font ressortir une perte, et qu'il n'en soit pas autrement convenu, chacun y contribue pour la part qu'il aurait eue dans les bénéfices (art. 430).

DES RAPPORTS AVEC LES TIERS.

ART. 432. La société tout entière devient débitrice ou créancière, non seulement de ce que tous les associés ensemble ont conclu avec les tiers, mais aussi de ce qu'un seul d'entre eux a fait au nom de la société, dans les limites des opérations habituelles de celle-ci.

ART. 433. Si, par le contrat ou par toute autre disposition valable, on a restreint, pour certains associés, le pouvoir de conclure certaines affaires engageant la société entière, cette disposition n'a d'effet à l'égard du tiers avec qui l'un des associés aurait conclu l'affaire dont il s'agit, que si cette restriction a reçu la publicité prescrite, ou si la société prouve que ce tiers en a eu connaissance d'autre manière.

ART. 434. Tous les associés ont un droit en commun sur tout ce qu'acquiert la société; mais réciproquement ils sont tous responsables de ses dettes solidairement et sur tous leurs biens propres, dès que le fonds social devient insuffisant, à moins que les contrats passés avec les tiers n'en disposent autrement.

8.

Art. 435. Les relations provenant des affaires sociales ne se trouvent nullement modifiées à l'égard des tiers par le fait qu'il se produirait dans la société quelque changement ou que la société elle-même se dissoudrait.

DE LA DISSOLUTION DE LA SOCIÉTÉ.

Art. 436. Quand le contrat a fixé le temps que durera la société ou que cette durée se trouve déterminée par la nature même de l'entreprise sociale, aucun des associés ne peut, avant l'expiration de ce temps, demander la dissolution, à moins de motifs très graves.

Si on allègue des motifs de ce genre, le tribunal, après avoir examiné les faits et circonstances, décidera s'il y a lieu ou non à dissolution.

Art. 437. Si, malgré l'expiration du terme assigné à la durée de la société, les associés continuent de la même manière les opérations qu'ils faisaient auparavant, on admettra, à moins de clause contraire, que les dispositions du contrat primitif continueront à produire effet dans l'avenir.

Art. 438. Lorsqu'une société simple a été formée sans limite de durée, si les opérations dont elle s'occupe sont de telle nature qu'elles ne puissent être considérées comme entièrement terminées, ou si tous les associés ne sont pas d'accord pour la dissoudre, chacun d'eux peut, quand il le veut, déclarer qu'il se retire de la société.

Toutefois cette déclaration ne doit être faite ni à contretemps ni de mauvaise foi (art. 891), à peine de répondre de tous les dommages qui pourront en résulter.

Art. 439. La société prend fin par la retraite d'un seul de ses membres, soit au cas de l'article précédent, soit au cas de l'article 436.

Si les autres associés s'entendent pour continuer entre eux, malgré cette retraite, leurs opérations antérieures en commun, on considère qu'ils ont constitué une nouvelle société.

Art. 440. Quand même il aurait été dit dans le contrat que la société simple était constituée pour toujours ou tant que vivrait un certain associé ou certains d'entre eux, ou quand même l'un des associés se serait engagé en termes généraux à ne pas se retirer de la société, on présumera, sans pouvoir admettre la preuve contraire (art. 977), que ce contrat est conclu seulement pour un temps indéterminé.

Art. 441. Quand l'un des associés meurt ou perd sa pleine capacité, la société simple est dissoute, à moins qu'il ne soit autrement convenu.

Cependant, si cet associé a été le chef d'une communauté de famille ou même un simple membre d'une communauté de ce genre, et si le contrat ou d'autres circonstances établissent qu'il a agi seulement pour la communauté, la société ne prend pas fin par ce seul fait, si la communauté désigne un autre de ses membres en remplacement du précédent.

CHAPITRE XV.
DE LA SOCIÉTÉ DE PÂTURAGE [CYПOHA] (art. 892).

Art. 442. Quand plusieurs propriétaires de bestiaux forment entre eux l'association appelée *supona*, on présume que le fumier seul devient commun entre eux, et que le croît, le lait et tous les autres produits continuent, comme auparavant, à appartenir aux propriétaires des animaux, chacun en droit soi.

Art. 443. Chaque associé (суиоиик) doit nourrir son berger et lui fournir tout ce qui lui est nécessaire à tous les points de vue; l'entretien de ce berger ne regarde pas les autres associés.

Art. 444. Chaque associé est tenu de fournir le sel nécessaire à sa part de bétail. Il doit le fournir à tout berger conduisant une section qui comprend du bétail lui appartenant, assez à temps pour que celui-ci puisse, au moment voulu, distribuer régulièrement le sel à toute la section qui lui a été confiée.

S'il a fait cette fourniture tardivement, et que le berger ou la communauté à laquelle il appartient ait dû se procurer le sel nécessaire, il devra l'indemniser complètement et réparer le préjudice, s'il y a lieu.

Art. 445. Le fumier se partage entre les associés conformément aux clauses du contrat et, s'il n'a rien été convenu à cet égard, conformément aux usages du lieu. La même règle doit s'appliquer au partage des fruits que produirait tout travail agricole dans lequel serait employé le fumier commun.

CHAPITRE XVI.
DE LA SOCIÉTÉ D'ATTELAGE [СПРЕГА] (art. 893).

Art. 446. Quand deux ou plusieurs personnes mettent en commun le travail de leurs bœufs, on présumera qu'ils doivent les employer à labourer toutes les terres que les associés (спрежници) ont à labourer dans l'année courante, sans tenir compte du plus ou moins de terre qui appartient à chacun.

Cette règle, comme les autres du présent chapitre, ne s'applique que s'il n'est autrement convenu.

Art. 447. Pour l'ordre dans lequel les bœufs laboureront les terres des différents associés, on suit ce que d'un commun accord ils ont trouvé le plus avantageux à chacun et à tous ensemble; mais, en général, on présume que le travail doit se faire alternativement par journée, c'est-à-dire aujourd'hui chez l'un, demain chez l'autre, etc., jusqu'à ce qu'ainsi tout le travail ait été fait.

ART. 448. Si l'un des associés a mis dans l'association plus de bœufs qu'un autre, on travaillera chez lui un nombre de jours consécutifs proportionnel au nombre de ses animaux : ainsi les bœufs travailleront un seul jour chez celui qui n'a fourni qu'un bœuf; on travaillera deux jours de suite chez celui qui en a fourni deux, et ainsi de suite, jusqu'à ce qu'on soit arrivé au terme de la série; après quoi on reprendra la série dans le même ordre, jusqu'à l'achèvement complet du travail.

ART. 449. Quelle que soit la quantité de terre qu'on ait labourée en plus chez l'un que chez l'autre des associés, ce surplus ne donnera lieu à aucune indemnité au profit de ceux chez qui on a moins labouré, à moins qu'il ne soit autrement convenu. Cependant, sauf convention spéciale, les associés ne font pas défricher par les bœufs de l'association leurs terres incultes.

ART. 450. L'associé chez qui les bœufs travaillent est tenu de les nourrir et d'en prendre soin comme le ferait tout bon père de famille. En conséquence, il est responsable à l'égard des autres associés de tout dommage arrivé à leurs bœufs par sa faute ou celle de ses gens.

ART. 451. La convention décide si les associés apporteront leur concours personnel à celui chez qui travaillent leurs bœufs, dans quel ordre et de quelle manière.

S'il n'a rien été stipulé à cet égard, on suivra sur ce point le dispositions relatives au travail et à l'aide, avec ou sans réciprocité (art. 341-347).

ART. 452. Si un accident quelconque cause la perte d'un des bœufs, sans qu'il y ait faute d'aucun des associés, le dommage est à la charge de son propriétaire, et, s'il veut continuer l'association, il est tenu de remplacer ce bœuf.

Toutefois, si l'accident se produit pendant que les associés sont au labour ou se préparent à le commencer et que cet associé, même avec la meilleure volonté, ne puisse se procurer un autre bœuf, les autres devront l'aider pour ce qu'il a à labourer, et, s'il en est besoin, trouver à frais communs pour ce labour un bœuf de remplacement.

ART. 453. Aucun associé n'a le droit, sans le consentement des autres, de prêter à un tiers le travail du bœuf qu'il a apporté dans l'association, tant que toutes les terres des associés n'ont pas été entièrement labourées. Autrement il réparera le préjudice qui en résulterait. Si un tel procédé se renouvelait, les associés pourraient, outre la réparation du dommage, exiger que l'associé en faute soit exclu de l'association.

ART. 454. Si rien n'a été stipulé au sujet de la durée de l'association, chaque associé est libre de notifier aux autres, quand bon lui semble, sa renonciation; mais il doit le faire au moins un mois avant l'époque où l'on commence les nouveaux labours.

L'association ne peut être dissoute tant que les labours commencés ne sont pas achevés, à moins que des obstacles très graves ne s'opposent à sa continuation.

ART. 455. Si, à l'expiration du temps convenu pour l'association, les associés continuent le travail en commun sans modifier le contrat, on présumera que les conditions du contrat primitif demeurent les mêmes pour l'avenir.

ART. 456. Quant on met en commun des bœufs pour n'importe quelle autre espèce de travail, on doit se conformer aux coutumes et appliquer par analogie les règles du présent chapitre (art. 446-455) en tant qu'elles sont applicables aux différents cas. On doit faire de même pour la mise en association de chevaux et de tous autres animaux pouvant être employés à des travaux en commun.

CHAPITRE XVII.

DU CAUTIONNEMENT.

GÉNÉRALITÉS.

ART. 457. La règle : « qui cautionne paye » est entendue par la loi en ce sens que la caution, à moins qu'il ne soit autrement convenu (art. 894), paye seulement si le débiteur ne paye pas, ou paye seulement ce que celui-ci ne paye pas, sur la poursuite du créancier.

ART. 458. Pas de dette, pas de caution. En conséquence, quand la dette n'est pas valable, le cautionnement ne peut non plus avoir d'effet légal.

Cependant, si la créance n'est pas judiciairement exigible, pour un motif personnel au débiteur et dont la caution avait connaissance quand elle l'a cautionné, le cautionnement produit son effet à l'égard du créancier, à moins que la dette ne soit déjà nulle par elle-même, comme ayant une cause immorale ou autrement illicite.

ART. 459. Quand le cautionnement est illimité, la caution répond non seulement de toute la dette principale, mais encore de tous les accessoires dont la cause existait déjà au moment où le cautionnement a été consenti.

Cependant, en ce qui concerne les intérêts stipulés mais encore impayés, la caution ne répond que des deux dernières années, à moins de clause contraire.

Art. 460. Pour les dommages-intérêts résultant du retard, la caution ne les garantit que si elle a été informée à temps du retard et si elle n'a pas fait ce qui est nécessaire pour en prévenir les effets.

Art. 461. Si le patrimoine du débiteur se trouve amoindri, s'il quitte le territoire ou si tel événement se produit qui rende impossible ou extrêmement difficile le recouvrement de la créance, la disposition de l'article 457 ne s'applique plus.

En pareils cas, le créancier peut exiger son payement directement de la caution, sans s'adresser au débiteur; mais il va de soi qu'il ne peut le faire avant l'époque fixée au débiteur pour le payement de la dette.

Art. 462. Quand l'échéance de la dette est arrivée et que le créancier ne fait pas les diligences nécessaires pour obtenir son payement, la caution simple peut, aussitôt après cette échéance, lui impartir par voie judiciaire un délai pendant lequel il ait à exercer des poursuites judiciaires contre son débiteur en vue du payement.

Si le créancier a négligé d'agir dans le délai imparti, ou si, ayant intenté son action en justice, il s'en est désisté ou ne l'a pas suivie, la caution cesse d'être responsable, à moins qu'elle n'ait elle-même accordé une prolongation de délai au débiteur ou qu'elle ne soit elle-même la cause de quelque obstacle survenu pendant le recouvrement.

Art. 463. Dans les cas où le créancier est libre de demander quand il veut le payement de la dette, la caution peut, dès qu'il s'est écoulé une année à partir de son engagement, exiger que le créancier fasse les diligences nécessaires pour en obtenir son payement.

A cet égard, la procédure et ses conséquences sont réglées conformément aux dispositions de l'article précédent.

Art. 464. En général, toutes les fois que, par la faute du créancier, la caution est mise dans l'impossibilité de recouvrer sur le débiteur tout ou partie de ce qu'elle a dû payer pour lui : soit parce que le créancier a rendu à celui-ci son nantissement, soit parce qu'il lui a accordé à la légère une prolongation de délai sans le consentement de la caution, soit par n'importe quelle autre cause imputable à sa négligence ou à sa mauvaise foi, ladite caution est libérée de son engagement, dans la mesure où cette circonstance restreint ou supprime pour elle la possibilité de se faire rembourser par le débiteur.

Art. 465. L'obligation de la caution passe à ses héritiers.

Mais cette obligation prend entièrement fin si, dans l'année qui suit le décès de la caution, le créancier, que rien n'en a empêché, n'avertit pas de ce cautionnement les héritiers de la caution qui n'en ont pas eu connaissance autrement.

DES RAPPORTS ENTRE LA CAUTION ET LE DÉBITEUR.

Art. 466. La caution qui s'est engagée à la prière du débiteur, ou avec son consentement, peut, même avant d'avoir rien payé pour lui, exiger soit qu'il la libère de son obligation, soit qu'il lui fournisse une garantie certaine qu'il n'éprouvera aucun préjudice de ce chef. Il ne le peut toutefois que dans les cas suivants :

1° Si l'échéance est arrivée et que le débiteur soit en retard; de même que si, même avant l'échéance, le patrimoine du débiteur se trouve considérablement amoindri;

2° Si le débiteur passe la frontière ou se prépare à le faire;

3° Si, pour un motif quelconque, il y a lieu de craindre que la caution, à raison de circonstances survenues ultérieurement, ne trouve plus ni qui poursuivre ni sur quoi se faire rembourser.

Art. 467. Après que la caution a désintéressé le créancier, tous les droits, toutes les garanties et sûretés attachées à la créance passent de plein droit à la caution.

S'il y a des écrits ou des documents relatifs à la créance, le créancier désintéressé est tenu de les remettre à la caution.

Art. 468. Le débiteur est obligé de tenir compte à la caution non seulement de ce qu'elle a payé pour lui au créancier, mais aussi de toutes dépenses et de tous dommages qu'elle a été forcée de supporter de ce chef.

Art. 469. S'il y avait des exceptions, fins de non-recevoir ou moyens de défense à opposer au créancier en faveur du débiteur, et qu'elle ait négligé de les faire valoir, la caution ne peut plus réclamer au débiteur ce qu'elle a payé pour lui, dans la mesure où ces exceptions eussent diminué ou éteint la dette, à moins qu'elle ne les ait ignorées sans faute de sa part.

DES COFIDÉJUSSEURS; DU CERTIFICATEUR DE CAUTION; DU GARANT DU RECOURS DE LA CAUTION.

Art. 470. Quand plusieurs personnes ont conjointement cautionné une seule et même dette, elles ne sont responsables solidairement que quand la dette est indivisible ou que la solidarité a été stipulée; sinon chacune ne répond que de sa part et ne répond de celles des autres que comme certificateur de caution (art. 471).

Toute la perte résultant du cautionnement est supportée également par tous les fidéjusseurs, s'il n'est autrement convenu.

ART. 471. Si une personne, pour donner au créancier une garantie plus forte, cautionne la caution elle-même, elle ne peut être poursuivie par le créancier en payement de la dette que faute par celui-ci d'avoir pu obtenir par voie judiciaire, de la caution elle-même, le payement de la dette cautionnée.

Le certificateur de caution répond en général, à l'égard du créancier, de l'engagement de la caution, comme la caution elle-même répond de celui du débiteur.

ART. 472. Le garant du recours indemnise la caution de tout ce qu'elle a payé pour le débiteur principal, de tout ce qu'elle a dépensé et de toutes les pertes qu'elle a pu faire à l'occasion de son engagement et qu'elle n'a pu se faire rembourser par le débiteur.

CHAPITRE XVIII.

DES TRANSACTIONS.

ART. 473. Une transaction peut intervenir sur toute affaire ou obligation contestée ou au sujet de laquelle il y a doute pour une cause quelconque, en tant que l'affaire ou obligation dont il s'agit peut être l'objet d'une convention.

En conséquence, on ne peut valablement transiger sur un fait délictueux que l'autorité judiciaire peut poursuivre d'office. Toutefois on peut transiger sur le préjudice et sur les autres conséquences purement civiles d'un fait illicite déjà consommé.

ART. 474. Si l'obligation qui fait l'objet de la transaction était antérieurement munie d'une caution ou d'un nantissement, ces sûretés de la créance originaire ne prennent point fin par l'effet de la transaction. Toutefois la transaction peut restreindre et réduire le nantissement et le cautionnement, mais l'obligation de la caution ou du propriétaire de la chose engagée ne peut jamais être aggravée sans leur consentement.

CHAPITRE XIX.

DU JEU ET DU PARI.

Art. 475. Les dettes résultant du jeu ou du pari, sauf celles dont il est question aux articles 477-478, ne pourront être réclamées en justice ni entrer en compensation.

Art. 476. Cependant quand le perdant ou sa caution paye volontairement une dette de ce genre, il ne peut pas la répéter, excepté :

1° Si celui qui a payé est mineur;

2° Si le perdant a joué de l'argent appartenant à un tiers et que le gagnant ait connu cette circonstance;

3° S'il y a eu dans l'espèce quelque tromperie, fraude, et en général quelque manœuvre déloyale de la part du gagnant.

Ce qui a été payé pour cause de jeu ou de pari, alors qu'il y a eu acte illicite de part et d'autre, ne peut être répété par celui qui a payé; mais si l'argent perdu appartenait à un tiers, il peut être répété par ce tiers et, dans tous les autres cas, par la caisse de l'église de l'endroit où le jeu ou le pari a eu lieu. Si celui qui a ainsi payé est mineur, le tribunal décidera, d'après les circonstances, si le droit de répéter appartiendra au mineur lui-même ou à la caisse de l'église.

Art. 477. La loi autorise les jeux et paris dont le but est de fortifier le corps et l'esprit, comme : les courses à cheval et à pied, la lutte, l'exercice des armes, le jeu d'échecs, etc., et le payement des dettes résultant de paris ou jeux de ce genre peut être réclamé en justice.

Cependant le tribunal peut renvoyer le demandeur ou réduire sa demande quand il trouve que l'enjeu est exagéré et par conséquent immoral.

Art. 478. Le recouvrement des dettes provenant de jeu ou de pari et n'appartenant pas à la catégorie dont il est question en l'article précédent, sans être d'ailleurs contraire à la probité et aux bonnes mœurs, ne peut être poursuivi en justice que si un gage a été déposé entre les mains d'une tierce personne ou du tribunal.

Art. 479. Quiconque, sciemment, a prêté à un joueur ou à un parieur, en vue du jeu ou du pari, ne pourra réclamer son remboursement en justice qu'à la condition que le jeu ou le pari soit licite.

La même règle s'appliquera aux cautions des joueurs ou des parieurs.

Dans le cas où le payement aura eu lieu volontairement, on se conformera à la règle de l'article 476.

CHAPITRE XX.

DE LA DONATION (art. 896-899).

Art. 480. Quiconque peut valablement s'obliger par contrat et disposer de son patrimoine peut également faire une donation.

Peut accepter une donation même celui qui ne pourrait personnellement s'obliger par un autre contrat ni faire valablement lui-même une donation.

Cette dernière règle s'applique même au mineur qui n'a pas

encore accompli sa septième année. Bien que sa volonté soit sans
effet aux yeux de la loi (art. 5o2), celle-ci, dans le but de lui
conserver les donations qui lui sont faites, présume d'une manière absolue que son représentant légal les a acceptées pour lui,
quand même ce dernier n'aurait pas été présent, sous la réserve
toutefois de la règle écrite dans l'article 482.

ART. 481. Le membre de la maison non apportionné ne peut,
même après sa majorité, disposer par donation de son droit sur le
patrimoine indivis de la maison ni de la moindre parcelle de ce
droit, sans le consentement unanime de tous les membres majeurs
de la maison.

ART. 482. En présence d'une donation faite à un mineur, si le
tuteur estime que cette donation pourrait être préjudiciable à ce
mineur, il peut lui intimer l'ordre de la refuser, et, s'il l'a acceptée,
d'en restituer l'objet, afin de résoudre le contrat. Toutefois il est
responsable si par cette injonction il a causé sans nécessité un
préjudice au mineur.

ART. 483. La femme mariée, même majeure, ne peut recevoir
aucune donation sans l'autorisation de son mari, si ce n'est des
membres de la maison ou de ses proches parents. Elle ne peut
non plus, sans la même autorisation, donner à personne, même
sur son pécule, quoi que ce soit, si ce n'est de menus objets, suivant les coutumes.

Si toutefois le mari, sans motif plausible, lui refuse l'autorisation d'accepter ou de faire une donation, elle peut s'adresser au
tribunal, pour que le tribunal l'autorise au lieu et place du mari
(art. 690).

ART. 484. Quiconque a fait une promesse simplement verbale

de donation et ne l'a pas exécutée ni confirmée par écrit ou garantie par un nantissement, ne peut être contraint par le tribunal à l'exécuter, quand bien même l'autre partie aurait accepté la promesse de la façon la plus régulière.

Art. 485. La donation dont la valeur dépasse cinq cents francs doit être rédigée par écrit et ratifiée par le tribunal. Il en est de même des donations qui se font périodiquement, à époques fixes, jusqu'à l'arrivée d'un événement qui se réalisera certainement, mais à une date encore inconnue (par exemple, jusqu'à la mort du donateur ou du donataire), pourvu toutefois que l'annuité dépasse la somme de quarante francs.

A défaut de rédaction par écrit et de ratification, la donation dont il s'agit n'a aucun effet légal.

Art. 486. Si le donateur n'exécute pas le contrat, il n'est responsable que si l'inexécution provient de son fait volontaire ou de sa faute lourde.

Mais lorsqu'il est en retard d'exécuter, il ne paye pas les intérêts, qui autrement, en toute circonstance, sont exigibles au cas de retard (art. 261, 544).

Art. 487. La donation valablement faite et ne causant de préjudice illicite à personne ne peut plus être révoquée, à moins de clause contraire expresse.

Au cas seulement où le donataire montrerait à l'égard du donateur une ingratitude extrême, celui-ci peut demander la restitution de ce qu'il a donné.

Art. 488. On considère que le donataire a montré une extrême ingratitude quand avec préméditation il attente à la vie du donateur, ou exerce sur lui des voies de fait, ou lui fait toute autre

grave injure, ou lui cause volontairement un dommage matériel
considérable. Tous actes illicites de ce genre commis par le donataire sur le conjoint du donateur, sur ses père et mère ou ses
enfants sont regardés comme aussi graves que s'ils avaient été
commis sur la personne du donateur lui-même.

Art. 489. Si la donation a été motivée par le fait que le donataire a sauvé la vie ou une notable partie de la fortune du donateur ou de l'un des siens, la révocation n'en peut être demandée,
même au cas de l'article précédent. Si elle a été motivée par quelque autre service qu'on est dans l'habitude de payer ou de récom-
penser, on ne peut demander la restitution que de ce qui dépasserait le montant habituel du salaire de services semblables.

Art. 490. Le droit de demander la révocation de la donation
pour ingratitude se prescrit par dix ans à compter du jour où le
donateur a eu connaissance du fait qui témoigne de l'extrême ingratitude du donataire.

En outre, quand le donateur a pardonné l'injure, il s'est par
là même retiré le droit de demander la révocation. On admettra
qu'il a pardonné quand il n'aura pas de son vivant intenté l'action
en révocation, et les héritiers du donateur ne pourront plus l'intenter, à moins que le donataire n'ait contribué par un fait quelconque à la mort du donateur.

Art. 491. Si la donation a été faite sous la condition pour le
donataire de faire ou de s'abstenir de faire quelque chose ou de
donner quelque chose à quelqu'un, et que cette condition n'ait pas
été accomplie, le donateur ou ses successeurs peuvent exiger du
donataire ou de ses héritiers la restitution de la donation, conformément aux dispositions relatives à la répétition de l'indû
(art. 595-602).

Art. 492. Toute donation faite en vue de porter atteinte aux droits des créanciers est annulable.

Toutefois le donataire de bonne foi ne restitue qu'en tant que, au moment de cette restitution, son patrimoine se trouve encore augmenté par le fait de la donation.

Art. 493. Les donations faites *in extremis* et en général celles qui ne doivent avoir d'effet que si le donataire survit au donateur, de même que toutes les dispositions faites par acte de dernière volonté, seront l'objet de règles spéciales dans la loi sur les successions.

Cette même loi déterminera les règles relatives à la révocation des donations qui portent atteinte à des droits de succession.

QUATRIÈME PARTIE.

DES CONTRATS (ART. 905) EN GÉNÉRAL ET DES AUTRES SOURCES D'OBLIGATIONS (ART. 900-902).

CHAPITRE PREMIER.

DE LA FORMATION DES CONTRATS.

DU CONSENTEMENT.

ART. 494. C'est seulement quand les parties sont d'accord sur les points essentiels de l'affaire qui fait l'objet de leurs pourparlers que le contrat est regardé comme conclu. Dans tous les cas, il faut que les volontés de tous les contractants soient évidemment unanimes, car alors seulement le contrat est parfait; toutefois cet accord peut se manifester non seulement par des paroles, mais aussi par des actes et toutes circonstances significatives.

ART. 495. Les pourparlers et les préliminaires qui ont eu lieu avant la conclusion d'un contrat ne lient ni l'une ni l'autre des parties, à moins qu'une loi expresse n'en dispose autrement.

ART. 496. Celui qui propose à quelqu'un la conclusion d'un contrat en lui fixant un délai pour réfléchir et donner sa réponse, ne peut retirer son offre avant l'expiration du délai. Mais l'autre partie doit, si elle veut le lier définitivement, lui notifier son acceptation avant que ce délai soit complètement écoulé.

ART. 497. Quand les pourparlers ont lieu par intermédiaire

ou par écrit, l'offrant est lié par son offre, s'il n'y a pas eu d'autre délai fixé, jusqu'au moment où il aurait pu recevoir la réponse de l'autre partie.

Si la réponse concernant l'acceptation est en retard, même sans faute de la partie qui répond, l'offrant cesse d'être lié si, aussitôt après avoir reçu cette réponse tardive, ou auparavant, il a fait savoir à l'autre partie qu'il retirait son offre.

Art. 498. Il suffit en général que le contrat soit régulièrement conclu et il n'a besoin d'aucune formalité particulière pour acquérir toute sa force légale.

C'est seulement au cas où, pour une certaine espèce de contrats, la loi exige une formalité extérieure particulière (comme la rédaction par écrit, la légalisation des signatures par le tribunal, etc.), que cette formalité doit être observée. Si dans un contrat on a omis les formalités exigées par la loi et que celle-ci n'ait pas établi une autre règle, aucun droit dérivant de ce contrat ne pourra être réclamé en justice.

Art. 499. Quand la loi exige un écrit pour une certaine sorte de contrats, tous les intéressés qui se trouvent obligés par le contrat doivent signer l'acte de leur main. Celui qui ne sait pas écrire doit, au lieu de signature, apposer de sa main un signe quelconque (par exemple, une croix); en ce cas, il faut en outre que deux témoins affirment l'authenticité de l'acte en y ajoutant leurs signatures.

Art. 500. Quand les parties elles-mêmes conviennent que le contrat sera soumis à certaines formes déterminées, alors même que la loi ne l'exige pas, le contrat n'est parfait qu'après l'entier accomplissement des formalités convenues entre les parties. Ainsi quand le contrat doit être rédigé par écrit, il n'est réputé conclu qu'après que les parties auront apposé leurs signatures ou tout autre signe de leur main.

DES CONTRACTANTS.

Art. 501. Quiconque peut disposer de ses biens a le droit, dans les limites fixées par la loi, de conclure des contrats et, par là, de devenir débiteur (art. 901, 902) ou créancier (art. 901, 902).

Art. 502. Quiconque n'est pas sain d'esprit ou se trouve pour une cause quelconque hors d'état d'apprécier la portée de ce qu'il fait ne peut être partie à un contrat. Celui qui a contracté avec une personne en cet état est regardé comme n'ayant pas contracté. La même règle s'applique aux contrats conclus par des enfants avant leur septième année accomplie, sauf le cas prévu au dernier paragraphe de l'article 480.

Art. 503. Les mineurs de plus de sept ans et tous ceux dont, pour un motif quelconque, la capacité est limitée en ce qui concerne la disposition de leurs biens ne peuvent conclure, à moins que la loi n'en ait autrement ordonné pour certains cas, que les contrats par lesquels ils acquièrent, et jamais ceux par lesquels ils diminueraient leur patrimoine.

Art. 504. Tout contrat tendant à imposer quelque obligation à une personne dont la capacité a été restreinte ou à la priver de quelque droit, en tout ou en partie, doit être complété par le consentement de son représentant légal, à peine de nullité.

Un contrat ainsi conclu, sans le consentement du représentant, peut cependant devenir valable si plus tard il est ratifié par ce représentant et par l'incapable lui-même, devenu complètement capable (art. 919).

ART. 505. Quiconque a conclu avec un mineur de plus de sept ans un contrat auquel n'est intervenu ni le père ni le tuteur du mineur, reste néanmoins lié par le contrat jusqu'à ce que le représentant du mineur ait déclaré son intention de le ratifier, ou non.

La partie ainsi liée par le contrat peut sortir de cette incertitude en notifiant par voie judiciaire au représentant de l'autre partie un délai convenable pour faire sa déclaration; faute de quoi, à l'expiration de ce délai, elle se trouvera libérée.

ART. 506. Si la ratification n'a pas eu lieu et que le mineur ait reçu quelque chose en vue du contrat, il ne devra restituer que ce dont son patrimoine se trouvera augmenté de ce chef.

ART. 507. Si l'incapable a faussement et sciemment déclaré jouir de sa pleine capacité et a ainsi amené l'autre partie à contracter, sans qu'il y ait eu faute de la part de celle-ci, il répondra du préjudice résultant pour elle de cette déclaration.

ART. 508. Les mineurs et autres incapables qui reçoivent de leurs parents, tuteurs ou autres personnes un capital ou tout autre objet, pour se livrer à un commerce séparé ou à quelque autre profession, peuvent valablement s'obliger eux-mêmes par contrat, suivant la règle de l'article 650.

La même règle s'applique aux mineurs qui ne sont plus entretenus par leurs parents et n'habitent plus avec eux, mais font ménage à part et dirigent eux-mêmes leurs affaires domestiques.

ART. 509. Il est spécifié, en son lieu, pour quelles sortes de contrats la femme mariée, même majeure, a besoin, tant que dure le mariage, du consentement de son mari.

Ces mêmes articles prévoient les cas dans lesquels l'autorisation du tribunal (art. 483, 690) peut suppléer au consentement marital.

Art. 510. Lorsque le représentant légal d'un incapable conclut un contrat au nom de celui-ci (le père pour son fils mineur, ou le tuteur pour son pupille), sans dépasser les limites de son pouvoir, il le constitue par là créancier ou débiteur.

Art. 511. Les règles relatives aux contrats conclus au nom des communautés de famille et autres personnes morales se trouvent en leur lieu, dans la cinquième partie du Code.

Art. 512. Les règles relatives à la manière dont le mandataire représente le mandant dans la conclusion d'un contrat, ainsi qu'aux conséquences et à l'effet de cette représentation à l'égard de toutes les parties intéressées au contrat, sont exposées dans le chapitre du mandat (art. 396, 417).

DE L'OBJET DU CONTRAT.

Art. 513. Le contrat qui aurait pour objet une chose dont l'exécution est impossible, une chose qui n'est pas dans le commerce, ou un acte interdit par la loi ou contraire aux bonnes mœurs (art. 914, 915), est radicalement nul (917, 918).

Art. 514. Quand la chose ou la prestation qui fait l'objet du contrat n'a pas été déterminée avec précision, on doit la déterminer d'après l'intention que les circonstances démontrent avoir été celle des parties au moment où elles ont contracté.

S'il est impossible de reconnaître quelle a été cette intention, le contrat est nul.

Art. 515. La partie qui promet le fait ou le travail d'un tiers répond de tout le dommage qui résulterait du refus par ce tiers d'exécuter ce qui a été promis.

Mais si le contrat démontre que le promettant n'a entendu s'engager qu'à employer ses efforts pour obtenir ce travail de la personne dont il s'agit, il ne sera responsable que si, eu égard aux circonstances, il s'est montré négligent en cela, ou si c'est par sa faute qu'il n'a pu obtenir l'exécution du travail.

Art. 516. Quiconque, en contractant en son propre nom, stipule que l'autre partie fera ou donnera quelque chose à un tiers a le droit d'exiger que la promesse soit exécutée selon le contrat. Et le tiers lui-même peut également exiger l'exécution, à moins que le contraire ne résulte de la convention ou des circonstances.

Art. 517. Cependant, tant que le tiers n'a pas déclaré accepter la promesse du débiteur, la partie qui a stipulé au profit de ce tiers peut libérer le débiteur ou demander que l'objet de la convention soit donné ou accompli à son propre profit, à la seule condition toutefois que par ce fait elle n'aggrave pas l'obligation du débiteur.

Mais quand ce tiers a accepté, les parties ne peuvent plus apporter aucune modification au contrat primitif, sans son consentement.

DES VICES DU CONSENTEMENT.

Art. 518. Quand une personne a contraint par la violence ou par une crainte sérieuse (art. 908, 910) une partie à contracter, cette partie ne se trouve nullement obligée par le contrat.

Si cependant la violence ou la crainte n'a été employée que pour quelque clause ou disposition accessoire, cette clause ne lie pas la partie qui a consenti malgré elle, mais le contrat dans son ensemble reste valable.

Art. 519. Si une partie a surpris le consentement d'une autre par des manœuvres tellement dolosives que sans elles celle-ci n'aurait certainement pas contracté, ce contrat n'oblige pas la victime du dol, à moins qu'elle ne reconnaisse formellement son obligation.

On ne considérera pas qu'il y a dol quand celui qui offre une chose en fait l'éloge; même d'une façon exagérée, si dans les relations commerciales on n'attache pas grande importance à ces éloges.

Art. 520. Si la partie qui, en raison de la violence, de la crainte sérieuse ou du dol, ne se trouve pas liée par le contrat, a éprouvé de ce chef un préjudice, elle peut en demander la réparation intégrale à celui qui en est l'auteur.

Art. 521. Quiconque prétend que par erreur il a compris le contrat tout autrement que l'autre partie, et que par suite leurs volontés ne se sont pas rencontrées (art. 907), ne sera cru que si cette allégation résulte avec évidence de la preuve qu'il doit présenter lui-même, ou des circonstances.

Cependant, malgré l'évidence de cette preuve, l'erreur, en général, ne viciera le contrat que si elle tombe sur sa substance même (art. 711); le contrat demeure également valable quand il y a faute lourde de la part de celui qui est tombé dans l'erreur (art. 912).

Si la partie qui, invoquant l'erreur, ne reconnaît pas la validité du contrat, est elle-même responsable de son erreur, et si l'autre partie n'en a pas eu connaissance, la première tiendra compte à la seconde de tout le dommage qui en résultera pour celle-ci.

Art. 522. Si l'une des parties se trouvait en état d'ivresse ou en tout autre état analogue au moment du contrat, elle peut demander la rescision du contrat, si elle prouve que cet état l'em-

pêchait absolument de comprendre la portée de ce qu'elle faisait.
Mais, si elle-même est en faute de s'être mise dans cet état, l'autre
partie peut demander la réparation du préjudice qui lui est causé,
si elle n'a pas eu connaissance de cet état et est restée absolument
étrangère aux faits qui l'ont amené.

Art. 523. Toute action en rescision pour cause de violence,
de crainte, de dol, d'erreur, d'ivresse, ou en indemnité du dommage en résultant, doit être intentée devant le tribunal au plus
tard dans les six mois, après quoi elle ne sera recevable en aucun
cas.

Ce temps ne court, dans le cas de crainte, de violence et d'ivresse,
que du jour où elles ont cessé; dans le cas de dol et d'erreur, du
jour où l'existence en a été reconnue par la partie qui les invoque.

CHAPITRE II.
DE L'EXÉCUTION DU CONTRAT.

Art. 524. Quiconque s'oblige par contrat à quelque chose doit
l'exécuter, c'est-à-dire acquitter sa dette en conscience et de bonne
foi, conformément à ce qui a été convenu et à ce que comporte la
nature de l'affaire (art. 906).

Art. 525. Si l'obligation consiste dans le payement d'une
somme d'argent et que cette somme ait été stipulée payable en
certaines espèces dont il n'est pas fait usage dans le lieu du payement, on peut la convertir en pareille somme d'espèces en usage
dans ce lieu, au cours du jour de l'échéance. Il y a exception s'il a
été expressément stipulé que ce payement se ferait au moyen des
espèces convenues et non d'autres.

Art. 526. Si l'objet de la dette consiste en choses fongibles, le choix appartient au débiteur, à moins de clause contraire, mais leur qualité doit être exactement conforme à la convention.

Quand rien n'a été stipulé sur ce dernier point et qu'il n'y a aucun moyen de discerner l'intention des parties, les choses à livrer par le débiteur ne doivent pas être au-dessous de la qualité moyenne.

Art. 527. Si le débiteur a formellement promis de faire lui-même une chose, ou s'il y a un sérieux intérêt pour le créancier à ce qu'elle soit faite par le débiteur lui-même et non par un autre, et qu'il résulte des circonstances que sans cette condition l'obligation n'aurait point été contractée, c'est ainsi que l'exécution doit avoir lieu.

Si le débiteur s'y refuse, le créancier peut demander une indemnité en raison du préjudice qui en résulte pour lui.

Art. 528. Quand l'une des parties contracte une obligation alternative, c'est-à-dire doit de deux ou de plusieurs choses déterminées livrer l'une ou l'autre, de deux ou de plusieurs ouvrages exécuter l'un ou l'autre, elle a la faculté de choisir elle-même, à moins de clause contraire, celle de ces obligations qu'elle préfère accomplir, pour se libérer en l'exécutant.

Art. 529. Quand il y a plusieurs débiteurs et que la dette est indivisible (art. 921), le créancier a la faculté de demander à l'un quelconque d'entre eux l'exécution de la dette, dont tous sont tenus en vertu du contrat.

Réciproquement, quand il y a plusieurs créanciers et que la dette est indivisible, le payement peut être fait intégralement à chacun d'eux, à moins qu'il n'y ait clause formelle contraire ou que l'un des créanciers n'ait, par voie judiciaire, signifié défense au débiteur de payer entre les mains d'un d'entre eux.

Art. 530. Quand l'un des débiteurs a payé une dette indivisible, tous les autres sont libérés, et réciproquement, quand un créancier a été régulièrement payé, tous les autres cessent d'être créanciers.

Celui des débiteurs qui a seul payé peut demander aux autres, chacun pour sa part, de lui tenir compte de ce qu'il a acquitté pour eux, à moins qu'il n'en doive être différemment à raison de la nature de l'affaire ou du lien qui existe entre eux.

Art. 531. Quand une dette indivisible a été convertie en argent ou quand une indemnité a été mise à la place de l'exécution convenue, la dette devient par cela même divisible, et chaque débiteur peut être poursuivi pour sa seule part, de même que chaque créancier peut demander le payement de sa part seule, à moins de clause contraire (art. 556-563).

Art. 532. Quand le délai pour le payement de la dette est expiré, le créancier n'est pas obligé de recevoir par fractions ou acomptes ce qui lui est dû, à moins qu'il n'ait été expressément convenu que le payement serait échelonné en différents termes.

Art. 533. On ne peut exiger d'intérêts que s'ils ont été stipulés ou s'il est d'usage d'en payer pour les dettes de la nature de celle dont il s'agit. Quand le contrat est rédigé par écrit, cette stipulation d'intérêts doit être insérée dans l'acte lui-même.

Art. 534. Si le taux des intérêts n'a pas été fixé, on doit compter huit pour cent par an. Mais le taux convenu ne peut dépasser dix pour cent. La convention qui aurait stipulé au delà de ce taux non seulement serait de nul effet, mais encore rendrait le créancier passible d'une amende de vingt pour cent du capital de la dette.

ART. 535. Quand le terme du payement a été fixé par contrat ou de toute autre manière légale, le créancier ne peut demander son payement avant ce terme.

Toutefois, si on pouvait prouver que, par des manœuvres frauduleuses, le débiteur va se mettre dans le cas de ne pouvoir effectuer son payement à l'échéance, dans ce cas, mais dans ce cas seulement, le créancier pourrait exiger des garanties pour son payement et, s'il ne pouvait facilement les obtenir, la déchéance du terme.

ART. 536. Le débiteur peut, même avant l'échéance, payer sa dette pourvu que ce soit à un moment convenable et opportun et que, à ce moment, il ne résulte ni du contrat ni de toute autre circonstance que le terme a été stipulé pour l'utilité ou la commodité du créancier lui-même.

Le débiteur qui volontairement paye avant terme n'a pas le droit de déduire quoi que ce soit du capital à titre d'intérêts, en raison de l'anticipation du payement, à moins qu'une règle différente ne résulte soit du contrat, soit de la coutume.

ART. 537. Si aucun délai d'exécution n'a été fixé, le créancier peut, aussitôt que l'obligation existe, en exiger l'accomplissement. Cependant, s'il devait être trop onéreux pour le débiteur de l'accomplir immédiatement, le tribunal, suivant les circonstances, pourrait accorder un court délai pour l'exécution.

ART. 538. Dans les contrats synallagmatiques (art. 920), quand l'une des parties demande à l'autre l'exécution, elle doit avoir elle-même exécuté ce dont elle est tenue ou être prête à l'exécuter. Autrement l'autre partie peut toujours jusque-là refuser de s'exécuter, à moins qu'une clause contraire ou la nature de l'affaire n'impose une autre règle.

Art. 539. S'il n'a pas été fixé de lieu pour l'exécution, que rien ne démontre l'intention des parties et qu'aucune règle particulière ne se trouve dans la loi à cet égard, il faut se régler d'après la coutume et la nature du contrat. Si de tous ces éléments il n'est possible de tirer aucune induction, le lieu d'exécution sera en général celui du domicile du débiteur, au jour où l'obligation s'est formée.

Si l'objet de la dette est un corps certain, la livraison doit se faire au lieu où, à la connaissance des deux parties, il se trouvait au moment du contrat; s'il consiste en une somme d'argent, cette somme devra être payée au lieu où le créancier avait son domicile au jour du contrat (art. 958).

CHAPITRE III.

DES SUITES DE L'INEXÉCUTION OU DE L'EXÉCUTION DÉFECTUEUSE DES CONTRATS.

Art. 540. Quand le débiteur n'exécute pas l'obligation qu'il a contractée, ou ne l'exécute pas comme il le doit, le créancier a le droit d'user de tous les moyens légaux pour le contraindre à la remplir.

S'il n'y peut parvenir, le débiteur est responsable du préjudice causé, suivant les règles posées aux articles suivants.

Art. 541. Quand le débiteur n'exécute pas la convention soit par dol (art. 927), soit par faute lourde (art. 928), il répond toujours et sans exception de tout préjudice (art. 923-925) que le créancier a souffert de ce chef.

En général, le débiteur répond même du dommage causé par sa faute légère, mais le tribunal peut, quand des circonstances particulières en démontrent l'équité, limiter la responsabilité du débiteur à la réparation du dommage direct. Si le contrat est de telle nature qu'il n'apporte aucun avantage au débiteur, le tribunal peut décharger celui-ci de toute responsabilité pour sa faute légère (art. 928). La règle de ce paragraphe s'applique en général, à moins que la loi ne dispose autrement, suivant les cas.

ART. 542. Si le débiteur est tenu par son contrat de faire la prestation d'un certain travail ou d'une chose fongible, le créancier peut, au lieu de demander une indemnité pour le dommage résultant de l'inexécution, confier à une autre personne, aux frais du débiteur, l'exécution de la prestation à laquelle celui-ci était tenu.

Si le débiteur était tenu de ne pas faire quelque chose, et qu'il l'ait faite néanmoins, le créancier peut exiger la suppression aux frais du débiteur de tout ce qui a été fait en violation du contrat.

Dans l'un et l'autre cas, le créancier peut en outre, s'il est résulté pour lui un préjudice de cette substitution d'un mode d'exécution à un autre, exiger du débiteur la réparation de ce préjudice.

ART. 543. Quand, par la faute du débiteur, il y a retard dans l'exécution de l'obligation (art. 922), tout le dommage qui peut résulter des cas fortuits (art. 931) est à ses risques (art. 932).

Il n'est libéré de cette responsabilité que s'il prouve que la chose aurait également péri ou aurait été également détériorée alors même qu'elle eût été livrée à l'époque fixée.

ART. 544. Si l'obligation consiste dans le payement d'une somme d'argent et alors même que le contrat ne stipule pas d'intérêts, le débiteur doit les intérêts au taux légal, c'est-à-dire huit pour cent, à partir de la mise en demeure.

A plus forte raison il doit payer les intérêts s'il en a été convenu, alors même que la convention a dépassé le taux légal, mais seulement jusqu'à concurrence du maximum.

Art. 545. Quand, en raison du retard, l'exécution du contrat devient évidemment sans intérêt pour le créancier, ou quand la convention elle-même ou toute autre circonstance démontre que l'intention formelle des parties a été que cette exécution se fît à un moment déterminé ou dans un certain délai, mais ni avant ni après, le créancier peut se désister du contrat en exigeant une indemnité pour tout le préjudice souffert et la restitution de toutes les prestations qu'il a pu faire en exécution de ce contrat.

Art. 546. Lorsque le créancier refuse sans motif l'exécution à laquelle le débiteur, aux termes du contrat, se déclare prêt, ou rend par tout autre moyen cette exécution impossible, il prend sur lui, à partir de ce retard, la responsabilité de tout le préjudice qui en résulte (art. 541).

Il est responsable également de la détérioration ou de la perte survenue même fortuitement; il est responsable même si l'exécution est devenue impossible par cas fortuit (art. 931).

Si d'après le contrat le débiteur doit des intérêts, ces intérêts cessent de courir du jour où commence le retard du créancier.

Art. 547. Si le débiteur est prêt à acquitter sa dette, dont l'échéance est arrivée, mais qu'il ne trouve pas son créancier au lieu où il devait le payer, ou si, pour un motif quelconque, il est impossible ou dangereux de payer entre les mains mêmes du créancier, le débiteur peut se libérer en déposant l'objet de sa dette avec ses accessoires, s'il y a lieu, aux mains du tribunal ou d'une autre autorité locale.

Si cet objet est de nature à se détériorer facilement ou à exiger de grands frais pour sa conservation, le tribunal peut en ordonner la vente, recevoir le prix et le garder pour le créancier. Celui-ci, en ce cas, supporte tous les frais et tous les risques qui résultent du retard.

Art. 548. Dans les contrats synallagmatiques (art. 920), si l'une des parties est en retard, l'autre peut lui notifier par la voie du tribunal un délai convenable, avec déclaration que si, à l'expiration de ce délai, l'obligation n'est pas exécutée, le contrat sera résilié. En ce cas, la partie qui rompt le contrat peut exiger que l'autre lui restitue tout ce qu'elle a reçu en exécution de ce contrat et l'indemnise de tout le préjudice résultant du retard.

La notification d'un délai par voie judiciaire n'est pas nécessaire dans les cas de l'article 545.

Art. 549. Toutes les fois que l'inexécution ou l'exécution incomplète et défectueuse du contrat provient de la faute des membres de la maison, des domestiques ou gens de travail des parties, elle est censée provenir de la faute des parties elles-mêmes.

Cette règle s'applique également aux associations et à toutes les personnes morales, en ce qui concerne les fautes de leurs représentants, employés et ouvriers.

Mais dans tous les cas celui qui, sans être personnellement en faute, est obligé de réparer un dommage, peut, à son tour, se faire rembourser par l'auteur de la faute, d'après le droit commun.

CHAPITRE IV.

DES DISPOSITIONS OU MODALITÉS PARTICULIÈRES QUI PEUVENT SE TROUVER DANS LES CONTRATS.

DES ARRHES, DU DÉDIT ET DE LA CLAUSE PÉNALE.

Art. 550. On est tenu de restituer les arrhes (art. 934) dès que le contrat est exécuté, s'il n'a pas été autrement convenu, ou si pour certains cas la loi ou la coutume ne disposent pas autrement.

La restitution a également lieu si le contrat n'arrive pas à exécution par la volonté des parties ou pour tout autre motif qui n'est imputable à aucune d'elles.

Art. 551. Si le contrat est resté inexécuté par la faute de la partie qui a donné les arrhes, elle perd par là même le droit d'en exiger la restitution. Si, au contraire, cette inexécution est imputable à la partie qui les a reçues, celle-ci, à moins de clause contraire, les restitue au double.

Si le dommage résultant de l'inexécution du contrat dépasse les arrhes simples dans le premier cas, et le double des arrhes dans le second, la partie qui a souffert ce dommage peut demander en outre le payement du surplus.

Art. 552. Celui des contractants qui stipule le droit de dédit (art. 935) peut, à son choix, ou s'en tenir à l'exécution du contrat, ou s'en désister en payant le dédit.

Toutefois, si la partie qui a le droit de dédit a commencé à exécuter le contrat ou a accepté de l'autre partie un commencement d'exécution, elle ne peut plus s'en désister, à moins que l'autre n'y consente. Et, réciproquement, quand elle a déjà signifié à l'autre partie qu'elle lui payera le dédit, elle ne peut plus, sans le consentement de l'autre, exiger l'exécution du contrat; le tout à moins de clause contraire.

Art. 553. Quand il a été stipulé que le débiteur, en cas d'inexécution de ses obligations, payerait une somme fixe ou encourrait quelque autre peine (art. 936), il doit s'y soumettre dès qu'il a négligé d'exécuter ces obligations, et cela quand même la somme serait supérieure au dommage que le créancier a éprouvé de ce chef.

Quand la clause pénale a été stipulée au sujet de quelque clause accessoire du contrat (pour le cas, par exemple, où la dette ne serait pas payée exactement au lieu convenu ou à l'époque fixée),

10.

le créancier peut, outre le payement de la dette, réclamer la peine stipulée.

Art. 554. Quand même le taux des dommages-intérêts ou de la peine serait inférieur au dommage résultant de l'inexécution, le débiteur n'est pas tenu de la différence. Il n'en sera tenu qu'au cas où le créancier prouverait que ce défaut d'exécution constitue une faute particulière imputable au débiteur personnellement, ou que le dommage provient de quelque.cause autre que celle en vue de laquelle la clause pénale a été stipulée.

Art. 555. Si le débiteur prouve que le défaut d'accomplissement du contrat ne lui est pas imputable, mais est motivé par un cas de force majeure, ou qu'il est imputable au créancier lui-même, il est complètement affranchi de la clause pénale.

DE LA SOLIDARITÉ (art. 937).

Art. 556. Quand, dans une dette, il y a plusieurs débiteurs unis entre eux par la solidarité, le créancier peut librement choisir celui à qui il réclamera son payement; il peut ou poursuivre l'un d'eux seulement, ou les poursuivre tous ensemble; et quand il en a choisi un et a reçu de lui une partie de la dette, son droit d'option pour le payement du reste ne se trouve nullement restreint.

Les débiteurs ne sont solidaires que si la solidarité a été stipulée dans le contrat, ou résulte d'une disposition formelle de la loi (art. 938).

Art. 557. Quand le créancier réclame son payement à l'un des débiteurs solidaires, celui-ci peut exiger des autres le payement de leurs parts, à condition que l'exercice de ce droit n'entraîne aucun retard dans le payement ni aucun préjudice pour le créancier.

Chacun des autres débiteurs, toutefois, a le droit de payer directement sa part au créancier, ou, si celui-ci ne veut pas la recevoir, d'en faire le dépôt au tribunal; mais en usant de cette faculté,
il ne s'affranchit pas des conséquences de la solidarité (art. 556).

Art. 558. Le débiteur solidaire actionné en payement de la
dette peut opposer à toute demande du créancier qui lui paraît
mal fondée toutes exceptions, fins de non-recevoir et moyens de
défense résultant de la nature de la dette solidaire ou de la situation de tous les débiteurs. C'est même son devoir de les lui opposer, faute de quoi il répondra des conséquences dommageables
pour les autres débiteurs.

Il peut aussi lui opposer les exceptions et moyens qui lui sont
personnels à l'égard du créancier.

Art. 559. Le créancier ne peut accorder aucun avantage à
l'un des débiteurs au détriment des autres, pas plus qu'un des
codébiteurs ne peut, sans le consentement des autres, ni s'imposer une charge ni faire un acte qui aggraverait d'autant l'obligation solidaire.

Art. 560. Si l'un des débiteurs solidaires, même avant toutes
poursuites, paye la dette, tous les autres débiteurs se trouvent libérés. Il va sans dire que, s'il n'en a payé qu'une partie, tous les
autres se trouvent déchargés d'autant.

Art. 561. Le créancier est tenu non seulement de remettre au
débiteur sa quittance, mais, si celui-ci le demande, de lui transférer tous ses droits avec leurs accessoires (nantissement, hypothèques, etc.), dans la mesure où ce transfert peut lui faciliter,
contre les autres débiteurs solidaires, la répétition des parts et
portions de chacun d'eux.

Art. 562. Celui des débiteurs solidaires qui a acquitté la dette et a ainsi libéré les autres peut leur demander son remboursement, à chacun pour sa part et portion (art. 939), à moins que le contrat ne renferme une clause contraire ou que la nature de l'affaire n'impose une autre règle.

Quand on ne sait pas avec certitude quelle est la part de chacun dans la dette, on présume que toutes les parts sont égales.

Art. 563. S'il y a plusieurs créanciers solidaires (art. 937), chacun d'eux peut demander et recevoir des débiteurs le payement de la totalité de la dette, et, quand l'un de ceux-ci l'a payée, la dette se trouve éteinte comme si tous les créanciers l'avaient reçue. Par conséquent, la quittance donnée au débiteur par le créancier qui a reçu a la même valeur que si elle avait été signée par tous.

La solidarité des créanciers ne se présume pas; il faut qu'elle soit stipulée ou qu'elle résulte formellement d'une disposition de la loi.

Art. 564. Le débiteur peut payer à l'un ou à l'autre des créanciers solidaires, à son choix, tant qu'il n'a pas été prévenu par les poursuites de l'un d'eux. Aussitôt les poursuites intentées, il n'a plus le droit de choisir, mais il est tenu de payer entre les mains de celui des créanciers qui l'a actionné, et non en d'autres mains.

Art. 565. L'un des créanciers solidaires peut libérer le débiteur non seulement par le payement, mais encore par tout autre mode légal, tel que compensation, transaction, etc., à la seule condition que ce ne soit pas par fraude, en vue de porter préjudice aux autres créanciers solidaires.

Toutefois, si l'un des créanciers, sans le consentement des autres, libère le débiteur gratuitement et sans compensation, cette remise n'a d'effet en aucun cas.

DE LA CONDITION (art. 939).

ART. 566. Lorsque les parties ont subordonné la force et l'effet du contrat à une condition, le débiteur, tant qu'on attend et peut raisonnablement attendre la réalisation de cette condition (art. 941, 942), ne peut rien faire qui, d'une manière quelconque, puisse empêcher l'entière exécution de ce à quoi il s'est obligé par le contrat conditionnel.

ART. 567. Quand on fait dépendre une convention d'une condition par laquelle on a en vue une chose contraire à la loi, à la probité ou aux bonnes mœurs (art. 785), non seulement la condition est nulle, mais elle rend également nulle la convention qui en dépend.

ART. 568. Aussitôt après l'accomplissement de la condition suspensive (art. 940), l'obligation qui résulte du contrat est censée produire son effet à partir de ce moment, à moins que le contrat même ou quelque autre circonstance ne prouve que l'intention des contractants a été différente.

Si la condition ne se réalise pas, le contrat est réputé n'avoir jamais été conclu, toujours à moins qu'il ne soit prouvé que l'intention des parties a été différente.

ART. 569. Au moment même où se réalise la condition résolutoire (art. 940), le contrat prend fin avec toutes ses conséquences, à moins qu'il ne résulte du contrat ou d'autres circonstances que les parties ont eu en vue une époque antérieure.

Si la condition résolutoire ne se réalise pas et qu'il soit évident qu'elle ne se réalisera pas, le contrat est réputé avoir été conclu sans condition.

CHAPITRE V.
DES OBLIGATIONS NÉES D'ACTES ILLICITES (art. 930).

ART. 570. Quiconque, par un acte illicite, fait ou cause un dommage à quelqu'un (art. 923-926), est tenu, dans la mesure où ce dommage peut être apprécié, de le réparer entièrement, non seulement si l'acte a été commis avec intention, mais encore s'il est le résultat d'une négligence ou d'un entraînement coupable.

Si l'acte illicite tombe sous le coup de la loi pénale, l'auteur pourra en outre être poursuivi conformément à cette loi.

ART. 571. Le tribunal apprécie le préjudice à réparer; il prend en considération toutes les circonstances, et aussi la gravité de la faute commise (art. 927-929), mais sans jamais perdre de vue cette règle fondamentale : que le préjudice doit être intégralement réparé (art. 923).

Lorsque le dommage éprouvé est en partie imputable à celui qui l'a souffert, l'indemnité sera réduite proportionnellement au degré de cette faute.

Lorsque pour apprécier un dommage il y a lieu à expertise, le tribunal devra, avant de statuer, entendre le rapport des experts.

ART. 572. Lorsqu'il y a eu plusieurs auteurs du dommage, tous en sont solidairement responsables sans qu'il y ait lieu de distinguer parmi eux celui qui a inspiré l'idée, celui qui a commencé, celui qui a dirigé, celui qui a exécuté, celui qui a prêté son aide.

D'autre part, celui qui, après l'accomplissement de l'acte illicite qui a causé le dommage, a procuré ou favorisé le recel des coupables, ou qui s'est appliqué, par un moyen quelconque et dans son propre intérêt, à empêcher la victime d'obtenir la réparation du dommage ou à rendre cette réparation difficile, sera responsable solidairement avec l'auteur ou les auteurs du dommage.

ART. 573. Quand l'une des personnes responsables par suite de la solidarité (art. 572) contribue au delà de sa part à la réparation du dommage, elle peut demander aux autres de l'indemniser, si elle a agi sans intention.

Lorsque, au contraire, elle a agi avec intention, elle ne peut obtenir cette indemnité que si le tribunal, pour des raisons particulières, juge à propos de la lui accorder. Dans le cas contraire, chacun des coauteurs qui a agi de mauvaise foi est tenu de verser la part qui lui incombe dans la caisse de l'église du lieu où a été commis le fait illicite, au lieu de la remettre à celui qui a payé.

ART. 574. Quiconque prépose un domestique ou un ouvrier à l'accomplissement d'une fonction ou d'un travail, est tenu de le surveiller comme le ferait tout bon père de famille. S'il néglige cette obligation, il répondra de tout dommage causé aux tiers par cet agent, au cours du travail qui lui a été confié. Il n'est à l'abri de cette responsabilité que s'il est évident que, malgré toute la surveillance exigée, le dommage se serait produit.

Les règles concernant la responsabilité du dommage causé aux tiers par les membres d'une communauté de famille se trouvent dans les articles 700-704.

ART. 575. La responsabilité du dommage causé par les personnes dont l'intelligence est faible ou altérée incombe à ceux qui sont tenus de les surveiller, à moins qu'ils ne prouvent que le dommage ne provient pas de leur négligence.

Si, par application de cette règle, ceux à qui incombe la surveillance de ces personnes ne sont pas tenus de réparer le dommage

ou si, en étant tenus, ils ne sont pas en état d'acquitter cette obligation, le tribunal peut, lorsque l'équité l'exige, condamner même
l'auteur de ce dommage, eu égard à son degré d'intelligence,
ainsi qu'à sa fortune et à celle de la partie lésée, à le réparer en
tout ou en partie.

ART. 576. Quiconque, par sa faute, a perdu pendant un certain
temps sa raison, par exemple en se mettant en état d'ivresse, et
dans cet état inconscient a causé à autrui un dommage est tenu de
le réparer.

Si c'est une autre personne qui l'a mis dans cet état, elle aussi
sera responsable suivant la gravité de sa faute. Elle sera même
responsable de la totalité du dommage si les circonstances établissent qu'aucune faute n'est imputable à celui qui a été mis dans cet
état.

ART. 577. Quiconque, pour repousser une attaque dirigée contre
lui, contre ses biens ou son honneur, contre les siens et contre
leurs biens ou leur honneur, a blessé l'auteur de cette attaque,
ou lui a causé un dommage dans ses biens, n'encourt aucune responsabilité, du moment qu'il n'a pas dépassé les limites de la légitime défense (art. 944).

Si, en se défendant; il a causé à un tiers un dommage, il est
tenu de le réparer, mais il peut de ce chef demander une indemnité à son agresseur.

ART. 578. Lorsqu'un fait illicite a causé la mort d'un homme,
bien qu'à tout jamais il soit interdit de réclamer le prix du sang
humain, qui est inappréciable en argent, cependant les héritiers
de la victime ont le droit d'exiger du coupable des dommages-
intérêts pour les frais de maladie et pour le préjudice résultant de
la perte de temps, si l'état du défunt a exigé des soins prolongés

avant sa mort, de même que le remboursement de toutes les dépenses funéraires.

ART. 579. Si la victime avait des personnes qu'elle fût obligée de nourrir, d'entretenir ou d'élever, elles ont chacune le droit de demander une indemnité au coupable, dans la mesure du préjudice que leur cause cette mort violente.

Le tribunal fixera avec mesure le taux de l'indemnité due par le coupable et la manière de l'acquitter. Le tribunal se prononce après avoir examiné avec soin la situation des parties, par exemple : ce que le défunt pouvait gagner, combien de temps il aurait encore pu vivre, quelles sont les ressources et les besoins des personnes qui ont droit à l'indemnité, comme du coupable lui-même.

ART. 580. Quiconque porte à un autre des coups ou lui fait des blessures est tenu de l'indemniser de tous les frais occasionnés par la maladie et son traitement, en même temps que du préjudice résultant de la perte de temps. Pour appliquer cette règle, il faut toujours examiner si la victime reste mutilée, infirme ou tellement défigurée qu'il n'y a plus d'espoir d'amélioration dans son état (par exemple, une jeune fille qui se trouve par là privée de tout espoir de mariage); il faut ensuite évaluer le dommage et enfin obliger le coupable à le réparer.

Quand ces actes ont aussi causé un préjudice à la famille de la victime et que celle-ci, de son côté, a droit à une indemnité, on doit appliquer par analogie l'article 579.

ART. 581. Quiconque, dans une mauvaise intention, a calomnié quelqu'un, ou a répandu de faux bruits sur son honneur, ses affaires, sa fortune, son caractère, son habileté et autres circonstances le concernant, et lui a ainsi causé un dommage appréciable, devra le réparer, dans une mesure fixée par le tribunal, eu égard aux conséquences de ces imputations.

Toutefois celui qui, interrogé sur la vie et la situation de quelqu'un par une personne que ce renseignement intéresse réellement, déclare franchement la vérité, ne peut être rendu responsable, à moins qu'il n'ait agi de mauvaise foi.

Art. 582. Quand un bœuf, un cheval, un chien, etc., se jette sur quelqu'un et lui fait une blessure ou cause un dommage à une chose lui appartenant, le propriétaire de l'animal, ou celui à la garde de qui il a été confié, en est responsable, à moins qu'il ne prouve qu'il n'y a de sa part ni mauvaise intention ni négligence, et que par suite aucune faute ne lui est imputable. On présume qu'il n'y a pas faute, quand l'animal n'avait pas jusqu'alors l'habitude de se jeter sur les gens.

Art. 583. Il est défendu de tuer et de retenir en gage les animaux d'autrui qu'on trouve sur son fonds; il est simplement permis de les en chasser.

Les dommages causés par les animaux d'autrui doivent être portés à la connaissance du garde champêtre, qui agira ensuite conformément aux prescriptions spéciales de son service.

Art. 584. Quand un bâtiment s'écroule en tout ou en partie et cause ainsi un dommage à quelqu'un, le propriétaire de ce bâtiment doit réparer le dommage, si l'accident est arrivé par vice de construction ou défaut d'entretien, à moins qu'il n'établisse qu'aucune faute ne lui est imputable.

Si le dommage a été causé par vice de construction et que le bâtiment ait été construit par un entrepreneur, le propriétaire peut lui réclamer les dommages-intérêts qu'il a lui-même payés (art. 366).

Art. 585. Toute action en réparation des dommages auxquels se réfèrent les dispositions du présent chapitre doit être intentée au plus tard dans l'année, à partir du jour où la partie lésée a connu le dommage et son auteur.

Mais, à quelque époque que la partie lésée ait connu le dommage ou son auteur, l'action sera toujours prescrite après dix ans à partir du jour où le dommage a été causé. Dans le cas seulement où le dommage dérive d'un fait que la loi punit de plus de trois ans d'emprisonnement, la prescription n'est acquise qu'après vingt ans à partir du jour où ce fait a été commis.

CHAPITRE VI.

DES OBLIGATIONS NÉES DE DIVERSES CAUSES, DE DIVERS ACTES ET CIRCONSTANCES (art. 794).

DE LA POLLICITATION.

Art. 586. Quiconque promet par un moyen de publicité une chose en récompense d'un fait qu'une personne quelconque accomplira, se trouve lié par cette pollicitation. Toutefois celui qui l'a faite peut la retirer, tant que le fait dont il s'agit n'a pas été accompli.

DE LA GESTION D'AFFAIRES (art. 947).

Art. 587. En général, nul ne doit s'immiscer, de son chef, dans les affaires d'autrui. Toutefois celui qui le fait est tenu de conduire avec diligence et jusqu'à complet achèvement l'affaire qu'il a entreprise, comme le ferait vraisemblablement le maître lui-même; faute de quoi il répondra du dommage qui en résulterait.

Art. 588. Quiconque, au moment d'un danger, prend en main, de son chef, l'affaire d'autrui, en vue d'écarter ou d'atténuer un

malheur qui menace une chose appartenant à celui-ci, répond seulement du dommage résultant de son dol ou de sa faute lourde. S'il
n'y a pas eu de danger, il répond des. conséquences de sa faute
même légère.

Art. 589. Le gérant d'affaires ne répond du cas fortuit que
quand il s'est immiscé dans l'affaire d'autrui contre la volonté du
maître. Il agit contre cette volonté non seulement quand elle a été
formellement exprimée, mais encore quand il a pu comprendre,
d'après les circonstances, qu'en agissant comme il l'a fait il ne se
conformait pas à l'intention du maître.

Si toutefois il prouve que, même sans son intervention, la chose
n'aurait pu être préservée de ce dommage accidentel, il n'est plus
responsable.

Art. 590. Quiconque s'est chargé sans mandat d'une affaire
qui se trouvait en danger, ou l'a gérée, en toute autre circonstance, en vue de l'avantage du maître, a droit à être indemnisé
de toutes ses dépenses nécessaires et utiles, et à être déchargé des
obligations qu'il a contractées à l'occasion de cette affaire, quand
même il n'aurait pas réussi comme il l'espérait, sans d'ailleurs
qu'il y ait eu faute de sa part.

Art. 591. Si les affaires dans lesquelles s'est immiscé le gérant
sont telles qu'elles eussent facilement pu attendre la décision du
maître lui-même, ou si l'immixtion du gérant n'a pas été motivée
par l'intérêt du maître, ou si elle a eu lieu-même contre la volonté
du maître, celui-ci n'est tenu ni de lui rembourser ces dépenses
ni de le décharger des obligations qu'il a contractées, si ce n'est
dans la mesure où il a tiré des soins et des dépenses du gérant un
profit qu'il n'aurait pas eu autrement.

Cependant, dans le cas où le gérant a agi malgré la volonté du maître, celui-ci peut exiger, s'il le préfère, que les choses soient remises, aux frais du gérant, en leur état antérieur, et qu'en outre le préjudice qui en sera résulté pour lui soit réparé.

Art. 592. Toutes les fois que le gérant d'affaires n'a pas droit au remboursement de ses dépenses, il peut exiger la restitution en nature des choses qu'il a apportées dans l'affaire gérée, en tant que cette reprise ne cause aucun préjudice au maître.

Cependant le maître peut lui interdire même cette reprise, s'il lui en paye la valeur sur estimation.

Art. 593. Quiconque fait une dépense pour une chose qu'une autre personne était en tout cas obligée de faire de par la loi, peut exiger de cette personne le remboursement intégral de sa dépense.

Art. 594. Si le maître, une fois l'affaire achevée, a ratifié ce qui a été fait, il sera censé avoir, dès le début, donné lui-même un pouvoir spécial au gérant.

Même en l'absence de cette ratification, les droits et les obligations du maître et du gérant s'apprécieront d'après les règles du mandat, à moins que la présente section ne contienne des dispositions différentes, ou que la nature même de l'affaire ne s'y oppose.

DES OBLIGATIONS NÉES DE L'ENRICHISSEMENT AUX DÉPENS D'AUTRUI.

Art. 595. Quiconque paye ou remet quelque chose à quelqu'un, croyant y être obligé, sans l'être réellement, peut demander la restitution de ce qu'il a ainsi remis ou payé par erreur (art. 945).

Art. 596. Cependant, quiconque a payé avant terme une dette non subordonnée à une condition, croyant le terme échu, ne peut répéter ce qu'il a payé; il en est de même de celui qui paye une dette déjà prescrite.

Art. 597. Quiconque paye la dette d'un tiers, par erreur, croyant en être tenu à la place du véritable débiteur, peut en demander la restitution non au créancier désintéressé, mais seulement au débiteur, à moins que le créancier n'ait aperçu l'erreur et n'en ait cependant profité.

Toute autre erreur relative à la personne au moment du payement laisse entier le droit de répétition.

Art. 598. Quiconque remplit un devoir qui n'est imposé que par la conscience, l'honneur ou la morale, croyant à tort qu'il est obligé de le remplir comme si l'accomplissement pouvait en être exigé judiciairement, ne peut répéter ce qu'il a donné à cette occasion.

Art. 599. Tout ce qui a été donné en vue d'un acte ou d'un événement futur peut être répété si l'acte ne s'accomplit pas ou si l'événement ne se réalise pas. On suit une règle semblable dans le cas où une chose a été donnée en vue d'une cause déjà existante, mais qui ensuite a cessé d'exister, si cette remise n'a été réellement faite que dans la supposition que cette cause continuerait d'exister.

Art. 600. On peut également répéter ce qui a été donné à quelqu'un pour qu'il procure l'accomplissement d'un acte illicite ou qu'il l'accomplisse lui-même, sans qu'il y ait lieu de distinguer si l'acte a été accompli ou non. Toutefois il n'y a lieu à répétition que dans le cas où celui qui a reçu a agi contrairement à la probité en acceptant, et où l'autre, celui qui a donné, n'a commis rien de contraire à la probité.

Que si les deux parties ont agi contrairement à la probité,

celle qui a donné ne peut plus répéter, mais l'autre doit verser ce qu'elle a reçu dans la caisse de l'église. Si la première est mineure, on doit appliquer la disposition du dernier paragraphe de l'article 476.

Si un acte illicite a causé un dommage à un tiers, la partie lésée peut en demander la réparation solidairement à tous ceux qui y ont pris part.

Art. 601. En général, toutes les fois qu'on s'enrichit sans motif légitime aux dépens d'autrui (art. 945-946), on est tenu de restituer ou de fournir un équivalent.

Art. 602. La restitution des choses reçues, dans tous les cas susénoncés et autres semblables, a lieu suivant les règles des articles 22-25.

CHAPITRE VII.

DU TRANSPORT DES OBLIGATIONS.

DE LA CESSION DES CRÉANCES.

Art. 603. Quiconque a un droit de créance peut le transférer à un tiers quelconque, à la seule condition que ce droit, par sa nature, ne soit pas attaché à sa personne.

Le cessionnaire de ce droit devient, par là même, créancier au lieu et place du précédent créancier, et le consentement du débiteur n'est pas nécessaire, si ni le contrat ni la loi ne disposent autrement en termes exprès. La cession opère le transport non seulement de la créance, mais de tous ses accessoires, tels qu'intérêts, nantissements, hypothèques, toutefois suivant les modes déterminés par la loi pour ces différents cas.

Art. 604. Bien que la seule conclusion du contrat entre le

11

cédant et le cessionnaire suffise pour transférer l'obligation à ce dernier, il est néanmoins nécessaire de porter ce transport à la connaissance du débiteur cédé; car, tant que celui-ci n'en est pas informé, le payement fait par lui de bonne foi entre les mains du précédent créancier le libère entièrement.

Au contraire, dès que le débiteur a été averti de ce transport, il ne peut plus payer entre les mains du précédent créancier; et, s'il le fait néanmoins, il répond des conséquences.

Quand il y a doute sur le point de savoir à qui il doit payer, le débiteur peut déposer l'objet de sa dette entre les mains du tribunal et par ce moyen se libérer entièrement.

Art. 605. Le changement de créancier ne doit en rien aggraver la situation du débiteur. Par suite, toutes exceptions, toutes fins de non-recevoir, tous moyens de défense que ce débiteur aurait pu opposer au précédent créancier restent valables à l'égard du nouveau et de ses héritiers ou successeurs.

Art. 606. Le cédant est tenu de communiquer à son cessionnaire, dans la mesure où il les connaît lui-même, tous les moyens qu'il est nécessaire ou utile à celui-ci de connaître pour obtenir plus facilement le payement de sa créance; il doit également lui remettre tous les titres, écrits et moyens de preuve qu'il a en sa possession et qui concernent l'obligation.

Art. 607. Le cédant garantit l'existence réelle de la créance et le droit qu'il a de la céder, si la cession a eu lieu moyennant un prix ou en général à titre onéreux. —

Mais il n'est pas responsable si le débiteur ne paye pas, à moins que le contraire ne résulte des termes du contrat ou de la nature de l'affaire, ou qu'il n'y ait dol de la part du cédant.

Art. 608. Dans tous les cas où il y a responsabilité du cédant au sujet de la cession, cette responsabilité ne peut jamais dépasser ce qu'il a reçu pour la cession; mais on peut y ajouter les frais que le cessionnaire a faits à cette occasion, et même les intérêts du prix qu'il a payé.

DE LA SUBSTITUTION D'UN DÉBITEUR À UN AUTRE.

Art. 609. Toute personne peut prendre à sa charge la dette d'un tiers, pourvu que ce soit avec le consentement du créancier. Le consentement du débiteur n'est pas nécessaire.

Art. 610. Après que le créancier a donné son consentement, celui qui prend à sa charge la dette d'un tiers devient débiteur et le débiteur antérieur se trouve ainsi libéré, à moins que le contraire ne résulte d'une convention ou des circonstances.

Lorsque le précédent débiteur est libéré, il n'est plus responsable de rien, ni, par conséquent, des accidents qui pourraient rendre impossible le payement par le nouveau débiteur.

CHAPITRE VIII.

DE L'EXTINCTION DES OBLIGATIONS.

DU PAYEMENT EN GÉNÉRAL.

Art. 611. Toute obligation s'éteint au moment où elle est acquittée, et en même temps prennent fin toutes sûretés et tous droits (nantissement, cautionnement, etc.) qui en sont les accessoires.

L'obligation prend fin même quand elle est acquittée par une autre personne que le débiteur, avec l'intention de le libérer, quand même cette personne serait complètement étrangère à l'obligation et n'aurait aucun mandat de l'acquitter.

ART. 612. Si le créancier a sur le débiteur plusieurs créances de même nature et que le débiteur ne lui remette pas une somme suffisante pour les éteindre toutes; si, d'autre part, aucune stipulation n'est intervenue à cet égard et qu'il soit impossible au tribunal de découvrir, d'après les circonstances, l'intention des parties, le payement de ces dettes ou les acomptes à imputer sur chacune d'elles se régleront de la manière suivante :

Après avoir payé les intérêts exigibles, ainsi que les frais de justice, s'il y en a, on rembourse le capital des dettes exigibles dans l'ordre où l'échéance de chacune est arrivée;

Si toutes les dettes sont exigibles le même jour, on rembourse d'abord celle d'entre elles qui est la plus onéreuse pour le débiteur et, dans le cas où elles seraient toutes également onéreuses, on les rembourse d'après leur ordre d'ancienneté.

ART. 613. Quiconque paye une dette peut exiger une quittance (art. 975), à moins qu'il ne s'agisse de choses de valeur minime.

Quand la quittance est donnée pour le capital, on présume que les intérêts déjà échus et les autres frais accessoires ont été également acquittés, si la quittance ne porte pas de mention contraire.

ART. 614. Si la dette est constatée par écrit et que l'acte ne fasse mention d'aucune obligation à la charge du créancier, le débiteur peut exiger la remise du titre (art. 974) dès que la dette a été entièrement acquittée.

En ce cas, on peut remplacer la quittance par un signe quelconque (par exemple, par une rature transversale ou une lacération partielle) que ferait sur le titre de l'obligation celui qui reçoit le payement, et d'où il résulterait que ce titre n'a plus aucune valeur.

Si le créancier allègue qu'il a égaré, perdu ou détruit le titre, le débiteur peut exiger une quittance écrite.

ART. 615. Lorsque deux personnes sont en même temps, l'une à l'égard de l'autre, débitrice et créancière et que leurs deux dettes sont liquides, de même nature et également exigibles, ces deux dettes peuvent se compenser entre elles de façon que la plus faible soit éteinte, comme si elle avait été acquittée de toute autre manière, et que la plus forte soit réduite au surplus.

ART. 616. Celui qui a pris par force ou s'est approprié la chose d'autrui d'une manière quelconque, ou qui a reçu une chose à titre de dépôt ou de prêt à usage, ne peut compenser son obligation de rendre avec ce que le créancier peut lui devoir pour une autre cause.

Ce qu'on doit à titre d'aliments ne peut être compensé que dans la mesure où cette prestation pourrait être l'objet d'une saisie-arrêt.

ART. 617. La caution, quand elle est obligée de payer, peut opposer au créancier non seulement ce qu'il lui doit, mais ce qu'il doit au débiteur principal. Le débiteur, au contraire, ne peut, dans le même cas, opposer ce que le créancier doit à la caution.

ART. 618. Le débiteur d'une créance cédée peut opposer au cessionnaire de son créancier la compensation, non seulement de toutes les créances qu'il a contre ce cessionnaire, mais encore de toutes celles qu'il a contre le cédant, si elles existaient avant le moment où la cession a été régulièrement portée à sa connaissance.

ART. 619. Une créance prescrite ne peut être compensée que si elle ne se trouvait pas encore prescrite à un moment quelconque de l'existence de la dette avec laquelle il s'agit de la compenser.

DE LA CONFUSION.

Art. 620. Quand il arrive que par cession, succession ou autrement, la même personne devient à la fois créancière et débitrice
d'une même obligation, cette obligation s'éteint de plein droit,
par confusion.

DE LA REMISE.

Art. 621. La remise de dette, quand elle est valablement faite,
éteint la dette comme le ferait un payement.

Dans le cas seulement où l'obligation a été rédigée par écrit, il
est nécessaire de constater également par écrit la remise, ou de
remettre au débiteur le titre qui est entre les mains du créancier,
avec le signe indiquant l'extinction de l'obligation (art. 614).

DE LA NOVATION.

Art. 622. Quand, d'un commun accord, une nouvelle dette est
substituée à l'ancienne, celle-ci prend complètement fin, aussitôt
que la nouvelle a pris naissance.

Quand la novation met ainsi fin à une dette, tous les droits et
toutes les obligations accessoires qui y sont attachés s'éteignent
avec elle, à moins qu'ils ne soient expressément et d'un commun
accord transportés sur la nouvelle obligation (art. 948).

DE L'IMPOSSIBILITÉ D'EXÉCUTION.

Art. 623. Lorsqu'un débiteur s'est engagé à donner ou à faire
une chose individuellement déterminée et que, sans sa faute, il
devient impossible pour lui de remplir son obligation, cette obligation cesse de plein droit (art. 933).

Art. 624. Quand l'exécution est devenue impossible par suite
d'un cas fortuit et que l'obligation dérivait d'un contrat synallag-

matique, le débiteur est obligé de restituer tout ce qu'il a reçu en vue de ce qu'il était tenu de faire; il ne peut désormais rien réclamer de ce qu'il n'a pas encore reçu.

S'il a déjà exécuté en partie son obligation, on lui en tiendra compte proportionnellement à ce qu'il a exécuté.

DE LA PRESCRIPTION (art. 950).

Art. 625. L'obligation dont le payement n'a pas été réclamé dans le délai fixé par la loi pour chaque espèce d'obligations se trouve prescrite dès que ce délai est expiré, et on ne peut plus réclamer judiciairement ni le capital ni les accessoires.

Les obligations auxquelles est affecté un gage, mobilier ou immobilier, ne sont soumises à la prescription que pour ce qui dépasse la valeur de la chose donnée en gage, en antichrèse ou en hypothèque.

Art. 626. Pour les obligations qui concernent exclusivement les biens, le délai général de prescription est de trente ans, à l'exception de celles pour lesquelles la loi établit spécialement une prescription plus courte.

Art. 627. Se prescrit par cinq années ce qui est dû :

1° Aux ouvriers et autres gens de journée, pour leur travail;

2° Aux domestiques et autres serviteurs, pour leur service;

3° Aux voituriers, portefaix, bateliers, cochers et autres gens de travail qui s'occupent du transport, à dos d'homme ou par voiture, des choses ou des personnes, pour ce transport et les autres frais accessoires;

4° Aux artisans de toute espèce, pour leur travail, leurs fournitures et les autres frais faits à cette occasion;

5° Aux médecins, chirurgiens, sages-femmes, maîtres d'école

et en général à tous spécialistes et artisans pour leur travail, services et frais;

6° Aux pharmaciens, pour leurs médicaments et les services de leur profession.

Art. 628. Se prescrivent par quatre années les revenus, intérêts, redevances, prestations qui se payent périodiquement, annuellement ou à des époques plus rapprochées, comme les loyers des maisons, des boutiques et autres bâtiments, les intérêts des capitaux, les arrérages d'une pension, etc.

Cette prescription, comme il va de soi, n'atteint que les termes non payés et n'affecte nullement le droit en lui-même.

Art. 629. Se prescrit par deux ans tout ce qui est dû :

1° Aux marchands en détail, pour les marchandises fournies à des particuliers non marchands;

2° Aux aubergistes, aux cafetiers et à tous ceux qui s'occupent de la préparation ou de la vente d'aliments ou de boissons, pour leurs fournitures d'aliments ou de boissons;

3° Aux aubergistes et à tous ceux qui logent au mois ou pour un temps plus court, avec ou sans la nourriture et le service, pour le logement et les autres frais accessoires.

Art. 630. Quand une dette de la nature de celles mentionnées aux trois articles précédents est constatée dans un acte régulier ou qu'elle entre, avec le consentement du débiteur, dans une autre dette dont le montant est fixé en argent, la prescription applicable à cette nouvelle dette s'acquiert suivant les règles de la prescription ordinaire, c'est-à-dire seulement après trente années révolues (art. 626).

Art. 631. La prescription court, à moins de disposition con-

traire de la loi, du jour où le créancier a pu réclamer judiciairement le payement de la dette. Elle est acquise, et le débiteur jouit
du droit qui en résulte, lorsque le dernier jour du terme fixé par
la loi est accompli.

Art. 632. La prescription est suspendue (art. 952), c'est-à-
dire ne court pas, et, si elle a commencé à courir, elle s'arrête,
pendant tout le temps qu'il a été impossible au créancier de s'a-
dresser à la justice pour avoir payement.

En ce qui concerne les créances des domestiques sur leurs
maîtres, la prescription ne court pas, tant qu'ils sont au service
de ces derniers.

Art. 633. La prescription est interrompue :

1° Quand le débiteur reconnaît à nouveau sa dette, soit par
une déclaration expresse, soit par un acte équivalent, comme : le
service des intérêts, ou le payement d'un acompte, ou la dation
d'un nantissement ou d'une caution;

2° Quand le créancier s'adresse au tribunal pour obtenir son
payement ou que l'affaire est portée devant arbitres, ou que d'une
façon quelconque, et même au sujet d'un autre procès, il est fait
mention en justice de l'existence de la dette et que cette mention
reste consignée par écrit dans la procédure.

Une interpellation extrajudiciaire adressée par le créancier à
son débiteur au sujet du payement n'interrompt pas la prescription.

Art. 634. Quand la prescription a été interrompue, elle recommence à courir, mais sans qu'il soit tenu aucun compte du temps
qui s'est écoulé antérieurement.

Si, après l'interruption, une décision judiciaire est intervenue au
sujet de la dette et que le débiteur ait été condamné, la prescrip-

tion nouvelle commence à courir du jour où cette décision est devenue exécutoire.

ART. 635. En aucun cas, le tribunal ne peut d'office suppléer
le moyen résultant de la prescription, si elle n'est pas invoquée par
celui qui en a acquis le bénéfice.

CINQUIÈME PARTIE.

DE L'HOMME ET DES AUTRES SUJETS DE DROIT (ART. 801),

DE LA CAPACITÉ (ART. 953)

ET EN GÉNÉRAL DU DROIT DE DISPOSITION.

CHAPITRE PREMIER.

DE LA MAJORITÉ ET DE LA PLEINE CAPACITÉ.

ART. 636. Quoique tout homme soit sujet de droit (art. 10-13), cependant le majeur seul a la pleine capacité d'administration et de disposition de ses biens.

Tout Monténégrin devient majeur dès qu'il a accompli sa vingt et unième année.

ART. 637. Néanmoins, s'il est reconnu, dans les cas expressément prévus et dans les formes prescrites par la loi, qu'un individu majeur est incapable d'administrer ses biens, sa capacité sera restreinte eu égard aux circonstances, mais seulement tant que durera la cause qui aura motivé cette restriction (art. 653-664).

ART. 638. Au contraire, le mineur qui a accompli sa dix-huitième année et qui se montre capable de diriger ses affaires peut être déclaré majeur, et cette déclaration lui confère tous les droits de la majorité.

Cette déclaration est prononcée par l'autorité tutélaire à la requête du mineur lui-même, après une enquête sérieuse sur toutes les circonstances de la cause, sur un avis motivé du tuteur et des parents du mineur ou, s'il n'en existe pas, des personnes les plus proches.

Pour qu'un mineur encore placé sous la puissance paternelle puisse obtenir le bénéfice de la majorité, le consentement du père est nécessaire.

Art. 639. Est également regardé comme majeur le mineur mâle qui, avec l'autorisation de son père ou de son tuteur et avec la permission de l'autorité tutélaire, contracte mariage et fonde un ménage séparé qu'il administre lui-même. En ce cas, une déclaration de majorité n'est pas nécessaire, à moins qu'il n'en ait été autrement décidé à raison de circonstances particulières.

CHAPITRE II.

DE LA MINORITÉ ET DE LA TUTELLE.

Art. 640. Celui qui n'a pas accompli sa vingt et unième année est mineur, et la loi restreint sa capacité, en ce qui concerne les biens, tant que dure la minorité, à moins que cette restriction ne vienne à cesser par l'effet de quelque autre disposition légale (art. 638-639).

Art. 641. Les personnes qui sont tenues de veiller sur la personne du mineur (le père, le tuteur) sont aussi celles qui gèrent et administrent tous les biens du mineur (art. 960).

Art. 642. Le mineur qui n'a pas accompli sa septième année ne peut faire aucun acte concernant ses biens (art. 502); c'est son représentant légal qui est chargé d'agir à sa place. Il n'y a d'exception que pour le cas où il recevrait une donation sans charges (art. 480).

Le mineur au-dessus de sept ans, à l'exception du cas dont il est parlé à l'article 650, n'est pas lié par les actes qu'il a faits, s'ils lui imposent quelque obligation ou charge (art. 503). Il n'est alors tenu que si son représentant légal y consent (art. 500-506).

ART. 643. Le père, durant sa vie, prend soin des biens qui peuvent appartenir à son enfant mineur. Le père a donc, de par la loi, le droit et le devoir d'administrer tout ce qui constitue la fortune personnelle de l'enfant, à moins qu'il n'ait été privé de ce droit en tout ou en partie, pour une cause légitime.

ART. 644. Après la mort du père, le pouvoir tutélaire sur ses enfants mineurs passe à la mère, de plein droit (art. 961).

On peut désigner à la mère un tuteur adjoint, dont la nomination est même obligatoire quand les biens ont de l'importance et que la gestion en est compliquée. Dans les communautés de famille, le chef, s'il en reste un, est de plein droit investi des fonctions de tuteur adjoint, tant que le tribunal, pour des raisons particulières, n'a pas jugé à propos d'en nommer un autre.

Le tuteur adjoint administre les biens de concert avec la mère. En cas de désaccord sur quelque point que ce soit, la décision appartient à l'autorité tutélaire qui est saisie par l'une ou l'autre des parties.

Si le tribunal, pour motifs graves, retire la tutelle légale à la mère, le tuteur adjoint la remplace, à moins que l'autorité tutélaire n'en décide autrement suivant les cas.

ART. 645. S'il n'y a ni père ni mère, ou s'ils sont privés en tout ou en partie de leur droit de tutelle, un tuteur est nommé pour les remplacer autant qu'il est possible, et notamment dans la gestion des biens du mineur.

Dans les communautés de famille, le chef, s'il en reste un, est le tuteur naturel des mineurs, à moins que le tribunal ne juge à propos d'en nommer un autre.

Art. 646. Le tuteur est tenu d'apporter à l'administration des biens du mineur les soins d'un bon père de famille. Il représente à l'égard des tiers le mineur et son patrimoine. Il doit notamment, suivant les circonstances, donner ou refuser son autorisation dans les affaires conclues par le mineur personnellement (art. 642).

Art. 647. C'est le tribunal de capitainerie dans le ressort duquel habite le mineur, qui constitue l'autorité tutélaire. Ce tribunal nomme le tuteur ou le tuteur adjoint; il a en outre la surveillance et la haute direction des affaires relatives à la tutelle (art. 963).

Le Grand Tribunal peut, en cas de difficulté, donner au tribunal de capitainerie, sur la demande de celui-ci, des instructions pour les affaires au sujet desquelles il est consulté.

Le Grand Tribunal est à la fois tribunal supérieur et tribunal suprême pour tout ce qui concerne les affaires de tutelle.

Art. 648. Pour tout ce qui dépasse les pouvoirs de simple administration, le tuteur doit solliciter l'approbation de l'autorité tutélaire. La question de savoir quelles sont les affaires de simple administration dépend des circonstances et de la nature des biens; mais, s'il le juge nécessaire, le tribunal peut, dans chaque cas particulier, déterminer avec plus de précision l'étendue de cette classe d'affaires au moment même où il nomme le tuteur.

Néanmoins, en aucun cas, la vente ou l'engagement des choses immobilières ne rentre dans les actes de simple administration.

Art. 649. Tous actes faits ou conclus par les représentants du mineur énumérés dans ce chapitre, agissant dans les limites légales de leur pouvoir, sont censés faits pour le compte du mineur et le constituent débiteur ou créancier.

ART. 650. Le mineur valablement autorisé à faire le commerce, ou à diriger quelque autre entreprise, peut seul, sans aucune autorisation, faire légalement, en son propre nom, tous les actes relatifs à cette opération. Ce qu'il aura fait à cette occasion sera aussi valable que si son représentant légal lui-même l'avait fait ou approuvé (art. 508).

ART. 651. Les enfants naturels qui ne sont pas reçus dans la maison paternelle, ou que le père n'a pas reconnus légalement, sont considérés comme n'ayant pas de père, en tout ce qui concerne la tutelle (art. 644).

ART. 652. Une loi spéciale déterminera : comment la tutelle commence et prend fin ; qui peut et qui doit en prendre la charge ; quels liens existent, tant au point de vue de la personne qu'au point de vue des biens, entre le tuteur et le mineur ; comment sont réglés les comptes de tutelle ; quelle surveillance l'autorité tutélaire exerce sur la tutelle, et de quelle manière ; quelles sont les règles de forme et de fond à observer dans chaque cas, de même que tout ce qui concerne le fonctionnement intérieur de la tutelle.

Provisoirement, on continuera à suivre les règlements et coutumes en vigueur jusqu'à ce jour.

CHAPITRE III.

DES ALIÉNÉS ET DES PRODIGUES, ET DE LEUR TUTELLE.

ART. 653. Le majeur qui, pour cause de faiblesse d'esprit (de démence ou de fureur), est incapable de gérer lui-même ses

affaires, doit être mis en tutelle par le tribunal, sur la provocation
d'une personne ayant qualité (art. 654), et après une enquête
sérieuse. Le tribunal compétent est le tribunal d'arrondissement
dans le ressort duquel habite le malade.

Art. 654. La nomination d'un tuteur peut être demandée par
ses plus proches parents ou par son conjoint, s'il est marié; au
besoin, elle peut être provoquée par la commune ou par toute
autre autorité locale. Si elle n'est ni demandée ni provoquée, le
tribunal ne peut jamais commencer l'enquête d'office.

Art. 655. Avant de décider, le tribunal entend les explications
de ceux qui provoquent la nomination d'un tuteur, se fait représenter le malade et l'interroge s'il est possible, prend l'avis des
médecins, interroge les parents ou toutes autres personnes appelées par la loi, enfin examine à fond toutes les circonstances de la
cause.

Art. 656. La même décision qui met le malade en tutelle
nomme le tuteur.

Art. 657. La constitution de cette tutelle ne crée pour le malade la pleine interdiction, c'est-à-dire la défense de faire aucune
disposition concernant ses biens, que si la maladie est très grave
et s'il est évident que le malade est hors d'état de rien faire de
raisonnable dans l'administration de ses biens.

Art. 658. Si la maladie n'a pas cette gravité, le malade mis en
tutelle n'est frappé que d'interdiction partielle. Cette interdiction
partielle l'empêche seulement de faire les actes pour lesquels on
peut présumer, d'après la gravité de son mal et suivant les circonstances, qu'il n'a pas un discernement suffisant, par exemple :

de comparaître en justice, de contracter des dettes au delà d'une certaine somme, de recevoir un payement de ses débiteurs, de donner quittance, de vendre ou aliéner de toute autre manière des biens immobiliers, de les hypothéquer, etc.

Les limites de cette interdiction partielle peuvent, suivant les circonstances, être plus ou moins étroites, et elles seront déterminées dans chaque cas par la décision même qui constituera la tutelle.

Le malade peut faire tous les actes qui ne lui sont pas interdits par cette décision.

ART. 659. Dès qu'auront cessé les causes qui ont motivé l'interdiction absolue ou partielle, le tribunal déclarera que la tutelle prend fin.

Cette déclaration a lieu à la requête : de la personne même soumise à la tutelle, de ses parents, de son conjoint, sur la proposition de la commune ou de toute autre autorité locale, au besoin à la requête de tout particulier.

Le tribunal lui-même, qui ne pourrait, en l'absence d'une demande ou d'une provocation, mettre un individu en tutelle pour faiblesse d'esprit (art. 654), peut d'office, sans y être provoqué, affranchir de cette interdiction toute personne qui en est frappée.

Mais, dans chaque cas, le tribunal, avant de prononcer sur la mainlevée, doit rechercher et apprécier avec le plus grand soin les faits et les circonstances qui permettent de décider si la tutelle est devenue ou non inutile.

ART. 660. Toute décision constituant une tutelle ou y mettant fin doit recevoir une publicité suffisante.

La publication devra faire connaître expressément si l'interdiction est absolue ou partielle; et dans ce dernier cas elle don-

12

nera l'énumération claire et détaillée de tous les actes interdits au malade.

Art. 661. Le recours contre toute décision constituant une tutelle pour démence ou faiblesse d'esprit, ou déclarant cette tutelle inutile, ou en prononçant la cessation, est ouvert devant le Grand Tribunal à toute personne qui croit avoir des motifs légitimes à faire valoir.

Art. 662. Ceux qui dissipent leur patrimoine et ne veulent pas se corriger peuvent être par le tribunal déclarés prodigues et mis en tutelle.

Art. 663. Les restrictions de capacité qui dérivent de la tutelle, pour la personne déclarée prodigue, sont en général analogues à celles énumérées en l'article 658; mais en aucun cas elles ne peuvent aller jusqu'à l'interdiction absolue, dont il est question dans l'article 657.

Art. 664. Les règles suivant lesquelles la tutelle des aliénés est constituée, dure et prend fin, s'appliquent par analogie à la tutelle des prodigues.

CHAPITRE IV.

DE LA TUTELLE DES ABSENTS, DES DÉTENUS, DE CERTAINES VEUVES, DES SUCCESSIONS EN DÉSHÉRENCE ET DES TUTELLES *AD HOC*.

Art. 665. Quand une personne qui n'a pas de représentant a quitté pour longtemps son domicile, ou que le lieu de sa résidence est ignoré, si elle a des affaires dont la solution est urgente, le tribunal peut lui nommer un tuteur, soit pour une affaire particulière, soit pour l'ensemble des affaires concernant ses biens, jusqu'à ce qu'elle revienne ou prenne des dispositions différentes à l'égard de ces affaires.

ART. 666. Le tribunal nomme à l'absent un tuteur à la requête : des parents, du conjoint, de la commune et de toutes autres personnes qui ont un intérêt légitime à cette nomination. Le tribunal peut même nommer un tuteur d'office, si cette nomination est rendue nécessaire par quelque affaire pendante devant lui, ou si elle est exigée par l'intérêt soit de l'absent lui-même, soit de toute autre personne.

ART. 667. Le tuteur doit représenter l'absent et prendre en main ses intérêts dans la conduite des affaires qui lui ont été confiées. Il doit également chercher à savoir où se trouve l'absent, afin de pouvoir s'entendre avec lui sur la direction et le mode de gestion et, en général, recevoir les instructions nécessaires dans les différentes circonstances qui peuvent se présenter.

ART. 668. Quand une tutelle générale est constituée pour les biens d'un absent, cette nomination doit être publiée dans les formes habituelles. Le tribunal peut, suivant les circonstances, ordonner que la nomination du tuteur qui est nommé pour une affaire particulière soit portée à la connaissance de l'absent lui-même et des autres intéressés par la voie des journaux ou de toute autre manière.

Les règles de publicité relatives à la constitution de cette tutelle sont également applicables aux cas où elle prend fin.

ART. 669. Si la gestion des biens d'un détenu dont l'emprisonnement doit durer un certain temps nécessite la nomination d'un tuteur, le tribunal le nommera, soit d'office, soit à la requête du détenu ou de toute personne intéressée. Dans tous les cas, avant cette nomination, le détenu devra être entendu sur l'utilité de la mesure en elle-même et spécialement sur le choix de la personne à désigner.

Aʀᴛ. 670. Quand une veuve reste seule et sans enfants (самохранаца) dans la maison de son mari, le tribunal de capitainerie dans le ressort duquel est située cette maison doit nommer un tuteur. La principale obligation de celui-ci est de veiller à ce que les biens de cette maison, tant que la veuve les administre et en perçoit les fruits et revenus, soient conservés aussi intacts que possible.

Il n'est pas nommé de tuteur dans le cas où une veuve reste seule et sans enfants, lorsque le mari était venu demeurer dans la maison de ses beaux-parents (домазет), et où par conséquent elle continue d'habiter, après son veuvage, dans la maison paternelle (art. 707).

Aʀᴛ. 671. Pour l'administration des biens qui, après la mort de leur propriétaire, restent vacants, ou sans héritier connu, ou dont l'héritier est absent, le tribunal nomme un tuteur, s'il le juge nécessaire.

Il prend cette mesure soit d'office, soit à la requête des intéressés.

Aʀᴛ. 672. Les tribunaux pourront encore, sans même attendre une provocation ou une requête, nommer des tuteurs *ad hoc* dans les circonstances suivantes, ou autres semblables : quand la tutelle du père ou du chef de la maison est exclue par la loi ou ne peut pas s'exercer, soit à cause de l'éloignement, soit pour tout autre motif; quand les intérêts des personnes mises en tutelle (art. 962) se trouvent en opposition avec ceux de leurs parents, du chef de la maison ou de leur tuteur; quand il s'agit de conserver un droit appartenant à un enfant qui n'est pas encore né, etc.

La tutelle *ad hoc* n'a d'effet que relativement au cas pour lequel elle a été instituée.

ART. 673. Tout ce qui a été fait, au nom de l'incapable, par le tuteur agissant dans la limite de ses pouvoirs, en vertu des dispositions contenues dans le présent chapitre et dans le précédent, constitue l'incapable débiteur ou créancier (art. 649).

ART. 674. Le tribunal qui nomme le tuteur, aux cas mentionnés dans le présent chapitre et dans le précédent, détermine, au besoin, les limites des affaires à traiter; il donne au tuteur les instructions nécessaires; il lui donne les autorisations et approbations indispensables dans les actes qui dépassent le pouvoir de simple administration (art. 648); en un mot, ce tribunal constitue, à l'égard de la tutelle et de tout ce qui la concerne, l'autorité tutélaire supérieure (art. 963).

Pour ce qui concerne l'organisation et le fonctionnement intérieur de ces différentes tutelles, on s'en référera à ce qui a été dit dans l'article 652.

CHAPITRE V.

DE LA DURÉE DES DROITS QUE L'HOMME PEUT AVOIR SUR LES BIENS, ET NOTAMMENT DE LA DÉCLARATION DE DÉCÈS.

ART. 675. Les droits relatifs aux biens (art. 953) suivent l'homme pendant toute sa vie; ils commencent à sa naissance (art. 956) et prennent fin à sa mort.

ART. 676. Pour faire connaître avec plus de clarté et de précision la naissance, l'âge, le décès et les liens de parenté de chaque personne, il est établi dans chaque paroisse des registres sur lesquels sont régulièrement inscrits toutes naissances, tous mariages ou décès survenus dans la paroisse.

Des règlements spéciaux détermineront l'organisation de ces registres, le mode d'inscription, la manière d'en faire des extraits et de les délivrer aux parties intéressées, l'autorité qui en surveillera la tenue, et le mode d'exercice de cette surveillance.

Art. 677. Pour que les registres des naissances, des mariages et des décès soient aussi complets que possible, on y inscrira les mariages et décès des paroissiens, ainsi que les naissances de leurs enfants, alors même que ces faits se seraient produits hors de la paroisse. Ils seront inscrits sur les registres aussitôt qu'ils seront connus avec une certitude et une précision suffisantes.

Art. 678. Si on n'a aucune nouvelle, aucun indice au sujet de l'existence d'une personne absente et s'il y a peu d'espoir qu'elle soit encore en vie (art. 679-680), toute personne ayant un intérêt sérieux à faire cesser au point de vue légal cette incertitude peut demander au tribunal d'ordonner une enquête qui servira, s'il y a lieu, de base à une déclaration de décès.

Art. 679. Quand vingt ans se seront écoulés depuis la réception des dernières nouvelles constatant avec certitude l'existence de la personne disparue (art. 959), on présumera qu'il n'y a pas d'espoir que cette personne soit encore en vie. Si elle était encore mineure lors des dernières nouvelles, on ne commencera à compter les vingt ans que du jour où elle aurait atteint sa majorité.

Si elle avait accompli sa soixante-quinzième année au jour des dernières nouvelles, la présomption ci-dessus sera admise après un délai de cinq ans.

Art. 680. Pour celui qui a pris part à une guerre ou s'est

trouvé sur un navire qui a sombré ou s'est perdu de toute autre manière, la présomption dont il s'agit aura lieu si, dans les trois ans qui suivront, il n'est parvenu aucune nouvelle certaine de son existence.

On appliquera par analogie les mêmes règles à tous les autres cas dans lesquels une personne disparue se sera trouvée dans un danger évident.

Aʀᴛ. 681. Quiconque désire qu'il soit procédé sur une personne à l'enquête prévue à l'article 678 peut adresser sa requête au tribunal monténégrin dans le ressort duquel le disparu a habité en dernier lieu.

Le tribunal n'ordonnera l'enquête que si les circonstances de la disparition se rapprochent, au moins en général, de celles définies aux deux articles précédents, et s'il trouve que cette enquête est nécessaire au demandeur, pour un motif sérieux.

Le tribunal ne peut ordonner une enquête de ce genre que sur une demande expresse à lui adressée.

Aʀᴛ. 682. Dès que le tribunal aura reçu la requête fondée sur une des circonstances énumérées au deuxième paragraphe de l'article précédent, il désignera tout d'abord un tuteur qui fera valoir les présomptions en faveur de l'existence du disparu.

Ce tuteur est notamment tenu de recueillir tous les indices et preuves propres à établir l'existence du disparu et de les soumettre au tribunal.

Aʀᴛ. 683. Le tribunal, de son côté, fera tous ses efforts pour s'assurer, avec la plus grande certitude possible, de l'existence ou de la non-existence du disparu.

Mais, dans chaque cas, le tribunal doit insérer dans les journaux du pays une invitation, pour le disparu, à se présenter de-

vant lui ou à donner de ses nouvelles avant une année, faute de
quoi le décès sera déclaré.

Le tribunal décidera, en outre, suivant les circonstances, s'il y
a lieu d'insérer la même publication dans des journaux étrangers
qu'il désignera.

ART. 684. Le tribunal ne prononcera la déclaration de décès
que s'il résulte de l'enquête : que le disparu s'est trouvé dans l'un
des cas prévus par les articles 679 et 680, et que le délai fixé
pour chacun de ces cas est entièrement expiré; et si toutes les
investigations soit du tribunal soit du tuteur, dont il est question
aux articles 682 et 683, sont insuffisantes en l'état pour permettre d'espérer encore que le disparu soit vivant.

La déclaration fera connaître le jour auquel le décès est pré-
sumé remonter. On s'attachera de préférence au jour auquel expirent les délais fixés par les articles 679 et 680, à moins qu'il
ne résulte de renseignements certains qu'une autre date répond
mieux à la vérité.

ART. 685. Si ultérieurement on acquiert la preuve que celui
dont le tribunal a déclaré le décès vit encore ou qu'il est mort
plus tôt ou plus tard que ne le déclare le jugement, ce jugement,
avec ses effets, est annulé ou rectifié en conséquence de cette nouvelle preuve, sous la réserve des droits des tiers, dérivant d'une
possession de bonne foi.

CHAPITRE VI. —

DE LA COMMUNAUTÉ DE FAMILLE.

ART. 686. Toute communauté de famille (домаħa заједница)
(art. 964-965) est considérée comme constituant, par elle-même,
une personne, en ce qui touche le patrimoine et les biens (art. 966).

ART. 687. Le patrimoine de la famille se compose de tout ce qui lui vient des générations antérieures et de tout ce que les membres actuels acquièrent par leur travail, à l'exception du pécule (art. 967) qui peut appartenir à certains d'entre eux.

Une loi spéciale déterminera quelles parts et quels autres droits appartiennent à chacun des membres dans les biens indivis, par qui et comment sont réglées à l'intérieur les affaires communes, quelles sont à l'intérieur les relations des biens communs avec les membres et des membres entre eux.

En attendant, les coutumes actuelles restent en vigueur, en tant qu'elles ne sont pas modifiées par les dispositions du présent chapitre.

ART. 688. En principe, les membres (hommes ou femmes) de la communauté ne peuvent se constituer un pécule par leur travail individuel (art. 967-968), car tous les produits de leurs efforts, tant qu'ils restent dans la communauté, appartiennent à celle-ci.

Ce droit n'appartient qu'à ceux à qui la communauté l'a spécialement accordé et aux conditions auxquelles elle l'a soumis.

Cependant les vêtements et les ornements qu'une jeune fille confectionne pour elle-même restent sa propriété personnelle, même en l'absence d'une autorisation expresse de la communauté.

ART. 689. Néanmoins, ce qu'un membre (homme ou femme) de la communauté acquiert par donation ou par succession, soit par l'effet même de la loi, soit par testament, constitue son pécule, à moins qu'il ne résulte des circonstances que le donateur, le testateur ou le législateur, suivant les cas, ont eu une intention différente.

Les vêtements et ornements que la jeune fille reçoit de la communauté deviennent à partir de ce moment son pécule exclusif. Forment également le pécule exclusif de la femme les vêtements,

ornements et en général tout ce qu'elle apporte dans la maison,
en se mariant.

A ce pécule viennent s'ajouter tous les accessoires et accroissements qui se produisent sans que le propriétaire y mette son travail (par exemple, les intérêts d'un capital, etc.).

Art. 690. Les membres majeurs de la communauté peuvent en
toute liberté disposer de leur pécule.

Toutefois la femme mariée, à moins de stipulation contraire,
ne peut, par des conventions ni généralement par des actes soumis
aux règles du présent code, disposer de son pécule sans le consentement de son mari. Il y a exception pour les menus objets
dont elle a la libre disposition.

Si le mari refuse sans motif son autorisation dans un cas où
elle est exigée, ou s'il reste absent de la maison pendant un temps
prolongé, la femme peut s'adresser au tribunal pour se faire autoriser à contracter. Le tribunal ne refusera pas cette autorisation
s'il estime, d'une part, qu'elle ne porte pas atteinte aux intérêts et
aux droits du mari, et, d'autre part, que l'affaire est nécessaire ou
utile à la femme.

La femme peut même, au cas où l'absence du mari se prolonge,
s'il n'y a pas d'autre représentant de la communauté, accomplir
elle-même, en cette qualité, tous actes concernant les biens mobiliers, mais toujours dans les limites des besoins courants de la
maison.

Art. 691. Le chef représente la communauté et le patrimoine
commun en justice et vis-à-vis des tiers. Tout acte régulièrement
fait par lui, comme chef de la communauté, est réputé fait pour
le compte de celle-ci et la constitue créancière ou débitrice.

Art. 692. Si le chef fait, secrètement ou en fraude, un acte de nature à porter un préjudice à la communauté, et que ce vice soit connu de l'autre partie, la communauté peut tenir cet acte pour non avenu.

Cependant, c'est à la personne qui prétend que le tiers a eu connaissance de ce vice à le prouver, faute de quoi l'opposition des membres de la communauté ne peut faire annuler l'acte dont il s'agit.

ART. 693. Le changement dans la personne du chef, sa retraite ou son décès, n'apportent aucune modification dans les droits et les obligations de la communauté à l'égard des tiers.

ART. 694. Dans toutes les affaires que le chef peut conclure seul avec un tiers, il peut se faire représenter par une personne quelconque, homme ou femme, membre de la communauté ou non.

ART. 695. Un membre de la communauté ne peut vendre ni aliéner d'aucune manière sa part dans les biens communs, tant qu'il reste en état d'indivision dans la communauté.

ART. 696. Un membre de la communauté est seul responsable de toutes les dettes qu'il a dû contracter sans le consentement du chef et de la communauté; celle-ci n'en est en aucune façon responsable, à moins qu'elle n'en ait profité et dans la limite du profit qu'elle en a tiré.

ART. 697. La dette qu'un membre de la communauté a contractée dans un besoin urgent, par exemple : pour se soigner en cas de maladie, pour se procurer les choses nécessaires à la vie, etc., et qu'il n'acquitte pas lui-même, est payée par la communauté sur les ressources communes, si à cette époque le débiteur travaillait pour la famille. S'il ne travaillait pas pour elle, la dette est payée sur son pécule ou sur sa part de communauté.

Art. 698. Si un des membres de la communauté fait le commerce au su du chef, sans que celui-ci s'y oppose, il sera censé le faire du consentement de la communauté, tant qu'il restera dans l'indivision; mais, s'il y a doute sur le point de savoir si le chef a eu connaissance du fait, celui qui l'affirme doit le prouver. En conséquence, si la dette dépasse la valeur du pécule et de la part de communauté qui revient au membre qui a contracté, alors qu'il faisait le commerce au su du chef, la communauté est responsable du surplus, sur toutes ses ressources, à condition que le créancier soit de bonne foi.

Si le membre de la communauté a fait le commerce au nom et pour le compte de la maison, celle-ci est responsable directement envers le créancier de bonne foi, sans égard ni à la valeur du pécule ni à celle de la part du contractant dans les biens de la communauté.

Art. 699. S'il est intervenu entre la communauté et le membre commerçant une convention qui supprime, limite ou modifie en quoi que ce soit la responsabilité dont il s'agit dans l'article précédent, cette convention devra, pour être valable à l'égard des tiers, être communiquée au tribunal, qui la publiera dans la forme accoutumée. Pareille publication, faite, dans tous les cas, aux frais de ceux qui la demandent, doit avoir lieu lorsque la communauté interdit à un de ses membres commerçant de continuer son commerce, faute de quoi l'interdiction ne produit aucun effet à l'égard des tiers.

Art. 700. Tout dommage résultant pour un tiers d'un acte illicite commis par un membre de la famille doit être réparé par celui-ci, sur tous ses biens, si cet acte dommageable a été commis par bravade ou caprice (incendie, meurtre sans motif, fornication, etc.).

Si l'acte dommageable se rattache aux affaires de la communauté, à la défense de ses biens ou de son honneur, il sera réparé par elle sur l'ensemble de son patrimoine, à moins que l'auteur du fait n'ait, sans nécessité, dépassé les limites raisonnables.

ART. 701. Le dommage résultant d'un acte illicite commis par un membre de la communauté oblige celle-ci, sans qu'il y ait lieu de distinguer comme dans l'article précédent, à réparer le dommage sur tout son patrimoine, dans les cas suivants :

1° Si pouvant l'empêcher elle a négligé de le faire;

2° Si elle y a participé dans une mesure quelconque;

3° Si l'acte dont il s'agit a été involontaire;

4° Si le préjudice ne dépasse pas cent francs.

ART. 702. Dans le cas où les biens du membre de la communauté sont insuffisants pour acquitter la dette qui est à sa charge en vertu des articles 696-701, le tribunal, si l'équité l'exige par des raisons et des circonstances particulières, peut ordonner que la différence sera prise en tout ou en partie sur tout le patrimoine de la communauté.

ART. 703. Quand, aux termes des articles 696-700, un membre de la communauté est tenu d'une dette, il l'acquitte tout d'abord sur son pécule, s'il en a un, et ensuite sur la part qu'il aura reçue en sortant de la communauté.

Si la communauté ne veut pas éliminer ce membre débiteur en lui donnant sa part, elle devient par le fait même responsable de la dette, et elle doit l'acquitter entièrement sur tous ses biens, quand même la dette dépasserait de beaucoup la valeur de la part de communauté dont il s'agit.

On présume que la communauté ne veut pas procéder à cette

élimination quand le créancier l'a demandée au chef par voie judiciaire et qu'elle n'a pas eu lieu dans un délai de deux mois.

Art. 704. Les règles relatives aux dettes provenant des causes énoncées dans les articles 697-703 s'appliquent par analogie aux dettes de même nature contractées par le chef lui-même.

Art. 705. Quand la communauté reprend un membre précédemment éliminé qui a dépensé tout ou partie de sa part, elle doit faire connaître, par une publication en la forme accoutumée, avec quels biens et à quelles conditions ce membre entre dans la communauté, afin que les tiers sachent le degré de crédit qu'on peut lui accorder.

Faute de ce faire, la communauté est responsable, sur tous ses biens, des dettes de ce membre, comme elle en répondrait s'il n'était jamais sorti de la communauté.

Art. 706. Quand une communauté qui a des dettes veut se dissoudre, elle doit, avant tout partage, déterminer, d'accord avec les créanciers, la part qui sera mise à la charge de chacun des copartageants dans ces dettes.

A défaut de pareille entente avec les créanciers, tous les copartageants sont tenus solidairement de la totalité des dettes au sujet desquelles il n'y a pas eu d'accord.

Art. 707. Alors même que la communauté se trouve réduite à une seule tête, homme ou femme, elle subsiste néanmoins avec ses droits comme personne morale. Mais, en ce cas, l'unique survivant peut librement disposer de tous les biens de la communauté, comme s'il en était propriétaire, jusqu'à ce que l'accroissement du nombre des membres rende applicables de nouveau les dispositions du présent chapitre qui limitent cette liberté.

Lorsque la femme qui n'est pas née dans la communauté, et n'y est entrée que par son mariage, reste seule et sans enfants dans la communauté, elle ne peut, pendant tout le temps que dure cette situation, disposer que des fruits et revenus; elle doit conserver intacts les biens eux-mêmes. Elle ne peut toucher au capital qu'en cas d'extrême nécessité et dans la mesure de cette nécessité; mais, en ce cas même, elle doit préalablement obtenir le consentement du tuteur et l'approbation de l'autorité tutélaire (art. 670).

Art. 708. Les dispositions de ce chapitre sont, en général, applicables aux familles urbaines. Cependant toute famille urbaine peut librement adopter tout autre régime et, en général, prendre toutes autres dispositions.

Toutefois ces règles particulières n'ont d'effet à l'égard des tiers qu'autant qu'elles sont notoires ou qu'elles ont été publiées en la forme accoutumée, ou que ces tiers les ont connues d'une manière quelconque.

CHAPITRE VII.

DE LA TRIBU ET DE LA PHRATRIE, DE LA COMMUNE RURALE ET URBAINE.

Art. 709. Chaque tribu constitue une personne en ce qui concerne ses biens communs.

Dans les biens communs sont compris notamment : les forêts, les pâturages, l'eau, en tant qu'il n'y a pas eu de partage, en outre tout établissement ou fondation créé et entretenu par la tribu, principalement en vue de son utilité et de sa commodité (par exemple, une route, une école).

Art. 710. Les biens de la tribu sont administrés par l'assemblée de la tribu ou par l'autorité que l'assemblée a déléguée à cet effet.

Quand il y a une affaire à conclure avec d'autres propriétaires pour le compte de la tribu, l'assemblée désigne, dans la forme habituelle, un ou plusieurs représentants, et ce qui a été régulièrement fait par eux rend la tribu créancière ou débitrice.

ART. 711. L'administration et la jouissance des biens de la tribu sont régies par la loi, par la coutume et par les règlements et dispositions que l'assemblée arrête dans la forme habituelle.

ART. 712. Aucun membre de la tribu ne peut vendre ni, en général, aliéner séparément ses droits sur les biens indivis de la tribu.

ART. 713. Quand les membres de la tribu, d'un commun accord, partagent une certaine espèce de biens communaux, en tout ou en partie, tous les droits et obligations afférents à chaque part passent avec celle-ci au village, à la phratrie ou à la maison.

ART. 714. La personnalité des phratries, grandes et petites, l'administration et la jouissance de leurs biens communs sont soumises par analogie aux dispositions concernant la tribu (art. 709-713).

La même règle s'applique pour tout ce qui touche à la personnalité des communes rurales et à l'administration de leurs biens.

ART. 715. La loi spéciale qui réorganisera les communes urbaines posera des règles concernant leur personnalité et l'administration de leurs biens. Le régime actuel restera provisoirement en vigueur.

CHAPITRE VIII.

DES ÉGLISES, DES COUVENTS ET AUTRES ÉTABLISSEMENTS RELIGIEUX ANALOGUES.

Art. 716. Jouissent du droit de personnalité : les églises orthodoxes, les couvents et autres établissements religieux auxquels les lois de l'Église ou le pouvoir ecclésiastique reconnaissent cette qualité, si toutefois cette reconnaissance n'est pas contraire aux lois de l'État.

Les mêmes règles s'appliqueront aux églises et établissements religieux des autres confessions chrétiennes reconnues par l'État.

Art. 717. La disposition de l'article précédent s'appliquera également à tous les temples et autres établissements religieux non chrétiens (par exemple, aux mosquées des musulmans, etc.), si la religion à laquelle ils appartiennent a été reconnue par l'État.

Art. 718. Pour l'administration des biens des églises et de toutes autres personnes morales ayant un caractère religieux, comme aussi pour leur représentation à l'égard des tiers, on suivra leurs statuts, les règles consacrées par la pratique et les ordonnances rendues par l'autorité religieuse compétente, si elles n'ont rien de contraire aux lois de l'État.

Art. 719. Les biens immobiliers des églises et couvents orthodoxes ne peuvent être vendus ni autrement aliénés sans une autorisation expresse de l'État.

CHAPITRE IX.

DE L'ÉTAT.

Art. 720. L'État, pour son domaine, a tous les droits d'une personne morale.

IMPRIMERIE NATIONALE.

Art. 721. Les dispositions particulières des lois, règlements et coutumes déterminent les biens du domaine public de l'État (art. 969) qui, à ce titre, servent directement à l'État et aux citoyens, et les biens du domaine privé de l'État (art. 969-970) qu'il administre comme un propriétaire ordinaire.

Ces dispositions particulières désignent également : les personnes qui, soit en général, soit dans des cas particuliers, administrent les biens de l'une et de l'autre classe; qui représentent l'État, lorsque celui-ci doit pourvoir, comme tout autre propriétaire, à la gestion de ces mêmes biens, ou, en général, traiter une affaire comme propriétaire, ou qu'il se trouve autrement en rapport avec d'autres personnes.

Art. 722. Pour savoir comment l'État acquiert en son nom des biens, pour faire face à ses besoins et à ses dépenses : soit en prélevant sur les citoyens des impôts (impôts sur les terres, sur les bestiaux, douanes, etc.), soit en exigeant des taxes pour les services rendus par certaines administrations (postes, télégraphes, etc.); pour savoir par qui et comment ces biens sont administrés; quels services personnels (comme gardiens, soldats, etc.) les citoyens doivent à l'État; comment sont organisés et rétribués les services des employés de chaque administration (juges, instituteurs, etc.), et, en général, pour connaître les règles à observer, soit par l'État lorsqu'il agit, non comme une personne morale ordinaire, mais comme État, c'est-à-dire exerçant une des multiples fonctions de l'organisme gouvernemental, soit par les citoyens lorsqu'ils agissent, non comme personnes civiles, mais comme citoyens ou serviteurs de l'État, on doit se référer aux lois et coutumes particulières à chaque cas.

CHAPITRE X.

DE L'ASSOCIATION CONSIDÉRÉE COMME PERSONNE MORALE.

DE LA CONSTITUTION DES ASSOCIATIONS.

ART. 723. Toute association qui se constitue en vue d'un gain ou de tout autre but licite, peut obtenir la personnalité (art. 801, 953) dès qu'elle remplit les conditions exigées par la loi à cet effet.

ART. 724. Le Conseil d'État seul peut accorder la personnalité aux associations qui en font la demande. Il ne l'accorde qu'après s'être assuré que ni dans le but de l'association, ni dans les moyens employés par elle pour l'atteindre, il n'y a rien de contraire à la loi ou aux bonnes mœurs, ni de préjudiciable à l'ordre public, au crédit public ou à la prospérité générale.

L'acte qui accorde la personnalité à une association doit être rédigé en forme d'approbation écrite.

ART. 725. La requête par laquelle une association sollicite la personnalité doit être signée par tous ses membres, ou par ceux à qui elle a donné un pouvoir spécial à cet effet. A la requête doit être annexé l'acte constitutif de l'association (statuts ou convention) en double original légalisé.

Une fois l'autorisation accordée, l'un de ces exemplaires originaux est restitué aux pétitionnaires revêtu de la déclaration d'approbation avec la date; l'autre est conservé aux archives du Conseil d'État avec la mention de l'approbation.

ART. 726. L'acte constitutif dont il est parlé à l'article précédent doit faire connaître au moins :

13.

1° Le nom ou la désignation de l'association;

2° Son but ou son objet, s'il n'apparaît pas par le nom même;

3° Le siège social, c'est-à-dire le centre d'où part la direction des opérations, et, en outre, le siège des établissements annexes, s'il y en a;

4° La qualité et la quantité des apports de chaque associé (art. 888) dans le fonds social, ainsi que le mode d'apport;

5° Les autres conditions qui, indépendamment des apports, ont pu être stipulées;

6° La personne qui représente la société à l'égard des tiers et la manière dont elle signera en cette qualité;

7° L'organisation de la direction, son mode de constitution, les principaux devoirs et obligations des directeurs;

8° Les attributions et la compétence de l'assemblée générale en ce qui concerne la nomination du personnel; l'époque, le lieu et le mode de convocation de cette assemblée, le mode de convocation de chaque membre individuellement, le mode de délibération et de vote;

9° Le mode de surveillance et de contrôle des affaires sociales et de la comptabilité, et, en général, tout ce qui concerne l'organisation et la direction de la société;

10° Dans le cas où l'association est faite en vue d'un gain, les époques et le mode de calcul et de répartition des bénéfices et des pertes.

Art. 727. Le Conseil d'État, avant d'accorder l'approbation, peut, s'il estime et dans la mesure où il estime que l'intérêt public l'exige, demander que certaines dispositions des statuts soient modifiées, ou qu'il en soit ajouté d'autres, et en faire la condition de son approbation.

Art. 728. Les statuts une fois approuvés, ou, du moins, les parties de ces statuts qui, dans la pensée du Conseil d'État, intéressent ou peuvent intéresser les rapports de l'association avec les tiers, doivent être publiés dans les journaux du pays, et même de toute autre manière si le Conseil d'État le juge nécessaire eu égard aux circonstances.

Art. 729. Une fois les statuts approuvés, aucune modification n'y peut être apportée que si elle a été expressément prévue, et dans la forme prescrite par les statuts mêmes.

Les modifications non prévues ne peuvent être insérées qu'avec le consentement des quatre cinquièmes des membres, à moins que les statuts n'en disposent autrement.

Art. 730. Toute modification aux statuts doit être soumise à l'approbation du Conseil d'État. Elle doit en outre, qu'elle ait été ou non prévue par les statuts, être portée à la connaissance du public.

Dans tous les cas, l'approbation et la publication doivent avoir lieu dans la même forme que celle des statuts eux-mêmes.

DES OPÉRATIONS DE L'ASSOCIATION.

Art. 731. Dès que la direction de l'association est organisée, elle doit faire connaître au tribunal dans le ressort duquel est son domicile légal (art. 726, 3°) le nom du directeur et, s'il y a plusieurs membres dans la direction, les noms de tous les directeurs.

Art. 732. Toute convention régulièrement passée par la direction engage l'association; elle la rend créancière ou débitrice alors même qu'elle n'exprime ni ne mentionne qu'elle est conclue pour l'association, à moins que le contraire ne résulte des circonstances (art. 417).

ART. 733. Quand les statuts ne déterminent pas avec précision les limites des pouvoirs de la direction, elle est censée capable de faire tous les actes rentrant dans le cercle des opérations de l'association et dérivant de sa nature même. Si ce cercle a été restreint par une délibération ultérieure de l'association, cette délibération n'aura d'effet à l'égard des tiers qui auront traité avec la direction que si elle a reçu une publicité suffisante ou si ces tiers l'ont connue de toute autre manière.

ART. 734. Toutes les délibérations de la direction et de toutes commissions ayant une part et un rôle dans l'administration (par exemple, la commission de surveillance, celle des vérificateurs de la comptabilité, etc.) doivent être régulièrement rédigées en un procès-verbal, qui fera connaître non seulement chacune des décisions prises, mais encore, autant que possible, les points essentiels des discussions sur chaque question.

Les membres de la direction sont responsables sur tous leurs biens de la bonne tenue et de la conservation de ces procès-verbaux, de même que de celles de tous les livres, comptes et pièces concernant l'association.

ART. 735. La direction, ou la personne à qui les statuts imposent cette obligation, doit, en dehors des assemblées générales ordinaires, en convoquer d'extraordinaires toutes les fois que le huitième au moins des membres l'exige.

ART. 736. Dans les assemblées régulièrement convoquées, chaque membre a droit à une voix, et leurs décisions sont régulières si la majorité des membres présents a pris part au vote, à moins que les statuts n'en disposent autrement.

ART. 737. L'assemblée générale peut changer les membres du

conseil de direction et des commissions, quand elle le juge nécessaire, à moins que les statuts ne subordonnent ce changement
à certaines conditions ou formalités.

Néanmoins, quelles que soient les dispositions des statuts, le
tribunal peut, à la requête de quelques membres et même d'un
seul, ordonner de nouvelles élections, quand il trouve que les
membres de la direction ou des commissions en fonctions ne rem-
plissent pas, ou ne peuvent remplir régulièrement ces fonctions,
ou y apportent une négligence coupable.

ART. 738. Toutefois l'assemblée générale ne peut, par ses décisions, porter atteinte aux droits qu'ont acquis envers l'association
les directeurs, les agents de contrôle et tous autres employés.
Bien que l'assemblée ait pleinement le droit de changer les agents
qu'elle a choisis (art. 737), la société doit cependant, quand
la révocation n'est motivée par aucun fait répréhensible, ou qu'il
n'y a pas à cet égard de convention particulière, réparer le dommage que leur cause cette révocation.

ART. 739. Quand une association corporative formée en vue
d'un gain est arrivée au point de ne plus pouvoir payer ses dettes
sur ses ressources, tous les associés sont solidairement responsables, chacun sur tous ses biens, de la totalité du déficit révélé
par la liquidation.

Ils sont exempts de cette responsabilité seulement au cas où les
statuts mêmes ont expressément déclaré que les associés ne sont
pas personnellement responsables au delà du fonds social. Il est
néanmoins nécessaire que cette clause limitative ait reçu la publicité légale (art. 728), faute de quoi elle n'aura aucun effet à
l'égard des créanciers sociaux.

ART. 740. Tout nouveau membre qui entre dans une asso-

ciation dans laquelle les associés répondent des dettes sociales
(art. 739) prend, par le fait même de son entrée, la responsabilité de toutes les dettes sociales, même de celles contractées
avant son entrée.

ART. 741. Tout associé peut à son gré sortir de la société, à
moins de convention contraire. Il ne peut, en ce cas, se retirer de
l'association qu'après avoir rempli les obligations qu'il a contractées envers celle-ci.

ART. 742. Un membre peut être exclu de l'association pour
des motifs sérieux et graves, mais seulement à la suite d'un jugement du tribunal, rendu sur la demande de l'association.

ART. 743. Quand, pour quelque motif que ce soit, un membre
d'une association dont les membres sont responsables même sur
leurs biens propres, conformément à l'article 739, cesse d'être
associé, il reste, lui et ses héritiers, responsable de toutes les
dettes et obligations contractées avant sa sortie. Toutefois cette
responsabilité est limitée à trois années, et si pour certains cas la
loi a réduit ce délai de prescription, il bénéficie du délai réduit.

ART. 744. La direction de toute association dont les membres
sont responsables même sur leurs biens personnels, conformément à l'article 739, doit chaque année publier dans les principaux journaux du pays :

1° Les noms de tous les membres qui, dans le cours de l'année, sont entrés dans l'association ou en sont sortis, et le nombre
de ceux qui en font encore partie;

2° Le compte annuel des dépenses et des recettes, et la situation du patrimoine de l'association comparée avec celle de l'année
précédente.

Cette publication doit être faite au plus tard dans les trois mois qui suivent la clôture de l'exercice annuel.

ART. 745. Le payement des dettes contractées par un des membres en son propre nom ne peut jamais être réclamé à l'association par le créancier. Celui-ci peut seulement mettre opposition sur les revenus que son débiteur reçoit comme membre de l'association.

DE LA DISSOLUTION DES ASSOCIATIONS.

ART. 746. L'association corporative, indépendamment des cas prévus par les statuts, prend fin :

1° Quand la dissolution est ordonnée soit par l'assemblée générale, soit par une commission spéciale agissant en vertu des pouvoirs que lui confèrent les statuts;

2° Quand l'actif social est tellement réduit qu'on ne peut plus acquitter régulièrement les dettes ou remplir les obligations sociales, et que, vu cette situation, le tribunal déclare que l'association est en déconfiture (art. 747);

3° Quand le Conseil d'État, conformément aux prescriptions des articles 748 et 749, prononce la dissolution;

4° Quand le Conseil d'État considère qu'il n'est plus possible de composer la direction et les commissions de l'association, conformément aux statuts, à cause de la réduction du nombre des associés ou pour tout autre motif, et, en conséquence, prononce la dissolution.

ART. 747. Dès qu'il est constaté que le passif dépasse l'actif, la direction doit suspendre tout payement et en informer sans délai le tribunal pour que celui-ci déclare la déconfiture. Tous les membres de la direction et des commissions sont solidairement

responsables sur leurs biens personnels du dommage qui résulterait pour les créanciers d'une exécution tardive de cette prescription.

Le tribunal peut cependant différer sa déclaration sur la demande des intéressés, mais seulement dans le cas où ce délai ne
doit pas nuire à la conservation du patrimoine de l'association.

Art. 748. Quand une association corporative entre dans une
mauvaise voie et commence à s'occuper d'affaires suspectes ou, en
général, d'affaires en dehors de ses statuts et nuisibles à l'intérêt
public, le Conseil d'État peut, sur la proposition ou le rapport
d'une autorité inférieure, comme aussi à la requête d'un créancier
ou d'un associé, rendre une ordonnance de dissolution.

Toutefois le Conseil d'État ne prend une mesure de ce genre
qu'après s'être absolument convaincu des torts de l'association.
D'autre part, il doit avant tout se livrer à une enquête approfon-
die et donner à l'association la faculté de se justifier.

Mais, dans tous les cas, et quand même l'association ne pourrait se justifier, un délai suffisant doit lui être accordé pour
s'amender.

Art. 749. Toute décision qui, en exécution d'une ordonnance
du Conseil d'État, dissout une association corporative doit énu-
mérer tous les motifs de cette mesure. Ces motifs sont publiés avec
l'ordonnance même de dissolution.

Art. 750. Quand une association doit prendre fin pour un
motif prévu dans les statuts, ou en exécution d'une décision de
l'assemblée ou d'une commission investie de ce pouvoir, la direction doit en faire sans délai la déclaration au Conseil d'État, afin
d'obtenir l'approbation, et, s'il en est besoin, des mesures con-
servatoires du patrimoine de l'association, pour sauvegarder les
droits des tiers.

Si la direction a négligé de faire cette déclaration en temps utile, ses membres sont solidairement responsables de toutes les suites de leur négligence.

ART. 751. La dissolution de l'association doit être autant que possible publiée de la même manière que sa constitution. Cette publication est faite par les soins de la même autorité qui a ordonné ou approuvé la dissolution.

ART. 752. S'il n'est rien prévu, dans les statuts ou dans leurs compléments postérieurs, relativement au partage du patrimoine de l'association, après la dissolution, l'actif net qui restera après déduction des dettes, appartiendra, si l'association a été faite en vue d'un gain, aux membres qui en feront encore partie, et sera partagée entre eux par tête.

Si l'association a été constituée, non en vue d'un gain, mais pour l'avantage ou l'utilité d'un village, d'une ville, d'une phratrie, d'une tribu, le patrimoine de l'association sera pareillement remis à la corporation intéressée, mais avec cette réserve expresse qu'il sera affecté à quelque œuvre utile, se rapprochant le plus possible de celle à laquelle se consacrait l'ancienne association.

Si cette association avait un but patriotique ou humanitaire, le patrimoine de l'association sera versé à la caisse générale des pauvres ou à quelque autre établissement charitable d'utilité publique.

Dans tous les cas, la personne morale qui reçoit ce patrimoine le prend avec toutes les charges dont il est grevé.

ART. 753. Les derniers membres restés dans l'association ont le droit, quand elle n'est pas commerciale, de désigner le but auquel seront affectés les biens qui, aux termes du 2° paragraphe de l'article 752, sont remis au village, à la ville, à la phratrie, à la tribu, et d'exiger des garanties pour assurer l'exécution de leurs intentions.

Pareillement, quand le patrimoine doit être remis à un établissement de bienfaisance générale, aux termes du 3ᵉ paragraphe du même article, les membres restants décident auquel des établissements de ce genre (caisse des pauvres, hôpital, etc.) on l'attribuera, à quelles conditions et avec quelle garantie.

Le Conseil d'État prononce sur les contestations qui peuvent s'élever à ce sujet. Il surveille et contrôle la remise des biens aux personnes désignées.

Art. 754. Les dispositions du présent chapitre ne sont pas applicables aux sociétés par actions, lesquelles sont régies par une loi spéciale.

CHAPITRE XI.

DES FONDATIONS.

Art. 755. Lorsqu'une personne, en se conformant aux lois, a institué, avec les biens dont elle a la libre disposition, une fondation pieuse ou quelque établissement permanent (par exemple, en mémoire d'un défunt, ou pour nourrir ou assister des pauvres d'une manière permanente, pour l'entretien des fontaines et des ponts, etc.), cette fondation devient, du jour où elle est constituée, une personne morale.

Les mineurs et tous ceux qui pour une cause quelconque sont en tutelle peuvent faire de semblables fondations, après avoir obtenu le consentement de leur tuteur et l'approbation de l'autorité tutélaire.

Art. 756. La fondation dont le fonctionnement ne doit commencer qu'après la mort du fondateur peut être faite par testament. Ce testament doit être rédigé par écrit, en présence de trois témoins au moins; toutefois il suffit de deux quand l'acte est fait devant le tribunal.

Si le fonctionnement doit commencer du vivant du fondateur, il faut que l'acte constitutif soit légalisé.

ART. 757. Cet acte doit déterminer avec précision la nature et le but de la fondation, les biens affectés à son établissement et à son entretien, les personnes chargées de l'administrer et le mode d'administration.

ART. 758. Si la valeur des biens affectés à la fondation dépasse mille francs, elle ne peut commencer à fonctionner qu'après l'approbation de l'autorité supérieure. Cette approbation est donnée par le Conseil d'État jusqu'à deux mille francs. Au-dessus de cette somme, elle est donnée par le Chef de l'État.

Quand la fondation a un caractère religieux, elle doit, avant d'être soumise à l'approbation de l'autorité civile, avoir été approuvée par l'autorité religieuse.

Le Conseil d'État doit toujours être informé de tout acte créant une fondation, alors même que son approbation n'est pas nécessaire. Il en est directement informé par le tribunal qui a légalisé l'acte de fondation ou a pris une part quelconque à sa rédaction (art. 756).

ART. 759. L'existence de la fondation date du jour où elle est constituée, c'est-à-dire : du décès du testateur, si elle est créée par un testament; de la légalisation de l'acte par le tribunal, dans les autres cas.

Les fondations pour l'existence desquelles l'approbation de l'autorité supérieure est exigée sont néanmoins censées datées du jour de leur constitution. Que si, pour quelque motif légal, l'autorisation est refusée, la fondation sera réputée n'avoir jamais existé.

Art. 760. Si l'acte même de fondation n'a pas prévu le mode d'administration et de contrôle, on devra s'en référer par analogie aux règles et prescriptions concernant la tutelle (art. 646-648).

Si la fondation a, en tout ou en partie, un caractère religieux, l'autorité supérieure civile devra se concerter, toutes les fois qu'il sera nécessaire, avec l'autorité ecclésiastique.

Art. 761. Toutes les fois que l'administration d'une fondation passe régulièrement des actes au nom de celle-ci, la fondation elle-même devient créancière ou débitrice.

Art. 762. Quand une fondation ne peut plus, par suite d'un empêchement absolu, subsister telle qu'elle a été constituée; par exemple, quand son but se trouve en opposition avec des institutions provenant de faits et de besoins nouveaux, ou quand elle ne peut plus, par suite de circonstances nouvelles, atteindre le but visé par son auteur, elle doit être réorganisée en vue de ces nouveaux besoins. Que si cette transformation ne pouvait se faire sans s'écarter nota-blement des intentions du fondateur, on doit ordonner la suppres-sion de la fondation.

Art. 763. Le Conseil d'État prononce sur la transformation ou la suppression des fondations. Toutefois il ne peut prendre au-cune décision avant d'avoir entendu l'avis motivé de l'administra-tion, des autorités compétentes, de l'autorité ecclésiastique si la fondation a un caractère religieux, et, en général, de toutes per-sonnes intéressées.

Art. 764. Toute personne ayant légalement acquis quelque droit et avantage auquel la transformation ou la suppression por-terait atteinte doit en faire au Conseil d'État une déclaration mo-tivée.

En conséquence, quand le Conseil d'État a l'intention de transformer ou de supprimer une fondation, il doit insérer trois publications dans les journaux du pays, en faisant observer que si, dans un délai de six semaines, les intéressés n'ont pas fait connaître leurs droits, ils en seront irrévocablement déchus.

Cette même publication exposera et énumérera tous les motifs qui rendent nécessaire la transformation ou la suppression de la fondation.

Art. 765. C'est seulement après l'exacte et complète exécution de toutes les prescriptions contenues dans les deux articles précédents que le Conseil d'État peut prononcer la transformation ou la suppression. Toutefois, dans l'un comme dans l'autre cas, cette décision n'est exécutoire qu'après avoir été approuvée par le Chef de l'État.

Art. 766. Quand une fondation cesse d'exister, on règle la destination de ses biens, suivant les cas, soit, par analogie, d'après la règle du 2ᵉ paragraphe de l'article 752, soit d'après celle du 3ᵉ paragraphe du même article.

On ne procède ainsi, toutefois, que si l'acte de fondation n'a pas statué différemment.

SIXIÈME PARTIE.

EXPLICATIONS, DÉFINITIONS, DISPOSITIONS COMPLÉMENTAIRES.

CHAPITRE PREMIER

RELATIF AUX DISPOSITIONS PRÉLIMINAIRES (PREMIÈRE PARTIE).

DE L'INTITULÉ ET DU CONTENU DU CODE.

ART. 767. Le présent *Code des biens* (имовински законик) trace les règles relatives aux actes concernant les biens et aux rapports qui en dérivent considérés au point de vue de la justice et du droit.

Ainsi un code des biens a pour objet : tout ce qui peut entrer dans un patrimoine, tout acte, tout événement et, en général, toute chose qui intéresse le patrimoine ou le touche de quelque manière que ce soit.

ART. 768. Le présent Code des biens est dit *général* (општи) parce qu'il contient seulement les règles concernant les transactions journalières dont les biens peuvent être l'objet, et auxquelles se livrent généralement tous les Monténégrins, soit entre eux soit avec des étrangers.

Au contraire, sont dits *spéciaux* (особити) les codes des biens ou les lois qui régissent les diverses espèces de biens, comme le Code de commerce, celui des lettres de change, le Code maritime, etc.

ART. 769. Les communautés de famille, soit prises en elles-mêmes, soit dans leurs rapports avec leurs membres, constituent aussi une matière spéciale. Néanmoins le présent Code général en parle, mais seulement au point de vue de leurs relations avec des personnes étrangères à la famille, de même qu'il parle des autres personnes morales au point de vue de leurs rapports avec des étrangers (art. 801).

Au contraire, tout ce qui regarde les relations et les questions purement intérieures, qu'elles concernent les personnes ou les biens, sera réglé par des lois spéciales.

Des lois spéciales régleront également le partage des communautés de famille et le droit des successions.

Art. 770. Ce Code se divise en six parties principales :

La première contient les règles générales et préliminaires; la deuxième, les règles concernant la propriété et les autres droits réels; la troisième, la vente et les autres principales espèces de contrats; la quatrième traite des contrats en général et des autres actes et faits donnant naissance à des obligations.

Les quatre premières parties ayant ainsi traité principalement des biens, c'est-à-dire des actes et faits qui les concernent, la cinquième partie expose les règles concernant spécialement l'homme et tous autres sujets de droit, ainsi que leur capacité et tout ce qui concerne le droit de disposition.

Enfin, la sixième partie contient les règles qui, en tant que de besoin, expliquent, définissent et parfois complètent les dispositions du Code.

DES LOIS ET DES RÈGLES DE DROIT EN GÉNÉRAL.

Art. 771. La loi est *promulguée* (постављен) dès que le législateur l'a sanctionnée (par sa signature, par un décret); mais elle n'entre en vigueur, c'est-à-dire ne commence, en général, à produire effet qu'au jour indiqué lors de la promulgation.

14

Du reste, la loi, même promulguée, ne peut *entrer en vigueur* (стати на снагу) qu'après avoir été *publiée* (проглашен); sans publication la loi n'a pas de force obligatoire.

En général, la publication résulte de l'insertion dans la partie officielle du journal national. Par exception, le présent Code sera publié dans la forme spéciale indiquée par le décret de promulgation.

Art. 772. Nul n'est admis à prétendre qu'il a ignoré une loi régulièrement publiée.

Art. 773. Les lois n'ont pas d'effet rétroactif. En conséquence, la loi plus récente, en tant qu'elle diffère de la loi antérieure, ne peut servir de règle pour les difficultés déjà résolues, pour les affaires déjà conclues, pour les faits accomplis. Les droits ou obligations nés avant l'entrée en vigueur de la loi nouvelle ne peuvent être ni annulés ni modifiés en vertu de ces dispositions.

Art. 774. Les lois nouvelles dérogent aux anciennes. En conséquence, que la loi nouvelle abroge ou complète ou modifie ou remplace l'ancienne, c'est toujours la plus récente qu'il faut suivre.

Art. 775. Les lois sont ou *impératives* (наредбени) ou *dispositives* (уредбени). La loi est impérative quand chacun, dans la matière dont il s'agit, est absolument obligé dans tous les cas d'y conformer ses actes et sa conduite. L'observation des lois impératives est assurée en ce que les actes faits en contravention n'ont pas d'existence légale, soit qu'ils soient frappés de nullité absolue, soit qu'ils entraînent seulement certaines conséquences désavantageuses que la loi elle-même détermine suivant le cas.

Quelle qu'ait été la volonté de l'agent ou la convention des parties, elle tombe devant la loi impérative en tant qu'elle lui est contraire, car, si elle veut atteindre le but pour lequel elle a été faite, c'est seulement à la condition que tous sans exception se conforment à ses commandements.

Au contraire, la volonté formelle de l'individu ou des parties peut se substituer aux lois dispositives. Les règles qu'elles établissent ne doivent même être suivies qu'à défaut d'intention contraire exprimée dans l'acte.

Art. 776. Lorsqu'il s'agit d'interpréter une loi, il faut avant tout déterminer, s'il y a lieu, le sens naturel des mots.

Ensuite on recherche et on relève, autant qu'il est nécessaire et possible de le faire, toutes les circonstances de temps et de milieu dans lesquelles la loi est née. Il faut, en conséquence, chercher : à découvrir les motifs qui ont déterminé le législateur à l'établir et le but qu'il a voulu atteindre; à discerner les rapports de cette loi avec d'autres règles de même ou de semblable espèce; à découvrir si le législateur a bien eu en vue précisément le même genre d'affaires que celui dont il s'agit.

Cette opération doit se faire d'une manière simple, naturelle, sans effort, sans subtilité, sans idée préconçue. Il faut également avoir sans cesse présente à l'esprit cette pensée que jamais il n'a pu être dans l'intention du législateur d'autoriser le juge à commettre une injustice en se fondant sur un texte manquant de précision.

Art. 777. S'il résulte de cet examen que le législateur, en disposant comme il l'a fait, n'a pas eu en vue le genre d'affaire dont il s'agit, on présume que cette affaire n'est pas réglée par la loi.

Dans ce cas, le juge suit les règles contenues dans les articles 2 et 3 du présent Code, mais en ayant égard, autant que possible, à l'esprit d'autres lois traitant de la même matière, ou de matières analogues.

14.

Art. 778. Quand le législateur lui-même interprète une loi, on doit suivre le sens qu'il lui a donné en l'interprétant.

Art. 779. La loi entend par *coutume* (обичај) toute règle qui se maintient dans la vie nationale et dans la pratique judiciaire, et qui n'est pas entrée au nombre des règles du droit écrit.

Art. 780. Dans l'application de la coutume, lorsqu'il s'agit d'une matière sur laquelle il existe des usages propres à une certaine classe de personnes vouées par profession aux occupations de ce genre (commerçants, artisans, etc.), il faut se conformer aux usages de ces personnes, en tant qu'ils ne sont contraires ni à la loi ni aux bonnes mœurs.

Art. 781. Le juge décide *par analogie* (по подобју) quand, à défaut d'un texte formel, il applique des règles concernant une matière autre, mais similaire.

Art. 782. L'équité est le fondement de la loi et de la coutume, et quand le juge décide d'après la loi ou la coutume, il se conforme, par là même et en définitive, à l'équité; c'est, en effet, à l'équité que la loi et la coutume ont emprunté les règles sur lesquelles le juge se fonde. Au contraire, quand ni la loi ni la coutume ne fournissent aucune règle applicable à un cas donné, et qu'il est impossible d'en trouver par analogie (art. 3), l'équité est alors pour le juge la source directe où il doit puiser la règle dont il a besoin, suivant la nature particulière de l'affaire en litige. C'est précisément là ce qu'on appelle *juger en équité* (суђење по правди и правици).

En pareil cas, le juge doit, examinant l'affaire sous toutes ses faces, rechercher ce que les honnêtes gens regardent comme bon et juste, et ce qui répond à cet idéal de loyauté et de bonne foi sans lesquelles il n'y a pas de relations possibles entre les hommes. Bien que le juge fasse cette appréciation en son âme et conscience, il doit néanmoins consulter, autant que possible, l'opinion et le sentiment du peuple ou de la classe des gens qui ont l'habitude des affaires du même genre.

Les différents sens du mot *justice* (правда), par exemple : «jugement, tribunal,» sont suffisamment indiqués dans chaque cas par la place que le mot occupe dans la phrase.

Art. 783. Le mot *loi* (закон), dans le présent Code, désigne principalement toute règle promulguée par le législateur en la forme régulière. Mais il peut également désigner une règle que le pouvoir législatif n'a pas établie et qui néanmoins existe comme si elle l'avait été expressément; telles sont, par exemple, les coutumes (art. 2). Il désigne encore un ensemble de règles qui embrassent toute une matière. Il désigne même les principes généraux du droit et de la justice.

Au surplus, chacune de ces significations est facile à reconnaître d'après le sens général de la phrase dans laquelle le mot закон est employé.

Art. 784. Le mot *droit* (право), dans le présent Code, doit être pris seulement dans le sens de «pouvoir» ou de «faculté légale» (par exemple : Pierre a le droit de réclamer à Paul cinq cents francs; Ivan a le droit de passer sur les champs de ses voisins, etc.).

A la vérité, le mot *droit,* à l'exemple des langues étrangères, est souvent pris pour désigner les règles de droit ou le recueil de ces règles; mais, pour éviter toute erreur ou confusion, le présent Code évite d'employer le mot en ce dernier sens.

Art. 785. On entend, dans le présent Code, par règles des

bonnes mœurs (благонаранньbe.) ces règles de bonne foi et
d'honnêteté courante à l'observation desquelles l'autorité ne peut
pas toujours strictement contraindre, mais dont la violation est
toujours condamnée par le sentiment public.

DE L'APPLICATION RÉCIPROQUE DES LOIS NATIONALES ET ÉTRANGÈRES.

Art. 786. Lorsqu'on veut savoir jusqu'où s'étend la capacité
générale d'une personne (art. 801, 953), par exemple, si elle
peut être propriétaire de choses d'une certaine nature et dans
quelle mesure, on doit appliquer la loi du lieu dont le droit régit
les choses ou affaires de la nature de celles dont il s'agit.

Art. 787. Quand on veut savoir si l'existence d'une association
corporative, d'une fondation, et, en général, d'une personne morale
est légale, on doit juger d'après la loi du lieu où elle est établie.

Art. 788. Lorsqu'on recherche quelle est l'étendue légale du
droit de disposition d'une personne à l'égard de ses biens, on doit
appliquer les lois du pays de cette personne.

Pour tous les actes faits au Monténégro, soit entre étrangers
soit entre étrangers et nationaux, qui y sont exécutés et y font
l'objet d'un jugement, on appliquera, en ce qui regarde la capacité, la loi monténégrine, quand elle se trouvera plus favorable
au maintien et à la validité de l'acte.

Art. 789. Si un étranger habitant le Monténégro paraît, à
raison de sa jeunesse ou pour toute autre cause, hors d'état de
gérer convenablement ses biens, l'autorité monténégrine peut
lui désigner un tuteur si l'autorité de son pays ne lui en a pas
nommé un.

La tutelle ainsi établie est, en général, régie par les lois du pays dont l'autorité l'a constituée. Cependant, quand cette tutelle concerne un mineur, on s'en réfère pour sa durée aux lois du pays auquel il appartient.

Art. 790. La propriété des immeubles et les autres droits réels (art. 870) qui les affectent sont régis exclusivement par les lois du lieu où ces immeubles sont situés.

Art. 791. En ce qui concerne les meubles, la disposition de l'article précédent régit également, en principe, la propriété et les autres droits réels.

Pour tout ce qui concerne l'acquisition ou l'aliénation des choses mobilières ou des droits réels constitués sur elles, on suit la règle du lieu où se trouvait la chose au moment où est survenu le fait ou le contrat qui a été la cause de cette acquisition ou de cette aliénation (par exemple, la vente).

Toutefois, en ce qui touche la prescription des objets mobiliers (art. 845), on applique seulement la loi du lieu où se trouvait l'objet au moment où a commencé à courir le délai de la prescription. La loi de ce lieu s'applique également à la détermination du moment où la prescription s'achève, comme à toutes les conséquences de ce fait.

Art. 792. Les droits et obligations dérivant des contrats sont régis par la loi du lieu que les parties ont déterminé ou que, d'après la nature de l'affaire et diverses autres circonstances, ils ont eu évidemment en vue, ou qu'ils auraient eu en vue, au moment du contrat, s'ils y avaient pensé.

Ce lieu peut être : ou celui où a été conclu le contrat, ou celui où il doit être exécuté, ou celui où est jugée l'affaire qui est l'objet du contrat, ou enfin celui que les circonstances montrent avoir dû être considéré comme le siège de l'affaire. Mais cette règle géné-

rale ne s'applique qu'aux obligations (art. 871). Tous les droits
réels découlant du contrat restent toujours soumis à la loi du lieu
où l'objet se trouve (art. 790-791).

Art. 793. Pour les obligations qui résultent d'un dommage
causé par un acte illicite (art. 570), on applique la loi du lieu où
l'acte dommageable a été commis. Sont exceptés, toutefois, les cas
prévus au 3° de l'article 796.

Art. 794. De même pour les obligations nées de tous faits,
événements et circonstances (art. 586-602) autres que les contrats et les actes illicites (art. 792-793), on applique la loi du
lieu où s'est passé le fait ou l'événement qui leur a donné naissance.

Art. 795. Les effets et conséquences du jugement prononcé
par un tribunal étranger sont réglés par les lois du pays à qui appartient ce tribunal. Mais ces effets et conséquences n'iront jamais
au delà de ce qui est établi par les lois monténégrines pour les
jugements des tribunaux nationaux (art. 796, 3°).

Art. 796. Les jugements des tribunaux étrangers n'auront aucune force au Monténégro dans les cas suivants :

1° Si un Monténégrin actionné en justice n'a pas été mis, soit
directement, soit par l'intermédiaire de son gouvernement, à même
de se défendre efficacement dans le procès qui a été terminé par
le jugement dont il s'agit;

2° Si le tribunal étranger, en motivant sa sentence, n'a point
tenu compte du degré de capacité des Monténégrins à l'égard de
leurs biens ni des droits qui en résultent;

3° Si la sentence oblige à une chose à laquelle personne, d'après
les lois monténégrines, ne peut être contraint, ou aboutit au paye-

ment d'amendes ou d'indemnités pour des actes auxquels la loi monténégrine n'attache pas de conséquences semblables.

Art. 797. Un tribunal monténégrin n'est pas obligé d'assurer l'exécution d'un jugement étranger par cela seul qu'il en reconnaît l'existence. L'exécution des jugements d'un tribunal étranger n'est garantie que s'il y a réciprocité, pour les affaires de cette nature, entre le Monténégro et le pays à qui appartient ce tribunal.

Mais, comme l'exécution des jugements rentre plutôt dans la matière de l'organisation judiciaire et de la procédure, ces règles trouveront mieux leur place dans la loi sur la procédure.

Art. 798. Pour tout ce qui regarde la forme, c'est-à-dire les règles s'appliquant à la partie extérieure des actes, on doit s'en référer aux lois du pays dans lequel ces actes sont passés.

Cependant, si la forme d'un acte répond aux prescriptions des lois monténégrines, les tribunaux pourront en reconnaître la validité, quand même l'acte ne serait pas absolument conforme aux lois du lieu où il a été passé.

Art. 799. Les formes et règles extérieures à observer pour l'acquisition de la propriété ou de tout autre droit réel, de même que pour les changements de titulaire d'un droit quelconque de cette nature, sont déterminées par les lois du lieu où se trouve l'objet (art. 790-791).

Art. 800. Quand la question de savoir quelle est la loi applicable dépend de la question de savoir quelle est la nationalité d'une personne, et que cette personne a perdu sa nationalité sans en acquérir une nouvelle, on applique, pendant tout le temps que dure cette situation, les lois du pays dont il a été sujet en dernier lieu.

ART. 801. On appelle имaлaц (*ayant*) dans la langue nationale toute personne qui a quelque chose dans son patrimoine. Mais, dans le présent Code, est *personne* (sujet de droit, имaоник) non seulement celui qui a réellement quelque chose, mais en général tout être physique ou moral (comme l'État, l'Église, etc.) à qui est reconnu le droit d'avoir un patrimoine (art. 953).

Les règles concernant les personnes, ainsi que leur capacité, soit en général, soit pour agir, sont plus longuement exposées dans la cinquième partie de ce Code.

DES CHOSES.

ART. 802. Les *immeubles* (непокретне ствари), au sens légal, comprennent non seulement la terre, mais tout ce qui a été à demeure construit, enfoncé, planté, creusé dans la terre et ne peut, sans que la substance en soit détruite ou altérée, être transporté d'un lieu dans un autre.

ART. 803. En conséquence, sont immeubles, au sens légal, les moulins à vent et à eau, les foulons et tous autres appareils de même nature. Sont immeubles même les moulins flottants sur lacs ou cours d'eau, s'ils sont fixés solidement et à demeure, au fond de l'eau, ou s'ils ont sur le rivage quelque construction fixe dont la destination principale est la même.

ART. 804. Il est de règle que les fruits naturels font partie de la chose tant qu'ils n'en sont pas séparés. En conséquence, sont immeubles : l'herbe, les plantes, les arbres, tout ce qu'ils produisent et tout ce qui croît sur le sol, tant qu'ils n'en sont pas détachés.

ART. 805. Tout ce qui est à demeure cloué, maçonné, scellé ou attaché d'une manière quelconque à un bâtiment ou à tout autre objet immobilier est réputé faire partie intégrante de cet objet.

Sont, en conséquence, regardés comme faisant partie intégrante d'un bâtiment : les clôtures de toutes les portes et fenêtres, de même que les foyers, fourneaux, cheminées, et tout ce qui sert d'une manière permanente au bâtiment, alors même qu'ils seraient temporairement détachés de l'objet principal.

ART. 806. Les objets mobiliers qui servent à l'usage permanent d'un moulin, d'un foulon, etc., et sans lesquels ces appareils ne pourraient fonctionner suivant leur destination, en sont réputés parties intégrantes, tant qu'ils y restent attachés.

ART. 807. Sont *meubles* (покретне ствари) tous les objets qui, sans altération de leur substance, peuvent être transportés d'un lieu dans un autre ou se meuvent par eux-mêmes (comme le bétail), à moins que ces objets ne fassent partie intégrante d'un immeuble. Ainsi : l'herbe, les fruits et tous les produits de la terre deviennent meubles aussitôt qu'ils sont séparés du sol.

ART. 808. On entend par *objet principal* (главна ствар) celui qui existe par lui-même et qui se suffit à lui-même pour remplir sa destination.

On entend, au contraire, par *objet accessoire* (узгредна ствар) une chose dont la destination est de servir à une autre qui est l'objet principal, ou de compléter le service auquel celle-ci est destinée.

ART. 809. Les *accessoires*, au sens large du mot (приложје) (art. 808), comprennent non seulement les dépendances d'une chose, mais, en général, tout ce qui s'y ajoute ou s'y attache, que ce soit un produit de la chose même ou un accroissement venu du dehors.

En ce sens peuvent être accessoires d'une chose non seulement des choses, mais même des droits.

Art. 810. Les choses *fongibles* (суврсте ствари) sont celles qu'on a l'habitude de considérer dans leur genre et que dans le commerce il est d'usage de mesurer ou de compter (comme le blé, le vin, les planches, les poutres, etc.), enfin celles qui peuvent, en général, du moment qu'elles sont du même genre, se remplacer les unes les autres.

Au contraire, est *non fongible* (самоиста ствар), c'est-à-dire prise dans son individualité, la chose même dont il s'agit, à l'exclusion de toute autre, si semblable qu'elle puisse être (par exemple, la maison sise à l'angle de telle rue, et non une autre; le cheval dont il a été question, et non un autre, etc.).

DE LA POSSESSION.

Art. 811. Il y a *possession* (држина ou посјед), au sens légal du mot, quand tu détiens effectivement une chose en ton pouvoir, avec l'intention de la détenir pour toi-même.

Il y a possession alors même que la chose est détenue non par toi-même, mais par une autre personne qui a l'intention de la détenir pour toi et dont l'intention est conforme à la tienne.

Dans les deux cas, c'est toi qui es *possesseur* (држитељ), au sens légal du mot; au contraire, celui qui détient pour toi n'est que *détenteur* (придржник).

Art. 812. La chose est au pouvoir du possesseur, c'est-à-dire en sa possession, non seulement quand elle se trouve matériellement en sa main et en contact avec lui, ou dans la main de celui qui détient pour lui (art. 811), mais même quand, tout éloignée qu'elle est de lui, elle est à sa complète disposition; il en est ainsi tant qu'on peut dire, à raison des circonstances, que la chose n'est pas sortie de son pouvoir.

Art. 813. En principe, il ne peut y avoir de possession, au sens légal, sans intention. Mais, d'autre part, quand, au début de la possession, cette intention s'est manifestée, il n'est pas nécessaire que le possesseur l'ait sans cesse présente à l'esprit ni qu'il exerce son droit sans interruption pour que son intention soit certaine et que sa possession persiste. Car la loi suppose que l'intention reste toujours la même et aussi efficace qu'au commencement, tant que le possesseur lui-même ne déclare pas d'une manière non douteuse, par paroles ou par actes, que cette intention n'existe plus.

Art. 814. La possession d'une chose peut appartenir non seulement à celui qui détient cette chose comme propriétaire, mais aussi à celui qui a sur cette chose quelque autre droit moindre. En conséquence, pour une seule et même chose il peut y avoir plusieurs sortes de possessions simultanément; par exemple : celles qui s'exercent à titre de propriété, d'usufruit, etc.; chacun possède alors, dans les limites du genre de droit qui caractérise sa possession.

Art. 815. Personne ne peut, par sa seule volonté, modifier le fondement ni l'étendue de sa possession. En conséquence, le détenteur qui possède pour un autre (art. 811) ne peut, par sa seule volonté, commencer à détenir pour son propre compte; de même celui qui détient comme ayant un droit d'un certain genre (par exemple, comme usufruitier) ne peut, par sa seule volonté,

commencer à la détenir comme ayant un droit d'un autre genre
(par exemple, comme propriétaire).

Art. 816. La possession est *de bonne foi* (незломислена) quand
le possesseur a la ferme conviction, et, d'après les circonstances,
a de sérieux motifs de penser qu'il est légitimement possesseur.
Au contraire, la possession est *de mauvaise foi* (зломислена)
quand le possesseur n'a pas ou n'a plus cette conviction.

En principe, on présume la bonne foi chez le possesseur, tant
que la preuve du contraire n'apparaît pas.

Art. 817. Pour ce qui concerne la possession des personnes morales (art. 954), on s'en réfère toujours à l'intention et aux actes
de leurs représentants. En conséquence, quand on se demande si
la possession d'une personne morale est de bonne ou de mauvaise
foi, on doit rechercher ce que savait et croyait son représentant
légal.

La même règle s'applique à la possession de ceux qui sont sous
l'autorité ou la tutelle d'une autre personne. Si toutefois la personne en tutelle est capable de discernement et connaît le vice de
sa possession, elle subit les conséquences de sa mauvaise foi, quand
même son représentant serait de bonne foi.

Art. 818. La loi appelle *arbitraire* (самовольна) toute possession acquise par violence, ou clandestinement, ou prise ou retenue par des manœuvres dolosives. Ce sont les vices les plus
graves de la possession, et la loi, qui en général protège toute
possession (art. 18), refuse sa protection à celle qui a dû son origine à un acte arbitraire.

Mais, d'autre part, quoique la loi ne protège pas le possesseur de mauvaise foi, et qu'au contraire elle lui enlève la possession pour la restituer à qui de droit, cependant l'autorité ne

peut tolérer aucune violence, même à l'égard d'un semblable possesseur.

ART. 819. Celui qui possède une chose par violence ou de toute
autre manière illégitime et qui de mauvaise foi la cache, la détruit,
la met subrepticement en main tierce, ou s'en dessaisit frauduleu-
sement par un moyen quelconque, reste néanmoins pleinement responsable, comme s'il était encore détenteur, de toutes les conséquences de sa fraude; ce qui ne fait pas obstacle à ce que la chose
soit recherchée partout ailleurs et reprise par la voie possessoire.

ART. 820. La possession est *régulière* (правилна) quand elle
a un fondement légitime, tel qu'une vente, une donation, une
succession, etc.; si elle n'a pas un fondement légitime, elle est
irrégulière (неправилна).

Du reste, la possession peut être irrégulière et pourtant de bonne
foi. Pour qu'elle soit de bonne foi, il suffit que le possesseur croie
qu'elle est régulière, quand même en réalité il en serait autrement
(art. 816).

ART. 821. La question de possession est absolument différente
de celle de propriété (ou de tout autre droit sur la chose).

Dans les instances purement possessoires, on ne s'occupe pas
de rechercher la base même du droit, c'est-à-dire de décider par
exemple qui est propriétaire, mais seulement de faire déclarer par
le juge quelle est celle des parties qui est la mieux fondée à réclamer la simple possession, et de la lui faire adjuger et garantir.

L'examen de la question du fond peut avoir lieu ultérieurement,
dans une instance absolument distincte, suivant la procédure ordinaire.

ART. 822. Quand la question possessoire est compliquée, les

jugements des tribunaux peuvent être *provisoires* (привремене).
Ainsi, quand il n'est pas possible de reconnaître immédiatement
laquelle des prétentions est la mieux fondée, le seul parti à prendre
est de laisser provisoirement en possession le possesseur actuel,
jusqu'à ce que l'affaire ait été examinée de plus près et qu'elle ait
reçu une solution définitive.

ART. 823. Quand un possesseur de bonne foi a été condamné
à restitution, son droit aux fruits dure jusqu'au jour où il a eu
connaissance de l'action introduite contre sa possession. A partir
de ce jour, il sera réputé de mauvaise foi et, en conséquence, sera
tenu de restituer ou de payer tous les fruits et revenus qu'il a perçus après cette date et jusqu'à celle de la restitution, ou qu'il
aurait pu percevoir et qu'il a laissé perdre par sa négligence.

Toutefois, pendant ce délai, il n'est pas responsable de la perte
ou de la détérioration de la chose par cas fortuit, de même qu'il
ne répond pas des fruits et revenus que la partie gagnante aurait
recueillis si la chose fût restée en sa possession.

ART. 824. Sont dites *nécessaires* (потребни) toutes dépenses
faites pour prévenir la perte, la ruine ou la détérioration notable de la chose, lorsque à défaut de ces dépenses lesdits accidents
se seraient inévitablement produits.

ART. 825. Sont dites *utiles* (користни) toutes dépenses qui
donnent à la chose une plus-value ou en augmentent le revenu.

ART. 826. Toutes dépenses autres que les dépenses nécessaires
et utiles sont réputées *somptuaires* (самохотни), qu'elles aient
été faites par inexpérience, ou pour l'embellissement de la chose,
ou pour l'agrément personnel du possesseur.

ART. 827. Partout où la loi parle de *dépenses* (трошкови), elle

entend non seulement de l'argent, mais aussi un travail appréciable, c'est-à-dire représentant une valeur d'échange.

ART. 828. Quand celui qui restitue une chose a le droit d'enlever ce qu'il y a ajouté, celui à qui elle est restituée peut s'y opposer, en se déclarant prêt à payer la valeur de la chose ajoutée. Il
est dû la totalité de la dépense faite, si le restituant était de bonne
foi; si, au contraire, il était de mauvaise foi, il suffit de lui payer
la valeur que cette addition aurait après enlèvement, défalcation
faite des frais d'enlèvement.

ART. 829. La possession commence au moment même où la
chose arrive au pouvoir du possesseur, de telle sorte qu'il en ait
la pleine et entière disposition (art. 812).

ART. 830. La possession se perd et cesse dès que le possesseur
l'abandonne volontairement (art. 813), ou dès qu'il lui devient
impossible d'en faire ce qu'il veut, comme lorsque la chose périt
et qu'il n'y a pas d'espoir de la recouvrer (par exemple, un objet
coulé à fond en pleine mer, un animal sauvage qui s'est enfui sans
laisser de trace, etc.), ou lorsque après avoir été dépossédé, il a
négligé de réclamer dans les trois mois à partir du jour où il
a connu le fait (art. 21).

CHAPITRE II

TRAITANT PRINCIPALEMENT DU DROIT DE PROPRIÉTÉ ET DES AUTRES DROITS RÉELS (DEUXIÈME PARTIE).

DE LA PROPRIÉTÉ EN GÉNÉRAL.

ART. 831. La *propriété* (влаштина), prise en elle-même, est le
droit le plus étendu que, d'après la loi, on puisse avoir sur une
chose (art.93). Celui qui a ce droit est *propriétaire* (власник).

15

Tout ce qui, à un titre quelconque, est dans le patrimoine de quelqu'un, comme les droits sur la chose d'autrui, les droits au travail ou au service d'une personne, et tout ce qui est dû en argent ou autrement, fait partie du patrimoine, mais ne constitue pas une propriété. En conséquence, toute propriété est par là même un patrimoine, mais réciproquement tout patrimoine n'est pas une propriété.

Aʀᴛ. 832. Il y a *copropriété* (сувлаштина) quand deux ou plusieurs personnes ont en commun la propriété d'une chose indivise, chacun pour une part idéale. Ces propriétaires par indivis s'appellent *copropriétaires* (сувласници).

Le patrimoine collectif d'une tribu, d'une association corporative, etc., ne constitue pas une copropriété, mais la propriété individuelle d'une personne morale.

Aʀᴛ. 833. Le caractère même et la nature du droit de propriété impliquent pour le propriétaire le droit absolu de reprendre la chose dont il a été injustement dépouillé, ou qui est illégalement retenue par un autre. Cette reprise, qu'on appelle *revendication* (власнички преузам), a lieu par les voies judiciaires, sous les conditions et dans les formes déterminées par la loi elle-même (art. 97-102).

DES DIFFÉRENTES MANIÈRES D'ACQUÉRIR LA PROPRIÉTÉ.

Aʀᴛ. 834. L'homologation, à laquelle la loi déclare subordonner la translation de la propriété des choses immobilières (art. 26-31), doit être insérée au bas de l'original de l'acte constatant la convention. Si plusieurs originaux (duplicata, triplicata, etc.) sont présentés au tribunal, l'homologation sera insérée sur chacun d'eux. Pour l'original ou la copie certifiée qui reste dans les archives du tribunal (art. 32), il suffit d'une mention faite par le juge, de sa propre main, attestant qu'il y eu homologation.

ART. 835. Le contrat, une fois homologué, est rendu à l'acquéreur, à moins de convention contraire entre les parties; s'il y a plusieurs exemplaires du contrat, tous revêtus de la formule d'homologation, il faut, avant de le remettre aux parties, mentionner sur chacun s'il est un des originaux et lequel, ou s'il est une copie, et en outre le nom de la personne à qui il est remis. Du tout, enfin, mention complète sera faite sur l'exemplaire qui reste aux archives du tribunal.

ART. 836. Si tu acquiers par contrat un droit à la propriété d'une chose, tu n'en es pas encore pour cela devenu propriétaire. Tu peux, il est vrai, comme tout créancier, exiger de celui qui a contracté avec toi qu'il remplisse son obligation, c'est-à-dire qu'il te transfère la propriété, mais tant que cette translation n'a pas effectivement eu lieu, tu n'es pas encore entré dans le rapport étroit qui unit le propriétaire à la chose; en un mot, tu n'es pas encore propriétaire. Tu ne le deviendras qu'après l'accomplissement effectif des formalités légales, c'est-à-dire : pour les immeubles par l'homologation judiciaire, et pour les meubles par la tradition.

ART. 837. En conséquence, si celui qui t'a vendu une terre la vend de nouveau à un autre acheteur de bonne foi, et que celui-ci, après avoir demandé l'homologation, l'obtienne régulièrement avant toi, c'est lui qui acquiert la propriété, et non pas toi, bien qu'il l'ait achetée après toi, parce qu'il a le premier obtenu l'homologation. Il te reste seulement, comme créancier, le droit de réclamer au vendeur, s'il ne peut plus exécuter le contrat, la restitution du prix que tu lui as payé et l'indemnité du préjudice qu'il t'a causé.

15.

Il va de soi qu'en pareil cas le vendeur devra répondre de sa fraude devant la justice et subir une peine s'il a commis un délit, mais cela ne te servira de rien pour reprendre à l'acheteur de bonne foi la propriété qu'il a légitimement acquise.

ART. 838. Ce qui a été dit dans l'article précédent au sujet de la priorité en matière d'acquisition d'immeubles s'applique également aux meubles, mais naturellement avec cette différence que la translation de propriété des meubles s'opère par la tradition.

ART. 839. La tradition des meubles, quand ce sont des corps certains, consiste, d'une part, dans l'abandon que le possesseur actuel fait de la chose, en vue précisément de permettre à l'acquéreur d'en prendre possession et, d'autre part, dans la prise de possession effective par l'acquéreur.

S'il faut livrer une certaine quantité de choses fongibles (grains, vin, huile, etc.), on doit préalablement les mesurer ou les compter pour en faire des corps certains. A l'égard des choses fongibles qui sont vendues ou aliénées en bloc, on suit les règles applicables aux corps certains.

ART. 840. La tradition peut être non seulement *réelle* (дјелом) (art. 839), mais *symbolique* (знаком). Les signes auxquels on reconnaît la tradition symbolique diffèrent suivant les circonstances; telles sont, par exemple, l'apposition d'une marque, la mise de la chose en état d'être expédiée, la remise des clefs du lieu où elle est déposée, etc.; à condition toutefois que l'acte réponde à l'intention des parties.

La tradition symbolique n'équivaut à la tradition réelle que si, au moment même où elle s'opère, aucun obstacle ne s'oppose à ce que la chose passe effectivement en la possession de qui de droit.

Art. 841. La propriété des choses qui sont attribuées par jugement du tribunal, ou données par décision de quelque autre autorité, passe à l'acquéreur au moment même où la sentence ou la décision dont il s'agit est devenue exécutoire.

Art. 842. En principe, celui qui le premier prend possession d'une chose sans maître avec l'intention de se l'approprier en devient, par le fait même de son occupation, légitime propriétaire. Il est clair, en conséquence, qu'il ne peut être question d'occupation pour les choses qui ont un maître.

Art. 843. Comme il n'existe pas au Monténégro de terre vacante et sans maître (car quand elle n'appartient pas à un individu ou à une communauté de famille, elle appartient à une phratrie, à une tribu, à une église, etc.), personne n'est autorisé à croire qu'il lui suffise de défricher un fonds ou de le clore avec une barrière ou une palissade pour en devenir propriétaire. Ce fonds, même après ce travail, continuerait d'appartenir à son propriétaire, quand même celui-ci l'aurait complètement négligé.

Art. 844. Par le mot *trésor* (благо), susceptible d'appropriation, la loi comprend : l'or, l'argent, les pierres précieuses, les pièces de monnaie, tous objets fabriqués avec des métaux précieux, et tous autres objets de valeur, enfouis, emmurés, dissimulés à demeure ou mis de toute autre façon (par exemple, par quelque révolution extraordinaire de la nature) dans un endroit tellement caché que, de mémoire d'homme, ils n'ont plus été au pouvoir de leur propriétaire.

Art. 845. Par le mot *usucapion* (одржај), le présent Code désigne une manière particulière d'acquérir la propriété d'une chose au moyen d'une possession de bonne foi, à titre de propriétaire, et prolongée sans interruption pendant tout le temps fixé par la loi pour chaque cas.

Puisqu'il n'est ici question que de la possession de bonne foi, il va de soi que le possesseur de mauvaise foi ne peut jamais acquérir par usucapion.

ART. 846. L'usucapion court du jour où la possession a commencé (art. 829) jusqu'à l'expiration du dernier jour du délai fixé par la loi, à condition toutefois qu'elle n'ait été ni interrompue (art. 847) ni suspendue (art. 848).

Le possesseur peut compter dans la durée de l'usucapion le temps pendant lequel les précédents titulaires, ses auteurs, ont possédé, et en tant qu'ils auraient pu le compter pour eux-mêmes.

ART. 847. L'usucapion est *interrompue* (прекида се) : quand le possesseur lui-même abandonne sa possession ou la perd de toute autre manière (art. 830); quand le propriétaire, ou celui qui invoque un droit plus fort sur la chose, intente, relativement à cette chose, une action devant le tribunal, si toutefois il poursuit l'instance jusqu'au bout et obtient gain de cause; quand le possesseur cesse d'être de bonne foi; quand il reconnaît le droit de celui contre qui il prescrit; quand la chose cesse d'être dans le commerce.

L'interruption de l'usucapion fait perdre irrévocablement tout le temps qui s'est écoulé jusqu'au moment où elle a eu lieu. En conséquence, quand, après une interruption, les circonstances permettent au possesseur de recommencer son usucapion, on exige de nouveau, à partir de ce jour, et en entier, le laps de temps fixé par la loi.

ART. 848. L'usucapion peut être simplement *suspendue* (спријечена) quand celui contre lequel elle court ne peut, pour un motif sérieux, s'adresser à la justice afin de réclamer son droit.

Pendant tout le temps de la suspension, l'usucapion ne court pas, et si elle a commencé elle cesse de courir; mais tout le temps qui a couru, soit avant, soit après, est compté.

DES RAPPORTS DE VOISINAGE ET DES SERVITUDES.

ART. 849. Quand il s'agit de servitudes et rapports de voisinage, par ces mots *héritages voisins* (помеђашке земље), la loi entend non seulement ceux qui sont contigus, mais aussi ceux qui, tout en étant séparés, peuvent néanmoins se trouver réunis par un lien résultant de certains travaux ou d'un certain état de choses concernant un ou plusieurs d'entre eux. C'est donc en ce sens plus large qu'il faut entendre ces mots quand on les applique aux servitudes et rapports de voisinage.

ART. 850. Les *rapports de voisinage* (угодба) et les droits que, dans chaque circonstance particulière, ils confèrent aux voisins, dérivent de la situation et des besoins réciproques que le voisinage par lui-même crée entre les voisins. En ce cas, la loi, conciliant leurs intérêts en vue du bon ordre et de l'utilité réciproque, ordonne que, dans certaines circonstances, un voisin, pour l'utilité de son voisin, supporte une gêne, une restriction, une limitation dans l'exercice d'un droit que sans cela il pourrait exercer dans toute son étendue.

ART. 851. La *servitude de voisinage* (послужје) est analogue au rapport de voisinage. Elle impose à tout propriétaire d'héritage certaines restrictions à son droit de propriété, en ce que, pour l'utilité du voisin, elle l'oblige de tolérer sur son propre fonds certains actes de ce voisin (art. 854) ou qu'elle lui interdit de faire sur son propre fonds certains actes que, sans cela, il pourrait librement accomplir (art. 855).

La principale différence entre le rapport de voisinage et la servitude consiste en ce que le premier est établi par la loi même, quand même aucun accord ni aucune disposition ne seraient intervenus entre les voisins, tandis que, au contraire, l'établissement de la servitude est en général l'œuvre non de la loi, mais des parties.

Art. 852. Il est rare qu'une servitude de voisinage soit attachée à une personne pour durer autant qu'elle. Par suite, c'est à celui qui prétend qu'une servitude de voisinage est purement personnelle à le prouver, s'il y a doute à cet égard, faute de quoi on considérera que, suivant la règle générale, la servitude est attachée au fonds même au profit duquel elle a été établie.

Art. 853. La terre ou tout autre bien immobilier assujetti à une servitude de voisinage se nomme *fonds servant* (послужно добро), et au contraire le fonds au profit duquel est établi ce service s'appelle *fonds dominant* (повластно добро).

Art. 854. On appelle *servitude active* (послужје дјела) celle en vertu de laquelle le fonds servant est assujetti à supporter certains actes de la part de l'ayant droit. Ces actes peuvent se manifester par quelque chose de durable ou du moins par un ouvrage permanent : comme quand un voisin a le droit de prolonger son toit sur une certaine étendue du fonds contigu, ou d'y faire passer une conduite d'eau, ou d'amener son tuyau de cheminée dans la cheminée voisine, ou d'appuyer sa maison contre celle de son voisin. Ils peuvent aussi consister en un usage intermittent dont le fonds servant ne conserve aucune trace permanente : comme le droit de conduire et de faire paître un troupeau sur la prairie d'autrui, de pêcher dans les eaux d'autrui, de prendre de l'eau dans le puits d'autrui, de passer sur l'héritage d'autrui, de couper du bois, de ramasser des glands, du bois mort ou des feuilles dans la forêt d'autrui, de faucher de l'herbe dans un pré appartenant à autrui, etc.

Art. 855. La servitude est *passive* (послужје забране) quand, pour l'utilité ou l'agrément de l'ayant droit, le propriétaire du fonds servant est tenu de s'abstenir, sur son propre fonds, de certains actes que sans cela il pourrait librement accomplir. C'est une servitude passive, par exemple, quand on t'interdit de bâtir sur ton propre fonds ou de bâtir au delà d'une certaine hauteur, afin de ne pas gêner la vue de ton voisin, de ne pas changer l'écoulement des eaux pluviales qui tombent de ton toit et arrosent le fonds du voisin, etc.

Art. 856. De ce qu'on a le droit de *passer à pied* (постопица) sur le fonds d'autrui, il ne résulte pas qu'on ait celui d'y faire passer son troupeau. Là où on a le droit de faire *passer son troupeau* (прогон), on peut passer à pied, à cheval et en voiture. Celui qui a droit de *passage* (пут) peut non seulement faire tout ce que lui permettent le passage à pied et la conduite de son troupeau, mais aussi faire passer les plus lourds chariots. Ces différentes dispositions s'appliquent sauf usages et conventions contraires.

Art. 857. Quand on a le droit de *pacage* (паша) sur le fonds d'autrui, on peut, aux époques déterminées, ou même à d'autres, si le travail agricole n'en doit pas souffrir, y conduire son troupeau, mais on n'y peut jamais amener un troupeau dont on n'est pas propriétaire ou qu'on a acheté pour en faire commerce. Les porcs, à moins de convention contraire, n'y peuvent pas être conduits, non plus que les chèvres dans les localités où il est interdit d'en avoir.

De ce qu'on a le droit de pacage, il ne résulte pas qu'on ait celui de faucher de l'herbe, à moins de convention contraire.

Art. 858. Quand plusieurs personnes ont le droit de puiser de l'eau ou de faire boire leurs bestiaux à un puits ou à une source appartenant à un tiers, et que le manque d'eau commence à se faire sentir, on donnera la préférence, si les différents ayants droit ne peuvent se mettre d'accord, à celui dont le droit est le plus ancien; si tous l'ont acquis à la même date ils partageront l'eau entre eux également. Dans tous les cas, le propriétaire du puits ou de la source a un droit de préférence, à moins qu'il n'en soit convenu autrement.

Art. 859. Le droit d'usufruit, bien qu'il soit attaché à la personne même de l'usufruitier et qu'il ne puisse être aliéné, a tous les caractères d'un droit réel, comme toute autre servitude; on peut même dire que l'usufruit est l'espèce de servitude la plus large.

Art. 860. Comme la propriété est le plus étendu des droits réels et qu'il ne saurait y avoir de servitude que sur un fonds appartenant à autrui, toute servitude cesse de plein droit dès que le propriétaire du fonds dominant devient propriétaire du fonds servant, ou, à l'inverse, dès que le maître de ce dernier acquiert le fonds dominant, car, dans ces deux cas, les deux droits se confondent et par leur *confusion* (слијевање) mettent fin à la servitude.

Art. 861. Le non-usage d'un droit de servitude commence au moment où, suivant la nature de la servitude, l'ayant droit avait l'occasion d'en user et ne l'a pas fait.

Quand la servitude se manifeste par quelque ouvrage apparent (par exemple, par des tuyaux placés sur le fonds servant, etc.), le non-usage ne commence que du jour où ces ouvrages ont été enlevés du fonds servant. C'est précisément à partir de ce non-usage que commence à courir le délai fixé pour l'*usucapion de la liberté* (одржај слободе), c'est-à-dire le délai à l'expiration duquel le fonds servant devient entièrement libre.

DU NANTISSEMENT (GAGE, ANTICHRÈSE, HYPOTHÈQUE).

ART. 862. Le mot залог (*nantissement*), dans le langage usuel, désigne en général toute chose mobilière ou immobilière affectée d'une manière quelconque à la garantie du payement d'une dette.

Ce même mot désigne également le lien de droit qui résulte de cette affectation.

Le présent Code emploie aussi ce mot *nantissement* (залог) dans un sens absolument général, c'est-à-dire quand il n'est pas nécessaire de désigner une espèce particulière de garantie réelle (art. 863-865).

ART. 863. Le mot *gage* (залога), au contraire, désigne exclusivement la chose mobilière remise en nantissement, de même que le lien de droit qui résulte de cette remise.

ART. 864. Il y a *antichrèse* (подлог) quand on remet un bien immobilier au créancier pour sûreté de sa créance, de façon qu'il le gère et en perçoive les produits et revenus à la place des intérêts, et même, s'il en est ainsi convenu, en payement de sa créance.

ART. 865. Il y a *hypothèque* (застава), au contraire, quand l'immeuble donné en garantie reste aux mains du débiteur (ou de celui qui a donné pour lui ce bien en garantie) et que le gage est constitué non par la tradition, mais par l'inscription régulière de la dette et de la garantie sur les registres publics hypothécaires. Cette inscription rend le droit du créancier aussi solide et réel que s'il s'agissait d'un gage manuel. Par conséquent, la dette hypothécaire affecte si étroitement le bien soumis à l'inscription que, tant qu'elle n'est pas payée, ce bien reste la garantie du payement, quand même dans l'intervalle il aurait plusieurs fois changé de propriétaire.

Art. 866. Quand, par contrat ou pour toute autre cause, un débiteur est tenu de te remettre une chose en gage et ne te la livre pas, tu peux, il est vrai, t'adresser aux tribunaux pour le contraindre à s'exécuter; mais, tant que le gage n'a pas été effectivement remis entre tes mains (ou en celles de la personne chargée de le garder), ta créance n'est pas encore garantie par le gage.

Art. 867. De même qu'il ne peut y avoir de gage sans la remise de la chose promise en gage au créancier (ou à celui qui le représente), de même il ne peut y avoir de véritable hypothèque sans une inscription régulière sur les registres hypothécaires. Tous les actes préparatoires qui précèdent l'inscription, en pareil cas, conduisent ordinairement à la constitution de l'hypothèque, mais l'hypothèque elle-même, en tant que droit affectant la chose, ne résulte que de l'inscription.

Art. 868. Les conséquences des règles des deux articles précédents sont évidentes. Si une seule et même chose a été promise en gage à deux créanciers différents, celui-là devient créancier gagiste qui a été réellement mis en possession; l'autre ne le devient pas, à moins que le débiteur ne lui remette une autre chose pour lui servir de gage.

De même également, si un débiteur a conféré à deux créanciers une hypothèque sur un immeuble, celui qui l'a fait inscrire sur les registres devient seul créancier hypothécaire. Si tous deux l'ont fait inscrire, celui qui le premier aura obtenu l'inscription sera payé le premier; le second ne recevra que ce qui pourra rester après complet désintéressement du premier.

Art. 869. Le nantissement n'étant que l'accessoire de l'obligation ne survit jamais à celle-ci. Par conséquent, de quelque façon que l'obligation prenne fin, le droit de gage, d'antichrèse et d'hypothèque prend fin en même temps.

Il est expliqué à l'article 625 comment le nantissement a pour effet de mettre l'obligation à l'abri de la prescription.

DE LA DIFFÉRENCE ENTRE LES DROITS RÉELS ET LES DROITS DE CRÉANCE.

Art. 870. Quand tu as une terre, un cheval ou toute autre chose corporelle dont tu es propriétaire, chacun est obligé de reconnaître et de respecter ton droit, de ne pas le troubler et de t'en laisser jouir paisiblement, en toute liberté, dans les limites légales.

De même, quand tu as un droit sur la chose d'autrui, comme de passer sur son champ, ou de garder une chose en gage, chacun est tenu de respecter ton droit. Le propriétaire lui-même (comme aussi ses successeurs et héritiers) est tenu de te laisser exercer paisiblement ton droit sur sa chose.

Les droits de ce genre sont inhérents à la chose même et la loi les protège énergiquement contre toute atteinte.

C'est à raison du lien particulièrement étroit qui existe entre la chose et l'ayant droit, sans laisser de place pour un tiers, et aussi à raison de la nature des choses, que la loi elle-même donne à ces droits le nom de *droits réels* (ствариа права).

Les droits réels dont il est spécialement parlé dans le présent Code sont : la propriété des choses immobilières et mobilières, les droits de voisinage, les servitudes de voisinage, l'usufruit, le gage, l'antichrèse et l'hypothèque (deuxième partie du Code).

Art. 871. Quand tu as le droit d'exiger qu'un autre te remette une chose, ou accomplisse un acte ou un travail, ou que, dans ton intérêt, il s'abstienne de faire une chose ou qu'il te permette de la faire, tout cela, sans doute, fait partie, comme les droits réels, de ton patrimoine; mais la chose qui t'est due, fût-elle corporelle, ne deviendra réellement ta propriété que quand la dette sera payée et que la chose sera passée en ta possession et en ton pouvoir. Tant que la dette n'est pas payée, il y a toujours un tiers entre la chose et toi, c'est-à-dire le débiteur, qui veut ou ne veut pas acquitter son obligation.

Sans doute, tu peux contraindre ton débiteur par la voie judiciaire à s'exécuter, mais il te faut pour cela un procès; il faut, si ton débiteur nie sa dette, ou en conteste, en quoi que ce soit, la validité, que ses raisons et ses preuves soient appréciées par le tribunal ainsi que les tiennes, et, même quand le procès s'est terminé en ta faveur, il est encore possible que tu n'obtiennes pas ce que tu demandes, car même à ce moment on ne sait pas encore si la chose dont il s'agit parviendra en effet dans tes mains, ou si, au contraire, un événement quelconque (tel que la mort du débiteur, son départ pour des pays lointains, etc.) n'y fera pas obstacle.

En conséquence, afin que chacun saisisse facilement la différence entre les droits réels (art. 870) et ceux dont parle le présent article, la loi appelle ces derniers : *droits de créance* (дуговинска права).

Les droits de cette dernière sorte dérivent principalement des contrats, tels que : la vente, l'échange, le prêt, etc., mais peuvent résulter aussi du dommage causé par un fait illicite, comme le dommage causé par négligence, par un délit, etc., enfin d'autres faits, rapports et circonstances, comme la gestion d'affaires, le payement de l'indû, etc. (deuxième et troisième parties du présent Code).

CHAPITRE III

TRAITANT PRINCIPALEMENT DE LA VENTE ET DES AUTRES PRINCIPALES ESPÈCES DE CONTRATS (TROISIÈME PARTIE).

DE LA VENTE.

ART. 872. Il y a contrat de *vente* (куповина) quand une partie s'oblige à livrer à une autre, en propriété, une certaine chose, moyennant le payement d'un prix convenu.

ART. 873. Il y a droit de *préemption* (право прече купње) quand, en vertu de la loi ou d'un contrat, tu as le droit d'exiger qu'un propriétaire qui veut vendre sa chose, avant de la vendre à un autre, te l'offre pour que tu l'achètes au même prix.

ART. 874. Il y a *éviction* (потражни одузам) quand, par la voie judiciaire, l'acheteur se trouve dépossédé de la chose vendue, pour un motif légal qui existait déjà avant la vente, et dont il n'avait pas eu connaissance au moment du contrat.

Il y a encore éviction quand l'acheteur est dépossédé non de la chose entière, mais seulement d'une partie, ou que pour toute autre cause on porte atteinte à l'intégrité des droits qu'il a acquis sur la chose, ou enfin que cette chose se trouve grevée de certaines charges.

Art. 875. Le *prêt de consommation* (рукодаће) est un contrat par lequel une somme d'argent ou d'autres choses fongibles sont livrées à une personne qui en devient propriétaire absolu à partir du moment de la livraison, mais à charge par cet emprunteur d'en rendre, à l'époque fixée, la même quantité.

Le *prêteur* (рукодавалац) est celui qui donne et l'*emprunteur* (узајмилац) celui qui reçoit à titre de prêt.

Art. 876. Le *prêt à usage* (наруч) est aussi un contrat de prêt, mais il se distingue du prêt de consommation en ce que c'est la chose livrée elle-même, individuellement déterminée, qui doit être rendue. Au contraire, dans le prêt de consommation, on ne regarde pas à l'identité de la chose à rendre (art. 875).

Dans le prêt à usage, l'un des contractants s'appelle *commodant* (давалац у наруч) et l'autre *commodataire* (узималац у наруч).

<h3 style="text-align:center">DES DIFFÉRENTES SORTES DE LOUAGE.</h3>

Art. 877. Le louage peut avoir pour objet non seulement le travail manuel de l'homme, mais aussi des choses, comme des maisons, des boutiques, du bétail, etc. En conséquence, dans le présent Code, le mot *louage* (најам), quand il s'agit de choses, est synonyme du mot кирја.

.Le louage des choses est donc le contrat par lequel l'une des parties livre une chose à l'autre partie pour l'en faire jouir, à charge par celle-ci de payer en retour un prix convenu.

Celui qui loue la chose s'appelle *loueur* (давалац у најам), celui qui la reçoit en location s'appelle *locataire* (узималац у најам).

Art. 878. Le *bail à ferme* (закуп) est également un louage de choses, mais ce mot est habituellement réservé au louage des terres et des choses productives de récoltes.

Celui qui prend à bail une terre ou toute autre chose productive de récoltes s'appelle *preneur* (закупник), et celui qui la donne, *bailleur* (давалац у закуп).

Le *sous-locataire* (подзакупник) est celui qui prend en *sous-location* (подзакуп) ce que le preneur avait lui-même reçu à bail d'une autre personne.

Art. 879. Dans le *louage de services* (најам службе и радње), l'une des parties est obligée d'exécuter pour le compte de l'autre un service ou un travail convenu, et l'autre à payer ce travail ou à le rémunérer de toute autre manière.

Celui qui exécute le service est le *serviteur* (најамник) ou l'*ouvrier* (радник), et celui pour lequel il l'exécute est le *maître* (најмилац ou наручилац радње).

Art. 880. Le contrat relatif à un travail à *forfait* (отсјеком) est également un louage d'ouvrage, mais en ce cas le prix total se trouve fixé à l'avance par le contrat pour tout le travail convenu ou le produit de ce travail, considéré comme un tout, quels que soient le temps et la dépense que l'ouvrier ou l'entrepreneur ait dû y consacrer.

DU DÉPÔT.

Art. 881. Le *dépôt à charge de garde* (остава) existe quand une des parties, le *dépositaire* de la chose (хранилац) promet à l'autre partie, qui est le *déposant* (оставилац), de conserver avec soin cette chose, tant que durera le dépôt, et de la restituer en nature à l'époque voulue.

Art. 882. Le *dépôt secret* (аманет) est également un dépôt,

16

mais avec cette différence que, à raison de la nature de la chose
déposée, du but du dépôt et des circonstances, il se fait d'ordinaire confidentiellement, le déposant se mettant à la discrétion
du dépositaire.

Est régi par analogie avec l'аманст le dépôt qui est fait dans
quelque calamité, comme une guerre, une inondation, etc., alors
qu'il n'est pas possible de choisir la personne à qui l'on remet sa
chose en dépôt.

DU MANDAT.

ART. 883. Le *mandat* ou *procuration* (повjера ou пуномоħje)
est un acte par lequel une personne donne à une autre le pouvoir
de conclure en son lieu et place une affaire qui entraîne, à l'égard
de son patrimoine, certaines conséquences légales.

Celui qui donne le pouvoir s'appelle *mandant* (повjеритељ),
celui qui le reçoit *mandataire* (повjереник).

ART. 884. Le mandat n'exige aucune forme particulière, à moins
que la loi, pour certains cas spéciaux, n'en dispose autrement.

En conséquence, il y a mandat même quand on confie à quelqu'un la mission la plus simple, par exemple de vendre au bazar
quelques produits agricoles. Celui-ci devient ainsi le représentant
de la personne qui lui a donné cette mission, et tout ce qu'il fait,
dans les limites de cette mission, oblige celui qui la lui a donnée.

DE LA SOCIÉTÉ SIMPLE.

ART. 885. L'*association* ou *société* (удружење ou удруга) n'est
autre chose que ce qu'on appelle vulgairement, d'un mot étranger,
ортаклук ou ортачина, ou ce qu'en langage national on appelle
друштво ou дружина.

Ainsi la société est un contrat par lequel deux ou plusieurs personnes s'obligent, l'une envers l'autre, à unir leur travail et leur

activité, leurs capitaux ou autres choses faisant partie de leur patrimoine, en vue d'atteindre un but commun. Les membres de la société s'appellent : удружешици, другови, et collectivement дружина.

Aрт. 886. La société dont il est parlé au chapitre xiv de la troisième partie est qualifiée *simple* (просто) et *faite en vue d'un gain* (тековинско). Cette qualification est motivée non seulement par le fait que ce genre de société est le plus fréquent, mais aussi par la nécessité de la distinguer, d'une part, de la société purement commerciale et de la corporation, et, d'autre part, de celles qui ne se proposent pas un gain comme but principal.

Quant à la société simple constituée à toute autre fin que le gain, on lui appliquera par analogie les règles établies pour la société simple faite en vue d'un gain.

Aрт. 887. Il va de soi que la loi ne reconnaît aucune société ayant un but probibé; au contraire, elle est et doit être l'adversaire de toute société de ce genre.

Aрт. 888. L'apport social se compose de ce que chaque associé apporte, c'est-à-dire met en commun, que cet apport consiste en argent ou en toutes autres choses, ou simplement en travail.

Aрт. 889. Comme l'apport social peut consister en travail, les contractants peuvent convenir que celui qui apporte dans le fonds social son industrie, même sans y joindre aucun autre apport, aura une part entière dans les profits et jouira de tous les autres droits sociaux comme tout autre associé; ils peuvent même lui reconnaître un droit que les autres n'ont pas.

Aрт. 890. Des associés sont comme des frères. Il doit donc

16.

régner entre eux une fidélité, une loyauté et une sincérité absolues, et il faut toujours avoir cette règle devant les yeux quand
on apprécie les actes de chacun d'eux.

Ils sont obligés, quand ils s'occupent des affaires de la société,
d'y apporter au moins le soin et la diligence qu'ils apporteraient
à leurs propres affaires.

Art. 891. Quand on recherche si la renonciation d'un associé
à rester dans la société est faite à contretemps ou non, de bonne
ou de mauvaise foi, il faut juger chaque cas d'après les circonstances. Ainsi, par exemple : la renonciation est faite à contretemps quand elle supprime, diminue ou rend difficiles les bénéfices, qui autrement seraient assurés; il en est de même si elle
cause à la société quelque autre préjudice sérieux. Il y a présomption que la renonciation n'est pas absolument de bonne foi quand
elle n'est utile ou avantageuse qu'au renonçant et qu'elle ne cause
aux autres que du dommage.

DE LA SOCIÉTÉ DE PÂTURAGE ET DE LA SOCIÉTÉ D'ATTELAGE.

Art. 892. Il y a *association de pâturage* (сутона) quand plusieurs familles mettent en commun tout ou partie de leurs bestiaux et, après les avoir répartis en catégories (moutons, chèvres,
bœufs, etc.) dont chacune est attribuée à un berger spécial, les
envoient tous ensemble au pâturage, où tout le fumier provenant
de l'ensemble du troupeau appartient à l'association.

Art. 893. Il y a *société d'attelage* (спрега) quand deux ou
plusieurs personnes réunissent ensemble leurs bêtes de somme ou
de trait, spécialement leurs bœufs, en vue de labourer en commun les terres de tous les associés ou d'exécuter tout autre travail
analogue.

DU CAUTIONNEMENT.

ART. 894. La caution ne paye immédiatement après l'échéance, à la place du débiteur qui ne paye pas, que s'il y a convention expresse à cet égard, ou si la caution s'est obligée solidairement avec le débiteur. Si non, le payement n'est exigible que conformément aux dispositions de la loi (art. 457 et suivants).

ART. 895. On peut cautionner non seulement une dette existante, mais encore une dette future ou simplement éventuelle. En outre, on peut cautionner seulement une partie d'une dette, ou ne cautionner que sous certaines conditions. Toutefois la loi ne présume jamais ces restrictions du cautionnement.

DE LA DONATION.

ART. 896. Il y a contrat de *donation* (ﻻap) quand on tire une chose de son patrimoine et qu'on la remet à une autre personne, ou qu'on lui promet dans les formes légales une chose qu'on ne lui doit point, sans rien recevoir en échange, mais seulement afin de lui procurer un avantage.

ART. 897. Si quelqu'un, reconnaissant d'un service, donne quelque chose à celui qui le lui a rendu, on présumera qu'il y a donation, si le service rendu ne conférait pas de droit à un salaire.

ART. 898. Si le donateur, en faisant sa donation, impose au donataire quelque charge ou condition, par exemple : de donner, faire ou permettre quelque chose à un tiers, il n'y a donation que pour la part qui dépasse la valeur de la charge ou de l'obligation à laquelle est subordonnée cette donation.

Art. 899. Il y a donation non seulement lorsqu'on donne à quelqu'un, dans les formes légales, en propriété, une chose qu'on n'est pas tenu de lui donner (art. 896), mais encore lorsque, d'une manière quelconque, on procure à quelqu'un des avantages appréciables en argent, qu'on ne lui devait pas. En conséquence, il y a donation, par exemple : quand on renonce à un droit au profit de quelqu'un; quand on libère son propre débiteur ou celui d'un tiers; quand on fait gratuitement pour un tiers un travail qui se paye habituellement; quand spontanément on paye ce dont on n'est pas tenu, etc.

Toutefois on ne considère pas qu'il y ait donation quand on néglige de prendre ce qu'on pourrait légitimement s'approprier, à seule fin de permettre à un tiers d'en profiter; ou quand on donne un nantissement pour une dette qu'on n'était pas tenu de garantir; ou quand, possédant un nantissement pour une dette, on y renonce volontairement, etc.

CHAPITRE IV

RELATIF AUX CONTRATS EN GÉNÉRAL ET AUX AUTRES SOURCES D'OBLIGATIONS (QUATRIÈME PARTIE).

DES OBLIGATIONS EN GÉNÉRAL.

Art. 900. Il y a *obligation* (Ayr) non seulement quand on emprunte quelque chose à quelqu'un, mais encore quand, même sans avoir emprunté, on se trouve tenu de payer quelque chose à quelqu'un. La loi étend encore davantage ce dernier sens du mot obligation et emploie ce même terme dans le cas où on est tenu, par suite d'une convention ou de tout autre fait, acte ou événement, de donner, payer, exécuter ou laisser faire quelque chose, dès que cette chose a une valeur appréciable en argent. Le mot Ayr signifie donc le lien qui existe entre le débiteur et le créancier (art. 901, 902) et répond au mot обвеза, employé dans la langue littéraire.

On appelle également дуг ce à quoi le débiteur est obligé, et aussi la nécessité qui lui est imposée d'exécuter cette obligation.

Toutefois, en ce qui concerne le droit du créancier à l'égard du débiteur, la loi, toutes les fois qu'il y a lieu de craindre une confusion, le désigne sous le nom de дужење (*créance*).

Art. 901. Le *débiteur* (дужник) est celui qui est légalement obligé à donner, à payer ou à exécuter de toute autre manière une obligation, une chose. Dans le langage populaire, il est vrai, on désigne souvent par ce même mot дужник celui qui a prêté, c'est-à-dire donné à crédit; mais la loi, pour éviter toute équivoque dans ses dispositions, désigne toujours ce dernier par le mot дужитељ, c'est-à-dire créancier (art. 902).

Art. 902. La loi appelle *créancier* (дужитељ) non seulement celui qui a prêté quelque chose à quelqu'un, mais aussi quiconque a le droit d'exiger d'une personne qu'elle lui donne, fasse, paye ou laisse faire quelque chose, en se fondant sur un motif légal.

En conséquence, est créancier quiconque peut affirmer qu'on lui doit, et peut, en vertu de la loi, exiger par voie judiciaire, de son débiteur, qu'il paye sa dette.

Cette extension du sens du mot дужитељ conduit à étendre également le sens du mot дужник.

Art. 903. Le *cédant* (уступитељ) est celui qui, par vente, échange, donation ou tout autre mode légal, s'engage à faire passer une chose ou un droit de son patrimoine dans celui d'une autre personne. L'acte par lequel on effectue cette translation s'appelle *cession* (уступање).

Le *cessionnaire* (стечник) est celui qui, par vente ou par tout autre mode légal, acquiert une chose ou un droit et augmente d'autant son patrimoine.

L'*acquisition* (течење) désigne l'acte par lequel on a acquis une chose ou un droit, et en même temps la chose même ou le droit qui a été acquis.

Aʀᴛ. 904. L'*auteur* (претшаственик) est celui qui a eu une chose ou un droit avant le propriétaire actuel auquel cette chose ou ce droit ont été régulièrement transférés. Ce dernier est l'*ayant cause* (пријамник) de l'auteur. En conséquence, tout héritier est un ayant cause, mais, à l'inverse, tout ayant cause n'est pas nécessairement un *héritier* (насљедник).

DES CONTRATS ET DES VICES QUI EN AFFECTENT LA FORMATION.

Aʀᴛ. 905. Le *contrat* (уговор), au sens du présent Code, est une convention, soit verbale soit écrite, qui se conclut entre deux ou plusieurs personnes, pour un intérêt pécuniaire, et par laquelle l'une des parties (débiteur, art. 901, 902) s'engage à donner, faire ou laisser faire quelque chose à l'autre (créancier, art. 901, 902).

En conséquence, toute vente, prêt, prêt à usage et, en général, toute convention par laquelle une partie promet une chose ayant une valeur pécuniaire et l'autre accepte cette promesse est un contrat.

Il va de soi que dans un seul et même contrat il peut y avoir d'un côté non seulement un, mais plusieurs débiteurs, de même que de l'autre il peut y avoir non seulement un, mais plusieurs créanciers.

Aʀᴛ. 906. La pierre une fois lancée ne revient pas dans la

main, ni la parole dans la bouche. Et en effet le vrai fondement de toutes les relations et de la vie sociale est la règle que la parole lie les hommes.

En conséquence, ce dont deux personnes sont convenues par contrat ne peut être rompu par la volonté d'une seule d'entre elles.

Art. 907. L'accord des volontés, libres et réfléchies, de toutes les parties constitue l'élément fondamental de tout contrat. A défaut de cet accord, il n'y a pas, en général, de contrat valable.

Art. 908. Rien n'est plus contraire à la libre expression de la volonté que la violence et la menace d'un danger sérieux. En conséquence, le contrat auquel une personne a été contrainte de consentir par la violence ou par une menace de ce genre est nul.

Art. 909. Il y a *menace* (пръjетьа) d'un danger sérieux quand le mal dont est menacée une partie est réel et considérable et que la personne menacée peut, d'après les circonstances, raisonnablement craindre que ce mal ne soit imminent pour elle-même ou pour l'un des siens. Tel est non seulement le mal qui menacerait la vie ou la santé, mais encore celui qui concernerait l'honneur ou la fortune.

Pour apprécier si la menace est sérieuse, il faut considérer qui est celui qui menace, et qui est celui qui est menacé; si c'est un homme ou une femme, quel est son âge, quelle est sa force; de même que toutes les autres circonstances, spécialement les circonstances de lieu et de temps, de gravité et d'imminence du mal qui fait l'objet de la menace.

Art. 910. Quiconque, au moment du contrat, sait ou peut facilement savoir qu'on le trompe et néanmoins donne son consentement n'est pas considéré comme victime d'une fraude.

Aʀᴛ. 911. Il y a *erreur essentielle* (заблуда о суштини) quand la partie se trompe sur une chose qui tient étroitement à la nature du contrat et sans laquelle le contrat ne pourrait exister.

En conséquence, il y a erreur essentielle quand, par exemple, les contractants ont différé d'intention au sujet de la nature du contrat (l'un a pensé acheter et l'autre donner à bail); mais il n'y a pas erreur essentielle quand l'erreur porte seulement sur le nom du contrat. En général, il y a erreur essentielle quand elle porte sur l'objet même du contrat ou sur quelque qualité qui en modifie la nature; l'erreur, au contraire, n'est pas essentielle quand elle est simplement relative à une qualité accidentelle de peu d'importance.

Aʀᴛ. 912. L'erreur d'une personne sur le besoin ou sur les motifs qui l'ont amenée à contracter, ou sur l'utilité qu'elle peut retirer du contrat, n'infirme en rien ce contrat, si cette erreur n'a pas été causée par quelque manœuvre frauduleuse de l'autre partie.

Aʀᴛ. 913. Vérité est vérité, et simulation est mensonge. Par suite, quand les parties ont fait en réalité quelque chose d'entièrement différent de ce qu'elles ont déclaré par simulation (par exemple, il s'agit de donation et elles parlent de vente), il y a lieu d'apprécier un tel contrat suivant ce qu'en réalité les parties ont eu l'intention de faire et non d'après ce qu'elles ont déclaré.

Aʀᴛ. 914. A l'impossible nul n'est tenu. En conséquence, si quelqu'un s'est engagé à une chose qu'il est absolument impossible de faire, un tel engagement est nul.

Aʀᴛ. 915. Tout ce qu'il est impossible de faire sans blesser la probité et les bonnes mœurs est tenu pour matériellement im-

possible (art. 914). Assurément, il y a des promesses desquelles il
est impossible de dire qu'elles soient vraiment immorales et qui,
néanmoins, blessent la probité et les bonnes mœurs. Par exemple,
il serait contraire aux bonnes mœurs de stipuler à son profit
une prime pour la promesse de ne pas faire une chose qui par
elle-même est contraire à la loi, ou immorale, ou répréhensible
(la promesse, par exemple, de ne pas voler).

Au contraire, ne serait pas contraire aux bonnes mœurs la promesse de donner, de perdre ou de supporter quelque chose au cas
où l'on commettrait soi-même un acte contraire à la loi, ou immoral, ou répréhensible à tout autre titre.

Il n'est pas non plus immoral de recevoir une indemnité pour
ne pas dénoncer un méfait dont on a été la victime, si l'indemnité
convenue peut être considérée comme la compensation du dommage matériel ou moral causé par ce fait.

Aʀт. 916. Est *annulable* (рушьив) (art. 917) tout contrat
conclu avec un tiers par un débiteur en fraude des droits de ses
créanciers; il est annulable même quand le tiers contractant n'a
pas eu connaissance de la fraude du débiteur, lorsqu'il n'a rien
donné en échange de ce qu'il a reçu, si, par exemple, il y a eu
donation (art. 949).

Quand un semblable contrat a été annulé, la partie qui a reçu
quelque chose en vertu du contrat doit en faire la restitution intégrale au profit des créanciers, et, si elle a eu connaissance de
la fraude du débiteur, elle sera considérée comme possesseur de
mauvaise foi.

L'action en annulation de ces contrats est soumise, comme
pour les conventions entachées de fraude, à la courte prescription
de l'article 523.

Aʀт. 917. Le contrat qui, pour une cause quelconque, est *nul de plein droit* (нинтав) est regardé comme n'ayant jamais été conclu.

Quand, au contraire, il est simplement annulable, il conserve son effet, s'il n'est pas attaqué par celui qui a le droit de le faire.

ART. 918. Toutes les fois qu'un contrat est nul ou annulable, toutes les dispositions qu'il contient le sont aussi. Toutefois, s'il n'y a qu'une de ses dispositions particulières qui soit nulle ou annulable, le vice ne s'étend pas à tout le contrat, à moins que sans cette disposition particulière il ne puisse exister, ou que les parties, en contractant, n'aient attaché à cette disposition une importance décisive.

ART. 919. Quand un acte qui n'était pas absolument régulier a été ultérieurement validé par un acte confirmatif, il est en général réputé avoir été régulier du jour où il a été conclu.

A l'inverse, quand un acte annulable est déclaré nul, on doit en général le regarder comme n'ayant jamais existé.

DE L'EXÉCUTION DES CONTRATS ET DES SUITES DE LEUR INEXÉCUTION.

ART. 920. Les contrats *synallagmatiques* (узајамни) sont ceux par lesquels les deux parties sont obligées de faire ou de donner quelque chose, c'est-à-dire par lesquels chacune d'elles devient à la fois créancier et débiteur.

ART. 921. L'obligation est *indivisible* (нераздјељив) non seulement quand la chose, ou le travail qui en est l'objet, ne peut matériellement être divisée, mais aussi lors même que cette division serait possible, si dans ce cas la prestation ne peut plus avoir lieu conformément au contrat, ou si la valeur de la chose se trouve par là considérablement diminuée.

Toute dette indivisible, une fois convertie en argent, devient *divisible* (раздјељив).

Art. 922. Il y a *demeure* (одвлака) quand le débiteur n'exécute pas ou ne paye pas à l'époque fixée ce à quoi il est obligé. Il encourt par ce fait la responsabilité de toutes les conséquences du retard, à moins qu'il ne prouve qu'une force majeure a empêché cette exécution.

La demeure commence au moment où le créancier a adressé à son débiteur un avertissement de payer resté sans effet. Si un terme a été fixé à l'avance pour le payement, le débiteur ne sera en demeure que s'il n'a pas payé à l'échéance du terme.

Il a déjà été expliqué en son lieu (art. 546) que le créancier lui-même peut être en demeure.

Art. 923. Il y a *dommage* (штета), au sens large du mot, toutes les fois que notre patrimoine se trouve diminué, et atteint soit dans ses éléments actuels, soit dans l'accroissement sur lequel il y avait lieu de compter.

Quand il y a lieu de distinguer ces deux sortes de dommage, la loi emploie pour désigner la première les mots *perte simple* (проста штета), et pour la seconde les mots *manque à gagner* (изгуб добитка).

Quand la loi parle de dommage sans ajouter de qualification, on doit entendre le dommage en général; il faut donc faire entrer en compte l'une et l'autre sorte de dommage, néanmoins en se conformant aux règles des articles 541 et 571.

Mais quand elle emploie l'expression de *dédommagement complet,* le juge doit prendre en considération non seulement la perte simple, mais aussi le manque à gagner, de la façon la plus large, sans aucun tempérament.

L'auteur du dommage (штетник) est celui qui a fait ou causé à quelqu'un un dommage. La *victime du dommage* (оштећеник) est celui qui l'a souffert.

Aʀᴛ. 924. La perte simple doit toujours entrer en compte pour sa totalité, mais naturellement d'après la valeur vénale des choses (art. 926).

Dans l'évaluation du manque à gagner, on tient compte seulement du gain que la victime aurait certainement réalisé sans le fait ou l'omission imputés à l'auteur du dommage.

Aʀᴛ. 925. Dans le cas de faute légère (art. 928), où le tribunal a un pouvoir d'appréciation, si le juge estime que ce serait trop peu de condamner l'auteur du dommage à réparer la perte simple, et que, d'autre part, il serait excessif de le condamner à réparer le dommage total, il fera entrer en compte la perte simple et le manque à gagner, mais seulement dans la mesure où celui-ci aurait pu être prévu sans trop d'effort.

Aʀᴛ. 926. Pour apprécier le dommage, il ne faut pas tenir compte de la *valeur d'affection* (лично омиље), c'est-à-dire de la valeur, souvent exagérée, que la victime donne à une chose pour des motifs personnels qui la lui rendent particulièrement précieuse; mais on doit simplement s'attacher à la valeur vénale que la chose aurait ordinairement dans le commerce, à moins que la loi n'en dispose autrement.

Aʀᴛ. 927. Il y a *dol* (зла намјера) dans les affaires d'intérêt pécuniaire quand, avec une mauvaise intention, on cause à autrui un dommage par son fait ou sa négligence, ou quand on le pousse à dessein à faire une chose qu'on sait devoir lui être préjudiciable. L'auteur du dol est dans tous les cas responsable du préjudice qu'il a causé, et, dans le cas même où il aurait été convenu à l'avance qu'on ne répondait pas d'un préjudice de cette nature, cette clause, comme contraire à la probité et aux bonnes mœurs, serait nulle et de nul effet.

Art. 928. Quiconque a causé à quelqu'un un dommage parce qu'il n'a pas compris, prévu ou fait une chose que toute personne, sans grand effort d'attention, aurait comprise, prévue ou faite en pareil cas, commet une *faute lourde* (крајњи немар).

Tout autre acte de négligence qui n'atteint pas le degré dont il est question au paragraphe précédent constitue ce que la loi appelle une *faute légère* (омањи немар).

Art. 929. On apprécie le degré de la faute en tenant compte de toutes les circonstances personnelles et autres de l'affaire ou de l'événement dont il est question. Il faut donc examiner, par exemple : quel soin l'auteur du dommage apporte habituellement dans la gestion de ses propres affaires; si l'autre partie, en lui confiant l'affaire, a connu ou a dû connaître ses habitudes à cet égard; quelles précautions exigeait la nature de l'affaire; s'il s'est chargé de l'affaire dans son propre intérêt ou seulement dans l'intérêt de l'autre partie, etc.

Art. 930. Toutes les fois qu'un tribunal statue sur l'obligation de réparer un dommage et sur le montant de ce dommage, il doit tout d'abord rechercher si l'acte dommageable se rattache à un contrat, et spécialement à l'exécution d'un contrat; ou si, au contraire, il ne se rattache à aucune convention. Dans le premier cas le tribunal applique la règle de l'article 541, dans le second celle de l'article 571.

Art. 931. On appelle *cas fortuit* (случај) tout événement dommageable qui n'a pu être ni prévu ni évité, ou qui du moins n'a pu l'être par celui à qui il est arrivé.

On ne peut demander à personne une indemnité pour dommage causé par un cas fortuit, à moins qu'il ne soit autrement disposé en termes exprès par une convention ou par la loi.

ART. 932. On entend par *risque* (ризик) l'éventualité d'un dommage, c'est-à-dire quand tu ne sais pas encore si tu l'éprouveras ou non, relativement à une certaine chose ou à une certaine affaire.

ART. 933. «Le genre ne périt pas» est une règle générale de droit. En conséquence, quand l'objet de l'obligation est une somme d'argent ou autre chose fongible et que toutes les choses du même genre appartenant au débiteur ont péri et, par conséquent, ne peuvent pas servir à acquitter son obligation, celle-ci n'est pourtant ni éteinte ni amoindrie.

DES CLAUSES SPÉCIALES DANS LES CONTRATS.

ART. 934. On donne des *arrhes* (капара ou задавак) en signe de la perfection du contrat et, en même temps, pour mieux en garantir l'exécution.

ART. 935. Le *dédit* (одустаница) est ce que l'une des parties s'engage à payer, au cas où il lui plairait de se désister du contrat, afin que ce désistement ait une valeur légale.

ART. 936. La *clause pénale* (уречена тегоба) est l'amende ou toute autre peine à laquelle, d'après le contrat, sera soumis le débiteur en cas d'inexécution, ou en cas d'exécution non absolument conforme aux clauses de ce contrat.

ART. 937. Il y a *solidarité* (самокупност) quand, dans une

obligation où il y a plusieurs débiteurs ou plusieurs créanciers, les uns ou les autres sont tenus ensemble.

Les débiteurs sont *solidaires* (самокупни) quand chacun est tenu personnellement, non seulement de sa part, mais de la dette tout entière, comme s'il était seul obligé, et quand le payement fait par l'un d'entre eux libère tous les autres. On dit communément de tels débiteurs que : chacun est tenu pour tous et tous pour chacun.

Les créanciers sont solidaires quand chacun d'eux peut recevoir le payement pour tous les autres, de façon que le payement fait entre ses mains vaut payement entre les mains de tous.

Art. 938. La solidarité dans les contrats ne se présume jamais; elle doit être formellement stipulée; à défaut de stipulation, chaque débiteur, si la dette est divisible, n'est tenu que de sa part.

Alors même que les débiteurs sont solidaires vis-à-vis du créancier, ils ne sont pas solidaires entre eux à raison de ce que l'un d'eux a payé pour les autres, à moins de clause formelle. Dans le cas seulement où il est reconnu que l'un d'eux ne pouvait pas valablement s'obliger, ou se trouve hors d'état de rembourser sa part à celui qui en a fait l'avance, les autres débiteurs devront en supporter la perte, chacun en raison de sa part.

Art. 939. La *condition* (услов) est une espèce particulière de clause que les parties peuvent ajouter au contrat. La condition ainsi ajoutée suppose un acte, ou un événement quelconque, dont on ne peut dire avec certitude s'il se réalisera, et de la réalisation duquel dépend la question de savoir si l'obligation résultant du contrat prendra ou non naissance ou continuera ou non d'exister.

Le contrat conclu sous une telle condition se nomme *contrat conditionnel* (условни уговор).

17

Art. 940. La condition est *suspensive* (одложан) quand l'existence du contrat est suspendue jusqu'à l'accomplissement de la condition dont il dépend. Elle est *résolutoire* (разрјешан), au contraire, quand son accomplissement opère la résolution du contrat qui jusque-là avait pleine force.

Art. 941. On considère que la condition se trouve réalisée quand c'est le débiteur lui-même qui, d'une manière quelconque, en empêche la réalisation.

Art. 942. Quand l'effet d'un contrat ne doit commencer à se produire qu'à une certaine époque, ou à l'arrivée d'un certain événement qui doit certainement se réaliser (par exemple, le décès de quelqu'un), tous les droits dérivant de ce contrat sont acquis définitivement du moment où il est devenu parfait. L'exécution seule se trouve suspendue jusqu'à l'époque fixée ou jusqu'à l'arrivée de l'événement prévu.

DES OBLIGATIONS DÉRIVANT D'ACTES ILLICITES ET DE DIFFÉRENTS FAITS
ET CIRCONSTANCES.

Art. 943. Quiconque fait ce qu'il a le droit de faire ne fait tort à personne, et n'encourt aucune responsabilité, quand même par ce fait il causerait un dommage à autrui. Il est tenu, néanmoins, dans l'exercice de son droit, de ne pas en dépasser les limites et de ne rien faire par méchanceté ou à mauvaise intention (art. 1000).

Art. 944. Les lois divines et humaines autorisent toute personne injustement attaquée à se défendre comme elle peut, quand il ne lui est pas possible d'appeler l'autorité à son secours.

L'agresseur est seul coupable du mal ou du dommage qu'il a pu subir pendant son agression, et par conséquent il ne peut réclamer·de dommages-intérêts à personne.

Mais ce droit de *légitime défense* (законита самообрана), lui-même, a ses limites, et la personne attaquée ne peut les dépasser sans encourir la responsabilité des conséquences de ses actes.

Les limites de la légitime défense sont très différentes suivant les circonstances. C'est pourquoi, quand on recherche si une personne a dépassé ces limites, on doit considérer : qui est l'agresseur et qui est la victime, homme ou femme, vieux ou jeune, vigoureux ou débile; le lieu, le moment et le caractère de l'agression, ainsi que toutes les autres circonstances et faits permettant d'apprécier quelle a été, en réalité, la nature et l'intensité du danger couru par la victime, et sous quel aspect il a dû lui apparaître au moment où l'agression s'est produite.

Art. 945. Quiconque, par erreur, décharge quelqu'un d'une obligation ou libère le bien de quelqu'un de quelque charge, croyant être obligé de le faire, peut, malgré cette libération, demander que cette obligation ou cette charge soit rétablie, c'est-à-dire soit remise en l'état antérieur, à moins qu'il n'y ait des raisons de supposer que la libération a eu lieu à titre de donation.

Art. 946. L'erreur dans un compte ne doit nuire à personne. En conséquence, toute personne au préjudice de qui a été commise l'erreur peut toujours en demander le redressement, et réclamer une indemnité à la partie qui a profité de l'erreur, dans la mesure où elle en a profité.

Art. 947. Il y a *gestion d'affaires* (незвано вршење туђих послова) quand quelqu'un s'immisce dans l'affaire d'un autre pour la faire au lieu et pour le compte de celui qu'elle concerne, sans en avoir été chargé et sans y être obligé.

17·

Celui qui se charge ainsi de l'affaire d'autrui s'appelle *gérant d'affaires* (вршилац туђера посла) et celui que l'affaire concerne se nomme le *maître* (господар посла).

DE L'EXTINCTION DES OBLIGATIONS.

Art. 948. On ne présume jamais qu'une obligation subséquente fasse novation d'une obligation antérieure (art. 622); il faut, pour admettre cette novation, que la volonté des parties soit manifeste.

On ne peut, évidemment, admettre cette intention quand un contrat a été simplement complété par quelques modifications dans ses dispositions secondaires, telles que celles relatives à la façon de rembourser le capital, au payement périodique des intérêts, ou par l'introduction de quelques autres additions ou changements accessoires.

Non seulement les modifications de ce genre ne substituent pas un nouveau contrat à l'ancien, mais celui-ci au contraire n'en est que plus fort.

Art. 949. Il y a *compensation* (пребијање) quand deux personnes sont débitrices l'une envers l'autre et que leurs dettes se couvrent réciproquement, de façon à s'éteindre jusqu'à concurrence de leurs quotités respectives.

Quand il y a contestation entre deux parties dont les dettes sont susceptibles de compensation, le tribunal ne tient compte de la compensation que si elle est réclamée par celle qui a le droit de s'en prévaloir. Cette compensation lui sera accordée, même contre la volonté de l'autre partie, si sa créance est liquide, si elle est exigible et de même nature que la créance de l'autre partie (art. 615).

Une créance est liquide quand elle peut être déterminée aussi facilement que celle avec laquelle il s'agit de la compenser.

Art. 950. Le mot застара (vétusté), dans la langue populaire, désigne l'action du temps qui fait vieillir les choses; mais, dans la langue de la loi, ce mot s'emploie dans le sens de *prescription*, c'est-à-dire quand la loi fixe un certain délai, à l'expiration duquel le créancier qui n'a pas exigé son payement ne peut plus le réclamer devant le tribunal, si le débiteur veut se prévaloir de l'omission ainsi prolongée.

Art. 951. En cas de solidarité entre débiteurs, si la prescription est interrompue à l'égard de l'un des débiteurs, elle l'est aussi à l'égard de tous les autres. Il en est de même pour les dettes indivisibles dans lesquelles il y a plusieurs débiteurs.

Art. 952. Autre chose est l'*interruption* de prescription (пре-кид), autre chose la *suspension* (спријечење).

Cette différence apparaît surtout dans la manière de compter le délai fixé par la loi pour la prescription. Quand, après l'interruption, elle recommence à courir, tout le temps qui s'est écoulé auparavant ne se compte plus (art. 634); au contraire, au cas de suspension, on compte dans le délai fixé par la loi tout le temps qui s'est écoulé avant et après la suspension, et on ne déduit que la durée de celle-ci (art. 632).

A cet égard, l'interruption et la suspension de la prescription sont analogues à l'interruption et à la suspension de l'usucapion (art. 847-848).

CHAPITRE V

RELATIF SURTOUT AUX PERSONNES PHYSIQUES ET MORALES, AINSI QU'À LA CAPACITÉ ET EN GÉNÉRAL AU DROIT DE DISPOSITION (CINQUIÈME PARTIE).

DE LA PERSONNALITÉ.

Art. 953. On a déjà vu (art. 801) que le mot имаоник dé-

signe le sujet de droit, c'est-à-dire la personne, en tant qu'elle
est capable d'avoir un patrimoine. Le mot имаонишство (personnalité) signifie la qualité d'имаоник (personne), comme aussi
l'ensemble des droits inhérents à cette qualité.

Le droit de la personne par rapport aux biens n'est pas partout
constitué de la même façon : dans certains États par exemple,
tout sujet peut être propriétaire de biens mobiliers et immobiliers
de toute nature, à la seule condition qu'ils soient dans le commerce;
dans d'autres, au contraire, il y a certaines classes d'hommes
auxquelles est refusé le droit de posséder certaines sortes d'immeubles déterminés; ici les étrangers peuvent posséder ce droit
dans les mêmes conditions que les regnicoles, là ils ne le peuvent
pas.

Autre chose est le droit de la personne par rapport aux biens
en général, autre chose la *capacité pour agir* (својевласт), qui
consiste essentiellement dans la faculté de disposer de ses biens
(art. 957).

Art. 954. La personnalité est reconnue par la loi à tout être
humain sans exception. A la différence de la qualité de *personne
physique* (лични имаоник) qui appartient à tout homme, la qualité de *personne morale* (нелични имаоник) n'appartient qu'aux
institutions auxquelles la loi la reconnaît (par exemple : l'État,
les sociétés corporatives, etc.

DES PERSONNES PHYSIQUES.

Art. 955. Partout où le présent Code emploie les termes :
homme, associé, mineur, personne, etc., il désigne par là le sexe
féminin aussi bien que le masculin, à moins que la loi ne dise
formellement qu'il s'agit uniquement du sexe masculin, ou que
l'intention restrictive n'apparaisse de toute autre manière.

Art. 956. Il est de règle que l'enfant simplement conçu, en admettant qu'il naîtra vivant, est censé né, toutes les fois qu'il s'agit d'un droit dont il jouirait s'il était né.

Art. 957. Alors même que la capacité générale est entière, le droit d'agir, c'est-à-dire de disposer des biens, peut être limité. C'est ce qui a lieu quand une personne, dans les cas prévus par la loi (minorité, faiblesse d'esprit, etc.), est privée du droit d'administrer ses biens personnels et d'en disposer en tout ou en partie. Dans ces différents cas, le tuteur, ou celui qui exerce sur l'incapable un pouvoir analogue, doit, pour la régularité, conclure, accomplir, ratifier les actes concernant les biens de celui-ci.

Toute personne qui n'est pas soumise à de semblables restrictions a la pleine et entière capacité d'agir et de disposer (својевлаćтан).

Art. 958. Le *domicile* (мјесто пребивања) de toute personne est au lieu où elle habite ordinairement, c'est-à-dire où est le centre habituel de sa vie et de ses occupations.

Le domicile peut être *volontaire* (добровољно) ou *nécessaire* (потребно). Est volontaire celui dans lequel une personne établie exerce sa profession ou se livre à ses occupations habituelles, avec l'intention d'y rester à demeure. Est nécessaire celui dans lequel on est tenu de vivre de par la loi ou par ordre de l'autorité. Ainsi, par exemple, est nécessaire le domicile des fonctionnaires et des militaires dans le lieu où ils accomplissent leur service permanent, celui de la femme mariée au domicile de son mari, celui des mineurs indivis au domicile de leurs parents ou de la communauté dont ils sont membres.

Art. 959. Quand une personne a quitté son domicile seulement pour un temps, on ne peut pas encore dire qu'il y a absence

au sens légal du mot : mais si l'on n'a aucune nouvelle, aucun indice
concernant une personne non présente (art. 678-680), on peut dire
qu'elle est *absente* (нестали).

DE LA TUTELLE.

Art. 960. Il y a *tutelle* (старатељство) quand une personne
est appelée à diriger les affaires d'un individu qui est légalement
reconnu hors d'état de les administrer personnellement, ou de se
choisir un représentant à cet effet.

La tutelle est une fonction de protection et de représentation
qui est établie ou directement par la loi, ou par une ordonnance
de l'autorité, fondée sur un motif légal. Au sens large du mot, le
père est aussi un tuteur; il est le tuteur naturel de ses enfants
mineurs. Mais, au sens plus étroit, juridique, il n'y a tutelle que
quand la surveillance des affaires de la personne protégée
(art. 962) est confiée à un autre que son père.

Quand une personne est mise, soit à cause de son âge, soit pour
tout autre motif légal, sous la tutelle d'une autre personne, celle-ci
s'appelle *tuteur* (старатељ).

Art. 961. Parmi les femmes, la mère seule peut être tutrice
de ses enfants mineurs; mais on lui adjoint habituellement un
tuteur auxiliaire (помоћник-старатељ) [art. 644].

Art. 962. Est *en tutelle* (штићеник) celui dont le patrimoine
ou la personne, ou même l'un et l'autre, sont confiés à un tuteur,
que la tutelle soit motivée par l'âge ou par toute autre cause légale.

Art. 963. L'*autorité tutélaire supérieure* (надстаратељска власт)
est un tribunal qui a compétence pour, en cas de besoin, constituer la tutelle, nommer le tuteur, surveiller son administration,

recevoir et examiner les comptes de sa gestion, donner ou refuser son autorisation dans les affaires où le tuteur ne peut décider seul.

DE LA COMMUNAUTÉ DE FAMILLE ET DES AUTRES PERSONNES JURIDIQUES.

ART. 964. La *maisonnée* (куħа), c'est-à-dire la communauté domestique, considérée comme formant un tout, se prend pour les membres dont elle se compose. La maisonnée peut donc être regardée comme la personnification de la famille, en tant que celle-ci est la représentation du travail et du patrimoine communs.

Peu importe donc que les membres de la famille habitent une même maison ou des maisons différentes, car tant que les biens, le ménage, le travail et les gains sont en commun, la maisonnée est indivise, et comme telle constitue une personne juridique (art. 686).

ART. 965. Ont la qualité de membres de la famille (домаħа чељад) non seulement les personnes des deux sexes nées dans la maison, mais encore celles qui sont régulièrement entrées à ce titre dans la maisonnée (par exemple : les belles-filles, les enfants adoptifs).

Tout membre de la maisonnée qui, étant né dans la maison, en sort par suite de mariage ou de partage, cesse de compter comme membre de cette maisonnée au sens ci-dessus.

Les serviteurs et domestiques de la maison, tant qu'ils restent dans cette situation, ne font pas partie de la communauté de famille au vrai sens du mot, et n'en deviennent pas membres, quel que soit le nombre d'années qu'ils soient ainsi restés dans la maison.

ART. 966. Le fait que la communauté de famille constitue une personne morale n'empêche pas que les droits appartenant à chaque membre de la communauté, homme ou femme, sur le patrimoine commun, restent absolument distincts et intacts : tels sont, par exemple, le droit à une part déterminée dans les biens de la communauté au moment du partage; le droit à la nourriture, au vêtement, à la chaussure, à l'habitation; le droit de la fille à un trousseau au moment du mariage, etc.

Encore moins cette circonstance fait-elle obstacle à ce que chacun garde ses droits sur son pécule lorsqu'il en a ou a le droit d'en avoir un (art. 688-689).

Art. 967. On désigne sous le nom de *propres* ou *pécule* (особина ou особак) les biens qu'un membre de la communauté, homme ou femme, possède à part, hors du patrimoine commun et outre le droit qui lui appartient comme membre de la communauté.

Par suite, lorsque le décès d'un des membres de la communauté amène pour un ou plusieurs des survivants un accroissement du patrimoine commun, il est clair que cet accroissement ne forme pas pour eux un pécule.

Art. 968. Le produit du travail des communistes constituant le principal revenu de la communauté, il en résulte que, sauf dans les cas expressément déterminés par la loi (art. 688), tout ce qu'un membre acquiert par son labeur entre, non dans son pécule, mais dans le patrimoine commun de la maison.

Au contraire, tout ce qu'un membre de la communauté acquiert par donation ou par succession (art. 967) devient son pécule (art. 689), car il l'a acquis sans travail. Il est vrai qu'il acquiert également sans travail les choses trouvées par hasard, choses que la coutume attribue à la communauté, mais cette exception s'explique par cette considération que la communauté supporte aussi les pertes résultant des mauvaises chances éprouvées par ses membres.

Art. 969. Dans le domaine national, il faut distinguer deux espèces principales de biens.

A la première catégorie appartiennent les biens du *domaine public* (добра управо јавна) qui sont hors du commerce, par cette raison que l'État s'en sert lui-même directement, en vue de certaines fins (fortifications, poudrières, etc.), ou qu'ils sont employés au service et à l'utilité générale (chemins publics, ponts, marchés, ports, etc.).

A la deuxième catégorie appartiennent les biens du *domaine de l'État* (државна особина). Ces biens procurent à l'État, comme ils feraient à tout autre propriétaire, une utilité purement pécuniaire, comme les terres ou les maisons données à bail, l'argent qui sert à satisfaire diverses sortes de besoins, etc.

Néanmoins une chose appartenant au domaine public peut rentrer dans le commerce, à lac ondition toutefois qu'elle ait cessé effectivement de servir à l'État ou aux citoyens; par exemple, des fortifications après leur suppression, une ancienne route devenue inutile par suite de l'ouverture d'une nouvelle, etc.

Art. 970. L'État, d'ailleurs, est amené à traiter des questions d'affaires et à entrer en relations avec les simples particuliers non seulement à l'occasion de son domaine privé, mais encore à l'occasion de son domaine public. Les choses de cette dernière catégorie, il est vrai, ne se vendent ni ne se louent, tant qu'elles restent affectées à l'usage de l'État ou à un usage public; mais même les choses purement publiques ont parfois besoin de réparations ou de modifications, et ces opérations obligent l'État à conclure des conventions et à entrer en relations d'une manière quelconque avec d'autres personnes (avec des entrepreneurs, des ouvriers, etc.) comme tout autre particulier.

CHAPITRE VI.

DE CERTAINES ESPÈCES DE PREUVES EN MATIÈRE CIVILE.

ART. 971. *Prouver* (доказати) signifie produire, au sujet de la réalité d'une chose ou d'un fait, des témoignages et des arguments assez convaincants pour qu'il ne soit plus possible, après cette production, de mettre en doute la réalité de ce qu'on voulait démontrer. Le résultat de cette démonstration se nomme *preuve* (доказ).

ART. 972. Le *titre* (исправа) est l'affirmation écrite, c'est-à-dire la déclaration ou le témoignage écrit qu'une affaire a été réellement conclue (par exemple, un contrat de louage), qu'un acte a été accompli (par exemple, un avertissement à un débiteur, un refus de continuer une location), ou que tout autre événement a eu lieu (par exemple, la mort d'une personne), et le tout exactement de la façon, dans le lieu et au moment spécifiés par le titre.

Le titre est *original* (матица) quand il est écrit, ou tout au moins signé, de la main même de celui ou de ceux qui dans ce titre déclarent ou affirment quelque chose.

ART. 973. Le titre est *légalisé* (обавјерена) quand le tribunal ou toute autre personne à qui foi est légalement due constate par écrit sur ce titre, dans les formes légales, l'existence d'un fait juridique, ou du moins certifie les signatures et autres signes confirmatifs apposés au bas du titre, ou encore l'exactitude de la copie d'un titre.

ART. 974. La *reconnaissance* (задужница) est également un titre, mais un titre d'une nature particulière, c'est-à-dire une attestation par écrit de l'existence d'une obligation.

Art. 975. On appelle *quittance* (намирница) l'écrit par lequel le créancier reconnaît qu'une obligation lui a été intégralement payée ou qu'il lui a été remis seulement un acompte.

Art. 976. Quand il n'y a pas certitude absolue, mais que, en jugeant d'après le cours habituel des choses, la loi, dans certaines circonstances, dit au sujet d'un fait : « on présume que... », ou « la loi présume que... », où « on suppose que... », et autres expressions analogues, le tribunal doit tenir pour vrai ce que la loi présume ou admet comme tel.

Cependant il est loisible à celui qui proteste contre cette *présomption* (претпоставка) de faire la preuve contraire. S'il parvient à apporter cette preuve, le tribunal l'admettra, quand même elle contredirait la présomption établie par la loi. (On trouve de semblables présomptions dans les articles 94, 169, 816, etc.)

Art. 977. Quand il résulte clairement de la loi que le législateur n'autorise aucune contradiction à une présomption établie par lui, toute preuve contraire se trouve par là même non recevable et interdite, et le tribunal est obligé de tenir cette présomption pour vraie, quelle que puisse être la réalité (l'article 772 contient un exemple de *présomption absolue*) [претпоставка без поговора].

CHAPITRE VII.

DE LA MESURE ET DU CALCUL DU TEMPS.

Art. 978. En général, le temps est mesuré en matière civile comme il l'est dans le calendrier, en observant toutefois les règles tracées dans les articles suivants (art. 979-986).

Art. 979. Les jours se comptent de minuit à minuit. Ainsi,

par exemple, le lundi dure même après que le jour a disparu et
que la nuit a commencé; il dure réellement jusqu'à minuit. C'est
seulement au moment où minuit est passé que le lundi est fini
et que commence le mardi.

Étant donné que minuit est le terme final du jour, il va de soi
que la semaine, le mois et l'année commencent et finissent de la
même manière.

Art. 980. Les délais et, en général, le commencement et la fin
de tout laps de temps se comptent non d'heure à heure, mais de
jour à jour. Ainsi, par exemple, le Monténégrin né le 2 janvier
1860 à huit heures du soir, sera légalement majeur à l'instant
même où minuit est passé entre le 1er et le 2 janvier 1881, sans
qu'il soit besoin d'attendre la huitième heure du soir du 2 janvier.

Art. 981. Les délais qui se comptent par mois entiers ou par
années entières expirent au jour du dernier mois, qui correspond
d'après le calendrier à celui où le délai a commencé à courir. On
ne tient aucun compte du fait que certains mois ont plus ou moins
de jours que d'autres.

Si le dernier mois n'a pas de jour correspondant au jour initial,
le délai expire le dernier jour de ce dernier mois.

Art. 982. Quand il a été convenu qu'un acte serait exécuté au
commencement d'un mois, on présume qu'il s'agit du premier jour
du mois, de même qu'on s'attache au dernier jour du mois pour
l'exécution d'un acte qu'on est convenu d'exécuter à la fin d'un
mois, quel que soit le nombre des jours de ce mois.

Quand, pour l'exécution d'un acte, on fixe le délai d'un demi-
mois, on présume que le terme est le quinzième jour de ce mois.

Art. 983. Quand un acte doit être exécuté dans un certain

laps de temps, il faut que l'exécution soit accomplie avant la complète expiration du délai, ne fût-ce que quelques instants auparavant. S'il n'était exécuté que quelques instants après, il va de soi que l'exécution n'aurait pas eu lieu dans le temps fixé.

Art. 984. L'ensemble des jours d'un délai se compte sans aucune déduction (par exemple, des jours fériés, du temps pendant lequel on s'est absenté, etc.), qu'il s'agisse d'un délai pour acquérir, conserver ou perdre.

Art. 985. Quand le délai pour l'exécution d'un contrat expire un dimanche ou un autre jour férié, cette exécution peut encore avoir lieu le jour suivant.

Mais quand le contrat doit être exécuté dans un délai déterminé et que le dernier jour de ce délai tombe précisément un dimanche ou un autre jour férié, l'exécution doit avoir eu lieu au plus tard le dernier jour ouvrable qui précède le jour férié.

Art. 986. Toutes ces règles sur la mesure et le calcul du temps (art. 979-986) n'ont d'effet que si la loi, le tribunal ou les parties elles-mêmes n'en ont disposé autrement.

CHAPITRE VIII.

DE QUELQUES MAXIMES JURIDIQUES QUI, SANS POUVOIR MODIFIER NI CHANGER LA LOI, PEUVENT EN ÉCLAIRER L'ESPRIT ET LE SENS.

Art. 987. La loi est la même pour tous.

Art. 988. La loi, si dure qu'elle soit, est toujours la loi.

Art. 989. C'est seulement pour les bonnes coutumes que vaut la règle : ce que veut la coutume, la loi le veut aussi.

ART. 990. Mauvaise coutume ne vaut, et ne fait pas loi.

ART. 991. Aux cas rares, la règle fait souvent défaut.

ART. 992. On juge avec des règles et non avec des exemples.

ART. 993. Qui connaît seulement les mots de la loi ne connaît pas encore la loi; il en faut encore saisir l'esprit et le sens.

ART. 994. Ce que tout le monde comprend de la même manière n'a pas besoin d'interprète.

ART. 995. Quand une disposition s'écarte de la règle générale, elle doit être interprétée dans le sens le plus étroit.

ART. 996. Nul ne peut être privé de la jouissance des choses qui appartiennent à tous par leur nature ou sont affectées à l'usage de tous.

ART. 997. Si ton bien est sacré, le mien l'est aussi; garde le tien, mais ne touche pas au mien.

ART. 998. Tant que tu ne fais tort à personne, tu es libre de tirer des choses tout le profit possible.

ART. 999. Une chose peut n'être pas défendue, et pourtant n'être pas honnête.

ART. 1000. Tu as beau avoir un droit, tu ne peux t'en servir à seule fin de causer ennui ou dommage à autrui.

ART. 1001. Qui tire profit d'une chose, doit en supporter les charges.

Art. 1002. Ce que la loi te donne, nul ne peut te l'ôter.

Art. 1003. Entre plusieurs ayants droit, le plus ancien passe le premier.

Art. 1004. Le fait d'autrui ne peut amoindrir mon droit.

Art. 1005. Ce que tu as acquis de par la loi, tu le gardes, quand même la loi vient à changer.

Art. 1006. Ce qui est né tortu ne se redresse jamais; ce qui est illégal dans son origine ne peut devenir légal par le seul effet du temps.

Art. 1007. Le plus comprend le moins; quand le plus est permis, le moins ne peut être prohibé.

Art. 1008. Qui permet une chose accorde par là même tout ce qui est nécessaire pour user de la permission.

Art. 1009. On ne peut donner que ce qu'on a; d'où la règle : on ne peut céder à un tiers plus de droits qu'on n'en a soi-même.

Art. 1010. Si tu as renoncé à une chose, c'est en vain que tu la demanderas plus tard.

Art. 1011. La violence est le pire ennemi du droit.

Art. 1012. Si tu enlèves à autrui, autrement que par la voie de droit, une chose, fût-ce la tienne, il y a violence.

Art. 1013. Quand plusieurs personnes se disputent une même

18

chose et que les apparences sont également favorables à tous, c'est le possesseur qui est préféré.

Art. 1014. Tu as beau être dans ton droit, tu feras bien de ne pas le réclamer à outrance.

Art. 1015. Quand tu as dit d'une chose : « elle est à moi », tu ne peux rien dire de plus fort.

Art. 1016. Toute chose réclame son maître.

Art. 1017. Qui a le fonds a la maison, qui a le champ a la récolte.

Art. 1018. Si faible que tu sois, tu es sûr de ce que tu tiens dans ta main; si fort que tu sois, tu n'es pas sûr de ce que tient ton débiteur.

Art. 1019. Le droit que tu as dans la chose d'autrui la suit sans s'amoindrir, en quelques mains qu'elle passe.

Art. 1020. Des mots sont des mots; c'est la convention qui est la loi des parties.

Art. 1021. Consentir tacitement, c'est encore consentir.

Art. 1022. Ce qu'un autre a fait par ton ordre, c'est toi-même qui l'as fait.

Art. 1023. Rien ne vaut un acte passé devant l'autorité publique.

Art. 1024. Ce que deux ont fait, les mêmes deux peuvent le défaire.

ART. 1025. Ce qui est convenu entre deux parties n'oblige pas les tiers.

ART. 1026. Si tu as une convention à interpréter, tiens compte des mots, mais surtout de la volonté et de l'intention.

ART. 1027. S'il y a doute insurmontable sur la quotité d'une dette, on l'interprète en faveur du débiteur.

ART. 1028. C'est le comble de l'injustice quand celui qui a fait le mal en tire encore profit.

ART. 1029. Qui reçoit ce qui ne lui appartient pas, doit le restituer.

ART. 1030. Le débiteur de ton débiteur n'est pas pour cela ton débiteur.

ART. 1031. Qui néglige son droit ne peut s'en prendre qu'à lui-même s'il le perd.

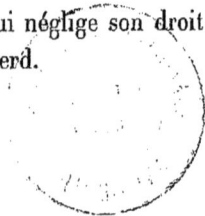

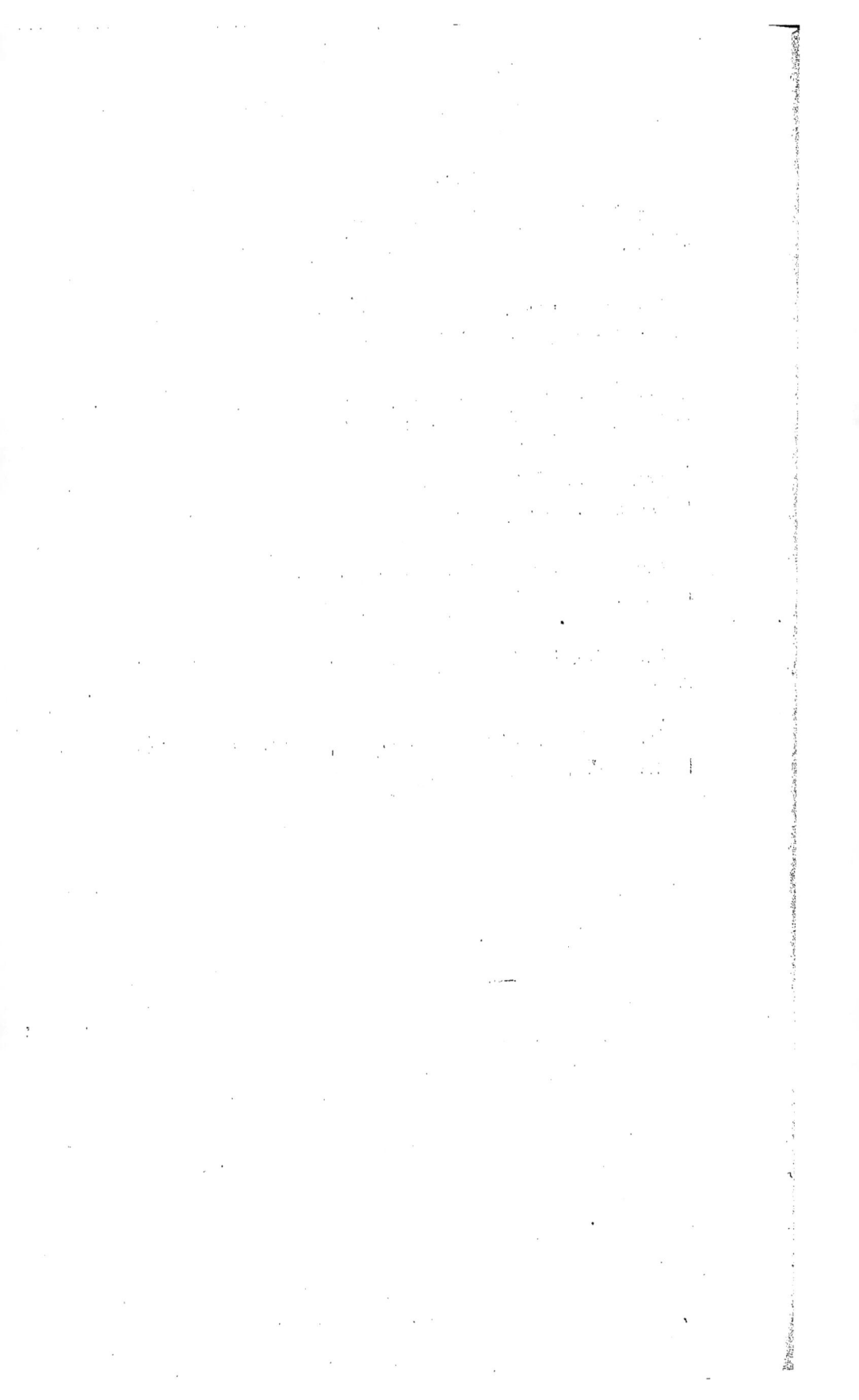

TABLE ANALYTIQUE DES MATIÈRES.

Les numéros renvoient aux articles.

A

B

C

F

G

H

M

N

O

P

Q

R

S

T

ERRATUM.

Page 74, avant l'article 261, insérer la rubrique : *Des intérêts*.

Page 208, dans l'intitulé du chapitre 1er, après *relatif*, ajouter *surtout*.

Page 246, dans l'intitulé du chapitre IV, après *relatif*, ajouter *surtout*.

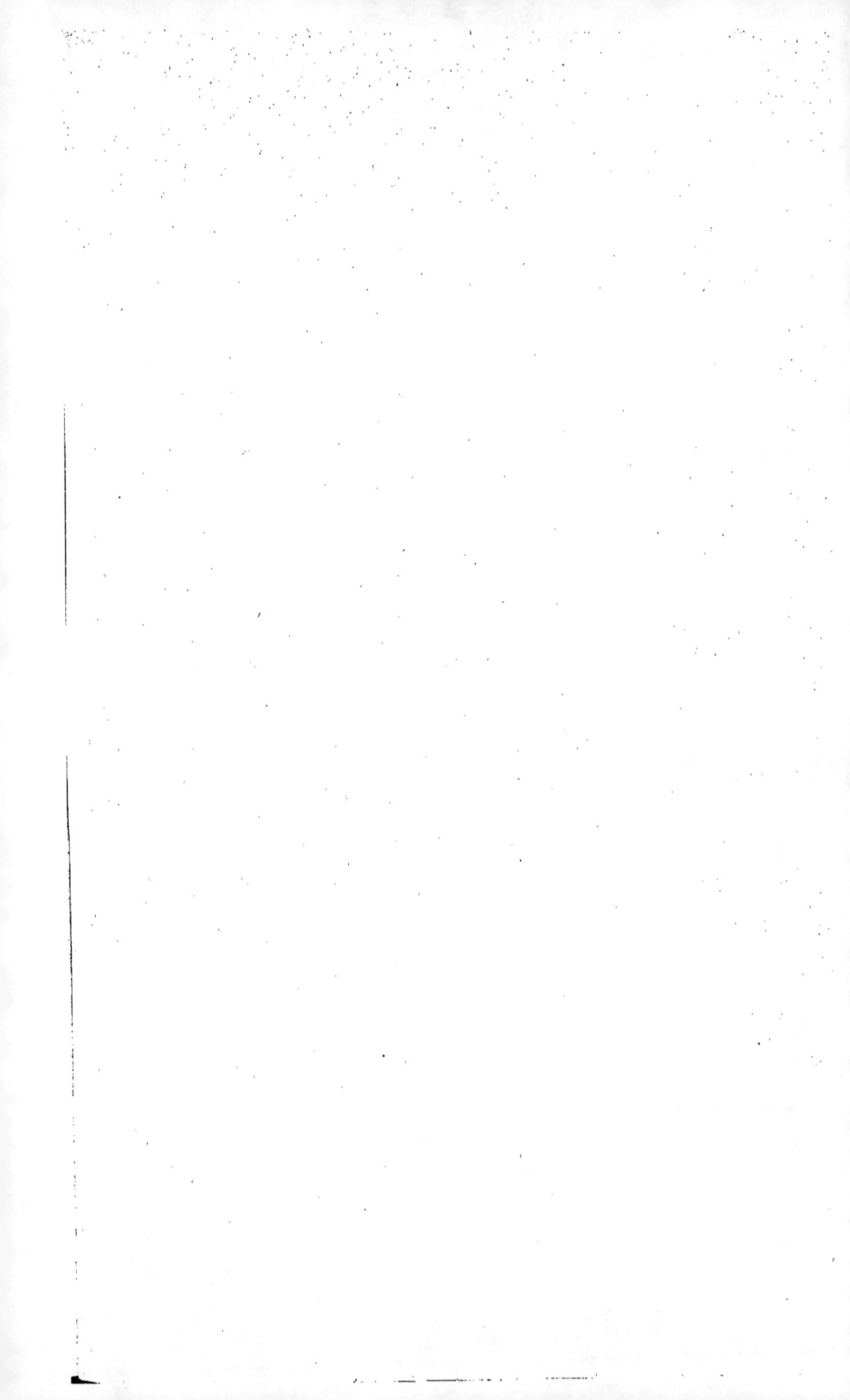

Catalogue de la bibliothèque du Comité de législation étrangère, 1 vol. in-8°, 1889.

COLLECTION DES PRINCIPAUX CODES ÉTRANGERS.

VOLUMES PARUS :

Code d'instruction criminelle autrichien de 1873, traduit et annoté par MM. Ed. Bertrand et Ch. Lyon-Caen, 1 vol. in-8°, 1875 (*épuisé*).

Code de commerce allemand de 1869 et loi allemande sur le change, traduits et annotés par MM. P. Gide, Ch. Lyon-Caen, J. Flach et J. Dietz, 1 vol. in-8°, 1881.

Code pénal des Pays-Bas de 1881, traduit et annoté par M. Willem-Joan Wintgens, 1 vol. in-8°, 1884.

Code de procédure pénale allemand de 1877, traduit et annoté par M. F. Daguin, 1 vol. in-8°, 1884.

Code d'organisation judiciaire allemand de 1877, traduit et annoté par M. L. Dubarle, 2 vol. in-8°, 1885.

Chartes coloniales et constitutions des États-Unis de l'Amérique du Nord, par M. A. Gourd, tomes I et II, 2 vol. in-8° parus, 1885.

Code pénal hongrois des crimes et des délits de 1878 et Code pénal hongrois des contraventions de 1879, traduits et annotés par MM. P. Dareste et C. Martinet, 1 vol. in-8°, 1885.

Code de procédure civile allemand de 1877, traduit et annoté par MM. E. Glasson, E. Lederlin et F.-R. Dareste, 1 vol. in-8°, 1887.

Loi anglaise de 1883 sur la faillite, traduite et annotée par M. Ch. Lyon-Caen, 1 vol. in-8°, 1888.

Code de commerce portugais de 1888, traduit et annoté par M. E. Lehr, 1 vol. in-8°, 1889.

Lois françaises et étrangères sur la propriété littéraire et artistique, recueillies par MM. Ch. Lyon-Caen et P. Delalain, 2 vol. in-8°, 1889.

Code pénal italien de 1889, traduit, annoté et précédé d'une introduction par M. J. Lacointa, 1 vol. in-8°, 1890.

Code civil du canton de Zurich de 1887, traduit et annoté par M. E. Lehr, 1 vol. in-8°, 1890.

Code général des biens pour la principauté de Monténégro de 1888, traduit par MM. R. Dareste et A. Rivière, 1 vol. in-8°, 1892.

SOUS PRESSE :

Loi d'organisation judiciaire de l'empire de Russie.

Recueil de Kânoun kabyles.

EN PRÉPARATION :

Code de commerce autrichien de 1863.

Code civil portugais de 1867.

Code civil de la République Argentine de 1871.

Code de commerce hongrois de 1876 et loi sur le change de 1877.

Code des faillites de l'empire d'Allemagne de 1877.

Code pénal et Code de procédure pénale de l'État de New-York de 1881 et 1882.

Code de commerce italien de 1882.

Chartes coloniales et constitutions des États-Unis de l'Amérique du Nord, tome III.

Loi maritime scandinave.

PARIS,

Chez F. PICHON, libraire du Conseil d'État,

RUE SOUFFLOT, 24.

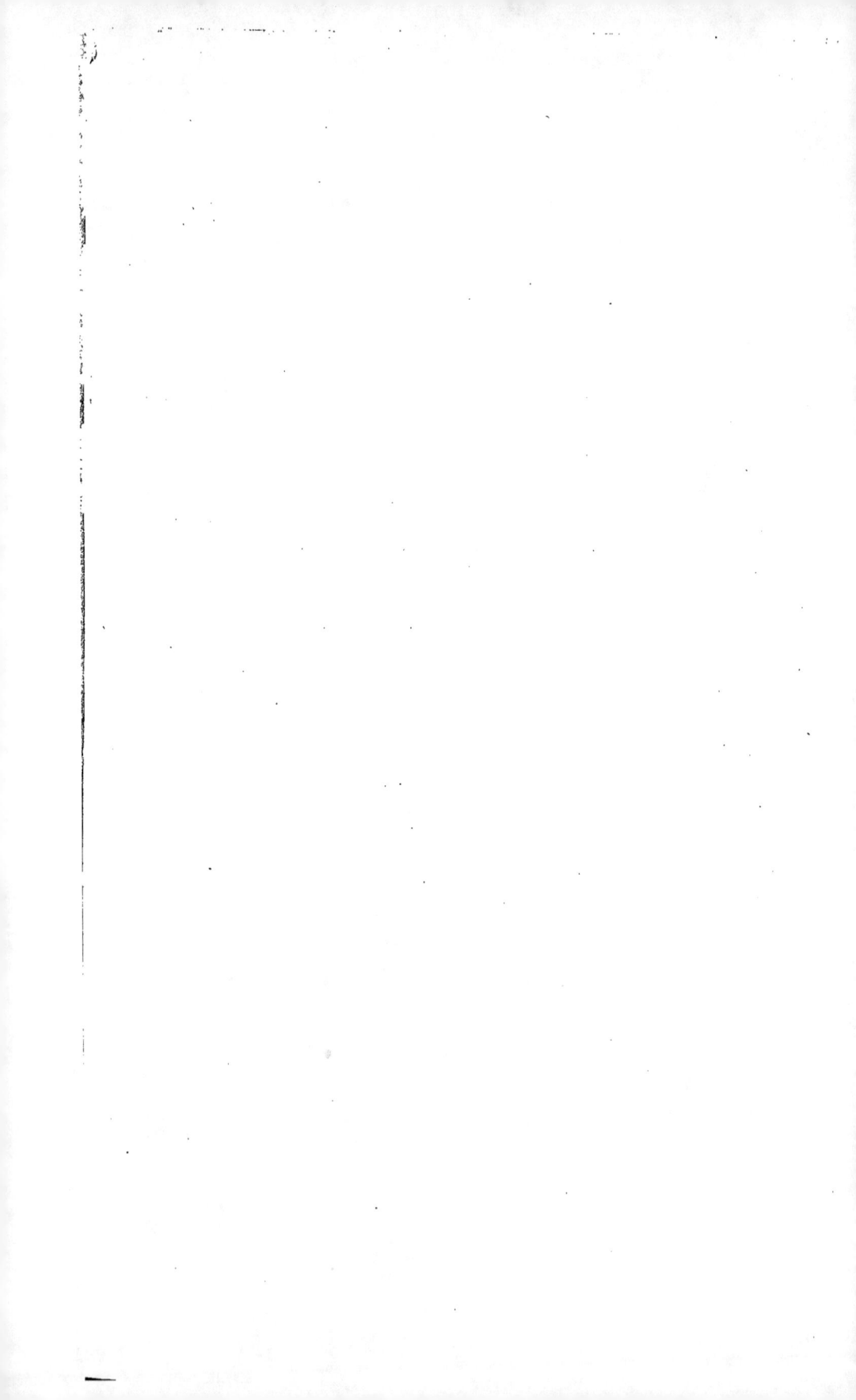

www.ingramcontent.com/pod-product-compliance
Lightning Source LLC
Chambersburg PA
CBHW060122200326
41518CB00008B/905